U0451510

超越公私二分

风险领域的公私法合作理论

宋亚辉 著

商务印书馆
The Commercial Press

目 录

导 论 超越公私法/部门法分立格局 / 1
 一、问题 / 1
 二、现状 / 1
 三、思路 / 4
 四、重构 / 7

第一章 从私人风险到公共风险之挑战 / 9
 一、从内部性到外部性的风险异化及其法律意义 / 11
 二、从单面性到双面性的风险异化及其法律意义 / 13
 三、风险可识别性之异化及其法律意义 / 15
 四、风险领域的结构变形及其法律意义 / 17

第二章 风险规制的部门法理论范式 / 21
 一、大陆法系国家应对公共风险之范式 / 21
 二、部门法理论范式之下的中国风险立法 / 26
 三、中国风险立法的"三足鼎立"格局 / 30
 四、中国借鉴大陆法系立法时的遗留问题 / 35
 五、部门法理论范式面临的系统性挑战 / 38

第三章 部门法壁垒及其结构演化趋势 / 42

一、根深蒂固的公私法/部门法壁垒 / 42

二、部门法壁垒引发的"各自为政"之弊 / 45

三、法律结构演化中的"路径依赖" / 52

四、转型与抗拒转型力量交织中的法律进化 / 57

五、中国未来风险立法之展望 / 60

第四章 公私法合作的法经济学原理 / 62

一、法律经济学视角下的统一分析框架 / 63

二、"三位一体"的风险控制工具体系 / 66

三、部门法"分"与"合"的双重变奏 / 72

四、体系内重建与体系外串联的方案比较 / 73

五、部门法体系外串联的立法技术 / 77

第五章 公私法合作的法社会学原理 / 82

一、社会结构与法律结构的交替演化规律 / 83

二、社会结构塑造法律结构的内在逻辑 / 88

三、现代社会子系统的多元分化趋势 / 93

四、现代社会子系统内部的公私融合趋势 / 96

五、拼盘式单行立法对部门法分立格局的冲击 / 98

六、法律结构与社会结构的匹配性构建 / 100

七、法律结构的范式转型意义 / 107

第六章 风险领域的立法结构塑造 / 112

一、风险领域的独特立法现象 / 112

二、风险规制的内在技术原理对单行法之塑造 / 116
三、风险规制的公共政策原理对单行法之塑造 / 121
四、行政与司法的双轨制对拼盘式立法之塑造 / 124
五、风险立法的"结构论"重塑 / 129

第七章 风险立法的双重体系构建 / 137
一、风险领域的公私法合流之势 / 138
二、公私法合流之下的体系重建思路 / 142
三、风险立法的内在价值体系统合 / 144
四、风险立法的外在制度体系重构 / 149
五、风险立法在宏观法体系中的定位 / 157

第八章 食品风险的合作规制理念与制度 / 159
一、食品风险的特殊性对规制体制的需求 / 159
二、缺乏合作理念与体系思维的制度表现 / 167
三、基于公私合作理念的规制体制设计 / 175
四、介于公私之间的食品公益诉讼制度 / 182
五、三大部门法责任在食品领域的联动 / 199

第九章 由食品安全标准搭建的公私法合作框架 / 219
一、作为公法规则的食品安全标准 / 220
二、食品安全标准嵌入私法的技术与效果 / 226
三、公私法互动关系视角下的问题剖析 / 234
四、公私法合作方案的细化与矫正 / 242
五、回归现行法的矫正方案 / 255

第十章 由环境管制标准搭建的公私法合作框架 / 260
一、环境管制标准在私法上的效力问题 / 261
二、公私法关系视角下的既有理论评价 / 265
三、多重因素影响下的环境管制标准效力论 / 272
四、公私法合作框架下的管制标准效力论 / 285
五、环境领域公私法合作框架的解释论意义 / 292

第十一章 文化产品风险管控的公私法合作 / 300
一、文化产品与产品致害风险 / 301
二、文化产品的特殊性及其风险管控原理 / 305
三、"产品责任"在文化产品领域的适用余地 / 313
四、侵权法上过错责任一般条款之适用 / 318
五、公私法接轨对过错责任一般条款的重塑 / 321
六、责任抗辩事由及其价值平衡功能 / 327

第十二章 医疗风险分担与公私法合作展望 / 332
一、医疗风险类型与风险分担难题 / 333
二、"过错推定"的风险分担效果 / 336
三、"无过错责任"的风险分担效果 / 342
四、"过错责任"的回归及其原理 / 348
五、医疗风险分担规则变迁之反思 / 350
六、医疗风险分担的公私法合作前景 / 354

结 语 学术展望 / 357

参考文献 / 360

后 记 / 371

导 论
超越公私法/部门法分立格局

一、问题

现代工业化引发的环境、健康、安全等公共风险，完全不同于传统农业社会和简单商品经济社会中"非连续产生的、地方化的、私人可控的风险"。公共风险具有显著的技术性、双面性、潜伏性、扩散性、不确定性和系统性等特征，有些风险几乎无法被人体感官直接识别和评估，但却可以跨越地理空间界限和人类代际边界，单纯依靠私人之间的监控与制约已无法有效管控现代工业化所引发的公共风险。这意味着，风险管控已不再是纯粹的私法自治议题，世界各工业化国家不得不综合运用多种技术和法律手段来管控风险。正处在工业化转型期的中国当然也不例外，公共风险管控已成为中国立法者难以回避的棘手问题。

二、现状

公共风险快速涌现的 20 世纪，正是中国法制现代化转型的关键时期。20 世纪中国的三次大规模法制现代化转型，总体上都是以大陆法系的法律结构为模板，结合本国国情构建一个以公私法二分为基础、以部门法为基本单元的现代部门法体系。环境、健康、安全领域的风险立法正是在这一趋势的裹挟之下不断涌现的。基于风险管控的政策乃至政治需要，当下中国的立法者已习惯于直接套用公私法二分框架以及部门法分立格局，路径依赖地运用部门法的理论范式来管控风险。回顾改革开放以来的立法成就，不断发展和自我调适中的民法、刑法和行政法均通过内部结构的改造，将公共风险纳入各自的调整范围。在立法技术上，不管是将风险立法植入各部门法的法典内部，还是以"拼盘式单行立法"的方式呈现，中国的风险立法在制度结构上总体呈现出部门法的"三足鼎立"之势。

在法律运行层面，部门法分立格局中的民法、刑法和行政法虽然都致力于管控风险，但风险行为被侵权法评价为是否构成侵权，被行政法评价为是否构成行政违法，被刑法评价为是否构成犯罪。在法律性质上，分属三个独立部门法的民事侵权、行政违法、刑事犯罪之间存在本质区别始终是无可争辩的共识，相应的法律效果在各个部门法的逻辑体系中也各不相同。这是部门法分立格局及其理论范式的集中展现。不仅如此，当部门法上的风险控制工具在实践中遇到功能主义障碍时，人们仍立足于公私法二分框架下的部门法分立格局，通过部门法内部体系的改造加以应对。这样的自我修复范式使部门法的内部构造日益复杂、精深并自成体系，但整体上的风险管控效果可能因遭遇"瓶颈"而停滞不前。

例如在环境、食品和交通安全领域，侵权法通过创设惩罚性赔偿、调整归责原则、重新分配举证责任并辅之以程序法上的公益诉讼制度，致力于通过提高赔偿数额与追责概率来管控风险。刑法则是在高风险领域设置危险犯罪，通过降低入罪门槛、调整犯罪构成要件来加强责任威慑程度。行政法则是通过引入"风险预防原则"来重塑事前、事中、事后的行政管制工具体系，不仅通过提高责任威慑程度，而且还通过强化行政管制力度来管控风险。风险领域的三大部门法由此呈现出各自平行演化的态势。尤其是 2008 年以来，面对日益严峻的食品安全风险，中国立法者为了提高责任威慑程度，几乎同时增加惩罚性赔偿的倍数和罚款、罚金的数额乃至自由刑的刑期，从中很难看出协调的迹象。

实证法的"各自为政"，反过来又强化了部门法学相对封闭的立场。随着部门法学向着规范化、技术化和专业化的方向发展，学者也习惯于各守疆域地在各自部门法框架内独自耕耘，并发展出彼此独立的学说来正当化并推动各部门法内部结构的改造，风险领域的各部门法由此呈现出向纵深方向发展的态势。理论与立法的互动使得公私法二分框架下的部门法分立格局得到自我强化。实务部门长期沉浸在部门法的条条框框之中，极少从整体上反思风险立法的总体效果。学者在追求逻辑崇拜的同时，也极易忽视整体主义的政策判断。部门法各守疆域的局面导致宏观上的法律结构几乎无人问津，似乎形成于 19 世纪的部门法分立格局可以一劳永逸地应对一切社会关系的发展变化。久而久之，部门法分立格局及其理论范式逐步塑造了法律适用上的思维定式，在潜移默化之中，部门法分立格局甚至被视为一个"万能"的分析框架。人们习惯于直接套用这一分析框架，分门别类地以各部门法的逻辑来应对各种社会问题，风险规制即其典型范例。

不可否认，部门法分立格局及其理论范式，固然有助于充分挖掘并利用各部门法上的风险控制工具，但部门法壁垒的存在严重限制了不同部门法之间的协调与合作，这无助于管控风险。工业化引发的内生性社会风险给现代社会所带来的挑战是全方位的，风险管控也应当是一个全方位的"系统工程"。但理论和立法极少超越部门法壁垒来系统性地看待"三足鼎立"的立法结构，这种"从部门法中来，到部门法中去"的分析范式，严重阻碍了部门法之间的协调与合作，进而无助于发挥各部门法的比较优势来共同管控风险。以功能主义视角来看，部门法之间缺乏协调与合作的局面极易导致规制不足或者规制过度，尤其对于兼具积极与消极意义的"双面性"风险而言，规制不足和规制过度均不可取。规制不足可能引发大规模的风险致害事故，而规制过度甚至比规制不足更危险，因为规制过度可能迫使工厂关停、科技成果被束之高阁，人类将因此无法享受现代工业文明所带来的便利，甚至退回到前工业化的时代。风险立法的"三足鼎立"格局由此暴露出其结构性缺陷。这也再次提醒我们，大陆法系沿用上百年的部门法分立格局也许已经到了需要被重新思考与全面评估的历史关头，而这正是本书的旨趣所在。

三、思路

从学理探讨的角度来看，法经济学上的"需求定理"为不同部门法及其风险控制工具之间的协调与合作提供了科学的思路。在法经济学看来，法律"制裁就像是价格，并假设人们对于制裁的反应与对价格的反应相同，人们通过减少消费对较高的价格做出回应。因此，可以假设人们对于较为严厉的法律制裁的反应是从事更少的会被制裁的行为"[1]。根据这一原理，风险行为的"市场价格"实际上正是立法者为其设定的法律责任，当预期法律责任加重，理性经济人对风险行为的需求量也将随之减少，作为替代，行为人将选择从事低风险的活动或者以风险更低的方式来行事，风险管控目标由此得以实

---

[1] [美]罗伯特·考特、托马斯·尤伦：《法和经济学》，史晋川等译，格致出版社2010年版，第3页。

现。反之，当预期法律责任减轻，理性经济人将做出相反的决策，风险行为的数量以及风险程度也将随之增加。这是风险行为"需求定理"的核心要义，它描述了理性人如何对法律制度做出反应。只有理解了理性人如何对法律制度做出反应，理论上才可以解决法律如何通过引导人的行为来管控风险的问题，这是打破部门法壁垒、构建统一分析框架的解释论基础。

借助法经济学上的"需求定理"及其体系化解释技术，散乱分布于各部门法上的风险控制工具可被纳入统一的分析框架。这不仅能够打破部门法壁垒，而且能将各部门法上的风险控制工具体系化并整合为"三位一体"的结构，即由一般威慑、威慑补充和行政管制构成的风险控制工具体系。这三个位阶的风险控制工具在功能上呈现出层层递进且相互补充或者相互替代的关系，这是"一体化"构造的核心内涵。从风险立法的制度设计原理来看，一般威慑具有优先适用性，威慑补充只能作为一般威慑的补充实施机制，通过二者的协调可以更加灵活地调整法律责任制度的威慑效果。进而，一旦责任威慑机制整体上遇到实施障碍或者高昂的实施成本阻碍其威慑效果时，行政管制将作为一种替代性或辅助性的风险控制工具发挥作用。这正是"三位一体"的风险控制工具体系之间的内在联系，同时也应当成为风险立法所秉承的基本逻辑。在立法技术层面，若要构建"三位一体"的风险控制工具体系，首先要打造一个相对开放的部门法体系，其次要在部门法体系之外，借助风险领域的单行立法搭建不同部门法之间的合作桥梁。

进一步的问题是，本书借助法经济学原理所构建的"三位一体"的风险立法固然有助于风险控制工具之间的协调与合作，但这是否意味着中国的法律结构将重新退回到历史上的"诸法合体"时代？在笔者看来,"三位一体"的法律结构绝非历史的倒退,它是为了回应风险领域的社会结构转型而对部门法分立格局所做的升级改造——将原有的部门法分立格局改造成一个开放的部门法体系,并在此基础上搭建部门法之间的合作桥梁。风险立法由此呈现出部门法"分"与"合"的双重变奏。这里的"分"不再是部门法壁垒之下的"关起门来搞建设",而是要为后续的部门法协调预留"通道";这里的"合"也不是回归"诸法合体",而是搭建部门法之间沟通与合作的桥梁,进而发挥各部门法的比较优势来共同管控风险。在逻辑上,"分"是"合"的基础和前提,"合"是"分"的超越和例外,由此形成的部门法"分"与"合"的双重结构是一个矛盾的统一体。

法之"理"源于社会。风险规制法从"部门法分立格局"到"部门法一体化构造"的结构转型,不只是法律经济学上逻辑推演的结果,同时还具有深厚的法社会学基础。回顾人类法制史的演化脉络,社会结构与法律结构之间不仅保持着交替演化的规律,而且在法律结构的塑造原理上具有内在的因果联系。这是"经济基础决定上层建筑"的唯物史观在法律史上的集中展现,它为现代法律的结构转型提供了分析工具。当我们把法律结构发展史与社会结构进化史依时间顺序对应起来,眼前将立刻呈现出如下图景:随着社会关系的结构从单一走向多元、从"混沌一体"走向公私分化,相应的法律结构也逐渐从"诸法合体"走向公私法的二元分离以及在此基础上的部门法分立格局。而且,社会结构的演化具有历史的延续性,当今风险领域的社会结构分化呈现出新的特征,这是推动法律结构转型的内在动力。尤其是20世纪后期以来,环境、健康和安全风险领域的社会结构呈现出公私交融的趋势,这对风险立法提出了新的要求。作为回应,风险立法不仅要改变单一的私法自治局面,更要加强公私法之间的协调与合作。从这个意义上来看，风险领域的公私法/部门法合作绝非历史的倒退，历史上的"诸法合体"只能与当时极其简单且尚未分化的社会结构相匹配，而当今中国的社会结构日益复杂化和多元化，尤其是风险领域的社会结构正在发生公私融合趋势，基于公私法二元结构所构建的部门法分立格局，已然无法回应风险领域的规制需求。

四、重构

由此看来，大陆法系的部门法分立格局既是中国效法的模板，又是风险立法必须超越的对象，因而必须辩证地看待部门法分立格局及其理论范式。但同时也要注意到，由于制度转换成本的反向牵制力，法律结构的变迁对既定格局具有相当的"依赖性"。一旦回到真实的法律世界，任何超越既定格局的尝试都注定是一个极端复杂的过程，因为既定格局的长期存在，必将塑造一系列约束条件乃至抗拒改革的力量。尤其是面对一个持续运行了逾两百年的部门法分立格局及其相配套的价值体系、概念体系、规范体系和诉讼程序，任何法律结构上的调整都可能"牵一发而动全身"。也许正是基于此中缘由，才造就了理论界对大陆法系法典法稳定性的崇拜以及法律移植的"无机论"主张。①

但这种关于法律移植的"无机论"主张，显然忽略了制度变迁理论的另一个面向：一个与社会基础不相匹配的制度结构，必将处于低效率的运行状态。一旦改变既定格局对于拥有充分谈判能力之人有利可图时，制度变迁的进程也将就此拉开帷幕。我国环境领域民事、行政、刑事审判庭"三合一"改革即其范例。这同时也蕴含了风险

---

① 参见[美]艾伦·沃森：《民法法系的演变及形成》，李静冰、姚新华译，中国法制出版社2005年版，第262页。

规制的基本原理，即规制体制的设计必须与规制对象相匹配，一个与规制对象及其所立足的社会基础不匹配的风险立法将面临被重构的压力。因此，改革与抗拒改革的力量，始终是一对永恒相伴的矛盾，正是二者的力量对比变化，才导致法律结构的变迁不仅呈现出一定的规律性，而且具有相当的复杂性和地域多样性。这同时也暗示了早期社会基础差异不大的两大法系国家，为何自近代以来却演化出迥异的法律结构。[1] 不仅如此，改革的动力与抗拒改革的力量之间的矛盾交织，也使得社会基础变迁与法律结构转型之间始终存在一定的时间差，但只要社会基础不断演化，法律结构转型的脚步也将永不停息。

以历史唯物主义观点看待制度变迁，似乎掩盖了法学研究在制度变迁中所发挥的作用。作为制度变迁的参与者和行动者，学者的理论探索与立法者构建"中国特色社会主义法律体系"的激情和动力，无疑是制度变迁的"催化剂"。正像自然科学将转基因技术引入农业生产所带来的革命性变化一样，本书将经济学上的"需求定理"引入风险规制法之后，大陆法系根深蒂固的部门法壁垒瞬间被打破，曾经"三足鼎立"的风险立法被整体性地纳入统一的分析框架，原本彼此独立甚至互不干涉的风险控制工具最终被体系化并整合成"三位一体"的结构。这不仅从学理上终结了部门法"各自为政"的局面，而且为中国风险立法的结构重建提供了理论方案，这何尝不是一种制度变迁的"驱动力"？也正是在这个意义上，法学与自然科学一道，都致力于为人类文明进步贡献力量，或多或少而已！

---

[1] 在学者看来，两大法系的法律结构差异是对各自法律传统的路径依赖所造成的。诚如斯言："民法法系和普通法系的基本区别是从法律传统方面来解释的；那就是，差异是法律史的结果，而非由社会的、经济的或政治的历史造成的。"参见［美］艾伦·沃森：《民法法系的演变及形成》，李静冰、姚新华译，中国法制出版社2005年版，"英文原版序"，第2页。

第一章
从私人风险到公共风险之挑战

　　本书研究的"公共风险"是相对于"私人风险"而言的,它是理论界为了区分传统农业社会与现代工业化社会中不同性质的风险而创造的一对新概念。根据理论界的既有定义,传统农业社会和简单商品经济社会的"私人风险"是指"非连续产生的、地方化的、私人可控的或源于自然界的风险"[①]。私人风险主要源于自然原因或个人生活交往过程,其典型的表现有个人不良生活习惯所导致的健康风险、饲养恶狗带来的安全风险、失足落水导致的人身安全风险、道路不平或马匹受惊导致的交通安全风险,以及其他自然原因引发的财产或人身致害风险。

　　相较之下,现代工业化引发的"公共风险"之所以不同于"私人风险",不只是因为风险"量"的增加,更关键的原因是风险"质"的异化。完全不同于地方化、偶发性和离散化的"私人风险",公共风险属于现代社会发展过程中衍生的系统性风险,它与科技进步和常规的工业生产、生活相伴而生,属于"集中或批量生产的、广泛分布的健康和安全风险,绝大多数风险都超出了私人的理解和控制

---

① Peter Huber, "Safety and the Second Best: The Hazards of Public Risk Management in the Courts", 85 *Colum. L. Rev.* 277, 278 (1985).

能力"①。作为现代工业文明相伴而生的"副产品",公共风险集中体现为环境污染、生态破坏、工业灾害、食品缺陷、疫苗灾害、病毒传播等,它们对人类健康和财产安全的威胁无处不在,且不可避免,因而有社会学家惊呼:"工业社会,已经经由其本身系统制造的危险而身不由己地突变为风险社会。"②

但需要说明的是,本书研究的"公共风险"不完全等同于"风险社会理论"所指的广义上的风险。其中,风险社会理论中的"风险"泛指现代社会系统运作过程中的各种内生性和系统性风险,包括但不限于环境风险、健康风险、安全风险、金融风险、经济风险以及政治系统的各种内生性风险。根据风险规制的基本原理,风险规制体制的设计必须与规制对象高度匹配,不同性质的风险在风险规制问题上难以被纳入统一的分析框架。这意味着,在风险规制问题上,必须对风险社会理论中所提及的不同性质的风险进行区别对待。譬如,环境风险与金融风险显然不可等量齐观,健康风险与政治风险更是难以被同等对待。故此,本书所研究的"公共风险"特指现代工业化引发的环境、健康和安全风险。

从风险的起源来看,环境、健康和安全风险的出现既有现代工业化的内生性原因(如核能源的开发、食品添加剂和农药的研制等),也有外在的人为原因(如食品加工过程中的非法添加、掺杂掺假等)。但相较之下,前者是主因与根本性原因,后者只是扩大和叠加风险的人为因素。在风险致害过程中,上述"物"的因素既可以单独致害,

---

① Peter Huber, "Safety and the Second Best: The Hazards of Public Risk Management in the Courts", 85 *Colum. L. Rev.* 277, 277 (1985).
② [德]乌尔里希·贝克:《世界风险社会》,吴英姿、孙淑敏译,南京大学出版社2004年版,第102页。

也可以与"人"的因素相互叠加,进一步放大风险及其致害效果。理论上只有准确识别风险"源"及其致害原理,制度上才可能提供行之有效的风险管控对策。结合既有研究来看,关于公共风险的特殊性,极具影响力的"风险社会理论"已有充分讨论,理论界深刻揭示出公共风险的双面性、系统性、扩散性、技术性、潜伏性、未知性和全球性等特征。① 这在既有研究中已是不争的事实。然而,公共风险的特殊性对于当今中国的风险立法究竟意味着什么,理论上尚未得到全面揭示。作为上层建筑,法律是调整人类行为和社会关系的规则,现代社会的公共风险所导致的人类行为和社会关系的结构性变化,无疑会对风险立法产生决定性影响。诚如萨维尼所言:"法律并无什么可得自我圆融自洽的存在,相反,其本质乃为人类生活本身。"② 这同时也是马克思关于"经济基础决定上层建筑"之论断对于现代风险立法的深刻寓意。

一、从内部性到外部性的风险异化及其法律意义

从风险发生的社会条件来看,传统农业社会和简单商品经济社会的风险之所以被称为"私人风险",关键在于,风险行为通常发生在亲缘、邻里和简单商品交易关系内部,被一条或明或暗的紧密社会关系或交易关系纽带连接起来,除了具有广泛影响的严重自然灾害外,

---

① 参见[德]乌尔里希·贝克:《风险社会》,何博闻译,译林出版社2004年版,第19—57页;[德]乌尔里希·贝克、约翰内斯·威尔姆斯:《自由与资本主义》,路国林译,浙江人民出版社2001年版,118—143页。国内学者的梳理,参见南连伟:《风险刑法理论的批判与反思》,《法学研究》2012年第4期。
② [德]弗里德里希·卡尔·冯·萨维尼:《论立法与法学的当代使命》,许章润译,中国法制出版社2001年版,第24页。

极少有超越紧密社会关系或交易关系纽带而存在的私人风险。简言之，私人风险大多发生在熟人社会关系内部。然而，现代工业化引发的公共风险却完全不同，它具有广泛的扩散性、蔓延性、系统性和全球性特征，其影响力远远超越熟人社会关系或交易关系纽带的限制，能够跨越时空界限，乃至人类代际边界。致害事故往往是不可逆的群体性灾难，几乎没有人能够置身事外，只要身处这个工业化的时代，所有人都无一幸免地暴露于公共风险之中。从风险的属性来看，如果说发生在熟人社会关系或交易关系内部的私人风险具有"内部性"①的话，那么，超越熟人社会关系或交易关系纽带所涌现的公共风险则具有显著的"外部性"②特征。

风险行为的内部性和外部性差异，对于风险管控原理和风险立法具有决定性意义。在传统农业社会，一个显而易见的事实是，熟人之间紧密的社会关系或交易关系纽带，为人们识别私人风险奠定了经验基础。谁家饲养的狗咬人、哪辆马车不稳、哪个商号的食品掺杂掺假等情况，在邻里之间和简单商品经济关系内部均属经验信息，当事人之间行为谨慎程度的提高便可防控风险，而且私人风险所依附的紧密社会关系或交易关系纽带为人们提供了谈判空间和博弈筹码，因而易于形成一套自发型的风险分配规则，任何背叛行为都可能在后续的生活联系和频繁互换位置的交易关系中遭到"报复"。恰如经验研究所揭示的原理："一个关系紧密之群体的成员为了把他们的日常互动管

---

① 管制经济学将内部性界定为："由交易者所经受的，但没有在交易条款中说明的交易成本和效益。"而风险致害所引发的"成本"正是那些"没有在交易条款中说明的交易成本"，本书借用这一概念来描述风险的差异。参见［美］丹尼尔·史普博：《管制与市场》，余晖等译，上海三联书店1999年版，第64页。

② 外部性是指："在两个当事人缺乏任何相关的经济交易的情况下，由一个当事人向另一当事人所提供的物品来。"参见［美］丹尼尔·史普博：《管制与市场》，余晖等译，上海三联书店1999年版，第56页。

起来，他们一般会开发出一些非正式的规范，其内容是为了使该群体成员之客观福利得以最大化。"① 正是在这个意义上，管控私人风险并非公法之责，私法自治已足矣。

但在环境、健康、安全、卫生等公共风险领域，紧密的社会关系或交易关系纽带已然丧失，极具技术含量并跨越时空界限和人类代际边界的公共风险，使得经验主义的风险识别不仅不具备技术条件，而且也丧失了社会基础，私人之间的监控与"惩罚"更是失去了谈判基础和博弈平台。风险领域的社会关系正在发生结构性变化。首要的变化是社会关系主体的角色分化：一方是有组织的风险制造者，他们拥有强大的组织优势、技术优势、信息优势和谈判地位；另一方是数量庞大但却无组织的风险承受者，他们缺乏识别风险的能力、谈判能力和自我防控能力，在公共风险面前的被动局面使之彻底沦为弱势群体。所谓"无需法律的秩序"在公共风险领域已丧失社会基础，单纯依靠私主体之间的自治完全无法防控公共风险。再加上公众非理性的风险认知、普遍滞后的风险沟通以及政府对社会稳定的高度关切，直接促成公共风险在当今社会的政治化。在此背景下，风险控制已然从纯粹私人事务转化为社会公共职责，须交由国家运用公法手段解决。这对风险立法提出了截然不同的要求，立法者不得不超越私法自治的边界，运用公法手段来管控风险，风险立法由此呈现出公法与私法的合流之势。

二、从单面性到双面性的风险异化及其法律意义

从风险致害的相互性原理来看，传统农业社会和简单商品经济社

---

① [美]罗伯特·C. 埃里克森：《无需法律的秩序》，苏力译，中国政法大学出版社 2003 年版，第 350 页。

会的"私人风险"属于单向致害风险,其所引发的社会关系主要表现为"加害—受害"之间的单向度联系。相较之下,现代工业化社会的"公共风险"却显著不同,由公共风险所引发的社会关系是一种更为复杂的双向联系,理论上甚至难以区分谁是公共风险的加害者、谁是受害者,所有暴露于公共风险之人,均将加害者与受害者身份融为一体。因此,在公共风险领域,受害者同时也是受益者,加害者同时也是受害者。正所谓"任何人都是原因也是结果"[①]。这是因为公共风险是现代工业文明的"副产品",它不可归责于任何个体的过错,且并非现代工业化失败的产物,反而是现代科技发展成功的结果。换言之,现代工业化引发的公共风险内生于人类社会的现代化进程,兼具积极与消极意义,是一种典型的"双面性"风险。作为"双面性"的典型体现,生活于现代社会之人虽然深受农药残留之害,但却又是农药的受益者,若关停农药工厂,人类将面临更为严重的食物短缺风险。环境风险同样如此,生活于现代社会的每一个人都深受空气、水和噪音污染之害,但又无时无刻不在享受着排污企业所创造的便利和文明;反之,若想要享受绝对清洁的环境,人类可能将因此退回到现代工业文明之前的时代。

  从单向度的风险到双面性风险之异化,背后蕴含着深刻的法律意义。面对单向致害的私人风险,立法政策上的选择清晰明了——保护受害者,并对风险行为做法律上的否定性评价。以此为基础,立法者可以选择直接禁止高风险行为(公法),或者要求加害者填补损害(私法)。然而,当面对具有"双面性"特征的公共风险时,立法者显然无法泾渭分明地做出取舍。因为公共风险兼具积极与消极意义,不可

[①] [德]乌尔里希·贝克:《风险社会》,何博闻译,译林出版社2004年版,第34页。

完全归责于某个人的个体行为,它是整个现代工业文明的"副产品",所有生活于现代工业社会之人既是原因也是结果。公法对于风险行为不能一禁了之,私法也不能无条件地要求风险行为的实施者提供损害赔偿。这种追求"零风险"的逻辑,极易引发另外一种甚至更为严重的风险。这恰似因惧怕雾霾风险而关停所有排污工厂一样,现代工业文明的优秀成果也将被一并拒之门外。也正是基于这一理由,风险立法必须"在健康与健康之间权衡"①,即从全社会公共利益最大化的立场出发,于事前进行成本-收益分析和总体政策判断,在确立社会最佳的风险管控标准(即社会可接受的最佳标准)之后,运用多种法律手段加以实施。这也意味着,风险管控不再只是纯粹的私人自治事务,而属公私法协同共治的领地,否则将无法实现社会公共利益最大化之目标。

三、风险可识别性之异化及其法律意义

根据风险规制的基本原理,识别风险是管控风险的前提和基础,理论上只有准确识别风险来源,厘清风险致害原理及其作用过程,才可能有效管控风险。从风险要素的可识别性来看,传统农业社会的私人风险主要源于简单的生活事实以及易于识别的物理外观,除了不可抗拒的自然灾害外,人类可通过视觉和触觉感受以及个人生活经验来识别私人风险及其致害程度,例如食品是否腐烂、道路是否平整、马匹是否温顺、建筑设施是否牢固等,均可通过人类感官和生活经验直接加以识别。但公共风险却全然不同,公共风险所具有的技术性、潜

---

① [美]凯斯·桑斯坦:《风险与理性》,师帅译,中国政法大学出版社2005年版,第163—164页。

伏性、扩散性和未知性等特征，使之通常难以被人体感官直接识别，而且也很难通过个人生活经验加以判断，例如蔬菜是否有农药残留、牛奶是否含三聚氰胺、室内空气是否含有苯和甲醛等致癌物质，显然已超出人类感官和生活经验可感知的范畴，实践中必须借助自然科学的技术手段和专业设备才能准确识别风险，甚至有些风险在当前有限的技术条件下根本无法被人类准确识别。

而且，相较于传统农业社会的私人风险，实践中对环境、健康、安全等公共风险的识别往往还从自然科学和社会科学两个视角展开。其中，在自然科学意义上，科学家主要从技术上探究风险元素如何作用于人身或财产，从中揭示出风险致害的技术性原理，进而为风险规制决策提供依据。在社会科学意义上，风险识别与规制决策的做出，往往还会加入诸多人为因素或中间环节，其中最为突出的影响因素是人类认知能力的局限，以及个人情感因素和地方性知识的制约，由此导致社会公众的风险认知往往偏离真实水平，错误的风险认知还将通过现代国家的民主决策程序影响立法者的规制议程设置和法律制度设计。譬如，在自然科学意义上，乘坐飞机比汽车的安全系数更高，但在公众看来，飞机可能是最危险的交通工具，这样的风险认知偏差将深刻影响个人决策和政府规制议程。

风险自身的可识别性高低以及公众能否准确识别风险，在风险规制问题上具有重要的法律意义。其中，对于人类感官可直接感知的私人风险而言，风险管控也变得简单易行。根据理性经济人原理，追求私人利益最大化的理性人，将会自行提高行为谨慎程度，避开不安全的设施和劣质的产品，市场的优胜劣汰机制将把高风险行为驱逐出市场。国家则可采取放任态度，让那些地位平等、角色互换的私主体依据自由意志，通过平等协商来决定彼此之间的风险分配，法律上只须确认当事人之间的协议安排并提供产权保护即可。因此，在传统农业社会，私人自治始终是控制私人风险的核心原则。然而，面对环境、健康、安全、卫生等公共风险，人类难以凭个人感官和生活经验准确识别风险来源及其致害程度，更无法通过行为谨慎程度的提高来防控风险，市场的优胜劣汰机制因此陷入瘫痪，风险无法识别的局面甚至可能导致逆向淘汰的结果。譬如，过量喷洒农药的蔬菜可能比有机蔬菜在外观上更具吸引力，若不借助技术手段，仅凭肉眼来识别风险的消费者极易作出逆向选择。面对此种难以为人类感官直接识别的风险，国家干预变得不可或缺，并需要综合运用专业技术和法律手段加以应对。

四、风险领域的结构变形及其法律意义

私人风险与公共风险的上述差异表明，借助私主体之间的自治原理可有效防控私人风险，除了极个别因后果严重而构成犯罪的风险行为外，私人风险基本不涉及社会公共性议题，因而在西方"市民社会"与"政治国家"彼此分离的公私二分框架下，私人风险总体上属于私人领域的自治性事务。但公共风险却完全不同，其所具有的外部性、双面性、潜伏性、难识别性等特征，使得公共风险领域的社会关系呈现出明显的群体性压制现象，例如生产者与消费者、排污企业与受害者之间，显然已无法通过私人谈判来合理分配风险，更无法通过个体行为谨慎程度的提高来有效防控风险。风险行为在性质上正在溢出私人自治领域，逐步向公共领域迈进。在"市民社会"与"政治国家"相分离的公私二元格局中，如果说发生公共性异化的风险行为仍与市民社会的私人领域藕断丝连的话，那么，国家运用公权力

对公共风险进行干预而引发的公共管制关系,在性质上已然超越私人领域的边界,并在社会结构的公私二元格局中构筑起一个公私交融的"第三领域"①。称之为"第三领域",是因为公共风险引发的社会关系既非单一的私人自治议题,亦非纯正的政治国家议题,它虽然成为国家干预的对象,但风险行为毕竟以市民社会为其作用场域,且国家干预的目的也主要是辅助市民社会更好地发挥作用,这集中体现了公与私的融合趋势。晚近以来的法社会学研究甚至尝试抛弃公私二分的传统理论范式,以多元现代性的视角对公私融合领域做出全新的双层解读:一是以多元社会情境的区分取代公与私的简单二分;二是在多元情境世界的每一个社会子系统内部重新引入私维度和公维度的区分。②

从立法角度看,风险领域的社会结构变形具有深刻的法律寓意。当风险领域的社会关系发生结构性变化时,作为"上层建筑"的风险立法也开始面临制度变迁的压力。诚如学者所言:"尽管单个法律模式的持续及深入发展展现出独立性的一面,法律风格的基本变化仍然由社会结构变迁来决定。"③纵观大陆法系国家的法律结构演化历程,法律与其调整的社会关系之间总体上呈现出交替演化的规律。当

---

① 受到哈贝马斯关于"民间公共领域"的启发,黄宗智在研究社会与国家交叉融合问题时指出:"为准确把握这一居间区域而又避免在使用哈贝马斯公共领域概念时出现误用与混淆,我想建议使用第三领域(third realm)一词。……它也可更为清晰地界分出一种理论上区别于国家与社会的第三区域。"参见黄宗智:《经验与理论:中国社会、经济与法律的实践历史研究》,中国人民大学出版社 2007 年版,第 166—167 页。

② 诚如学者所言:"社会碎片化为多元社会领域这一事实也需要多元的自我描述视角。因此,国家/社会的简单区分在法中被转化为公法与私法的对立,它将不得不被社会视角的多元性所取代,这应当同时也在法中得到反映。"参见[德]贡塔·托依布纳:《多元现代性:从系统理论角度解读中国私法面临的挑战》,祁春轶译,《中外法学》2013 年第 2 期。

③ [德]尼克拉斯·卢曼:《法社会学》,宾凯、赵春燕译,上海人民出版社 2013 年版,第 234 页。

我们把法律发展史与社会结构进化史依时间顺序对应起来后，眼前将立刻呈现出如下图景：随着社会关系的结构从单一走向多元、从混沌一体走向公私二元分化，相应的法律结构也逐渐从"诸法合体"走向公私法二分以及在此基础上的部门法分立格局。这是法律与社会的互动关系之展现。社会结构的变迁具有历史的延续性，20 世纪后期以来，环境、健康和安全风险领域的社会结构呈现出显著的公私融合趋势，这对风险规制法提出了新的要求。作为回应，风险立法不仅要改变单一的私法自治局面，更要加强公法与私法之间的协调与互动。

以上描述的只是人类历史上社会结构的总体发展趋势，若结合中国的实际情况来看，问题似乎更为复杂。较之于近代西欧国家，中国历史上一直未能自发形成市民社会与政治国家相分离的公私二元格局。在历史上的中国，法律的儒家化使得中国法律的核心任务并非保护私人财产和人身免受侵害，"真正与法律有关系的，只是那些道德上或典礼仪式中的不当行为"[①]。于是我们就不难理解，为何传统中国以刑为主的"诸法合体"结构中，极少出现有关风险行为的立法，除非风险行为涉及身份等级关系或重大财产事项[②]，进而威胁到社会稳定或封建等级秩序，而此时的风险行为已演化成社会公共性和政治性议题。直至清末民初，在内外交困的压力之下，中国才开始有意识地构建以公私法二分为基础的现代部门法体系。然而，在以大陆法系为模板的部门法体系尚未全面构建完成之时，始料未及的公共风险的侵袭，再次打乱了立法者的部署，这使得中国的法制建设不得不面临

[①] ［美］德克·布迪、克拉伦斯·莫里斯：《中华帝国的法律》，朱勇译，江苏人民出版社 2008 年版，第 4 页。

[②] 涉及重大财产事项的风险立法，例如《唐律》之《杂律》规定："（买奴婢、马牛、驼骡驴）立券之后，有旧病者，三日内听悔，无病欺者，市如法，违者笞四十。"参见张晋藩：《中国法律的传统与近代转型》，法律出版社 2009 年版，第 267 页。

双重任务：立法者一方面要回溯一个基础性的部门法体系，另一方面还要在公私交融的"第三领域"（本书特指"风险领域"）构建部门法之间的合作性制度安排。面对这一双重任务，中国的风险立法不管是在立法技术还是在法律结构上，都比传统大陆法系国家的立法显得更为复杂。

第二章
风险规制的部门法理论范式

现代工业化引发的环境、健康、安全、卫生等公共风险,已成为中国风险立法难以回避的重大课题。作为法治的后发国家,中国立法者在借鉴大陆法系立法经验时,习惯于套用公私法二分框架以及部门法分立格局,路径依赖地运用各部门法的逻辑来管控风险。尤其是改革开放后,不断发展中的民法、刑法和行政法均通过内部结构的改造,将公共风险纳入各自的调整范围,中国的风险立法由此呈现出部门法的"三足鼎立"之势。这固然有助于挖掘各部门法上的风险控制工具,但在部门法的外部关系上,部门法之间总体保持相对封闭的立场。例如,分属不同部门法的惩罚性赔偿、罚款、罚金、自由刑,在责任威慑理论中具有功能上的相似性,但除了罚款与罚金之间的折抵规则外,现行法上鲜见协调性制度安排。这无助于风险控制工具之间的协调与合作,风险立法的公私法二元结构以及部门法的"三足鼎立"格局逐渐暴露出结构性缺陷。这提醒我们,大陆法系延续上百年的部门法分立格局也许已经到了需要重新思考与全面评估的历史关头。

一、大陆法系国家应对公共风险之范式

相较于私人风险,公共风险的异质性使风险管控成为当今社会重

要的公共性议题，法律不得不对风险规制议题做出全面回应。就传统大陆法系国家而言，对公共风险的关注不管是在学理还是立法层面，均首推德国。这不只是因为风靡全球的"风险社会理论"的提出者乌尔里希·贝克来自德国，更是因为德国在风险规制立法的制度创新方面做出了卓著贡献。当今大陆法系各国争相效仿的风险管控制度有相当一部分首创于德国，例如侵权法上的"风险归责理论"①、刑法上的"风险刑法理论"②、行政法上的"风险预防原则"③ 等等。除了这些法律上的具体应对措施外，德国法建立在公私法二元结构以及部门法分立格局中的风险控制思路，也已成为大陆法系风险立法的常规范式。

在崇尚法律的理性构建与体系化整合的德国，根深蒂固的部门法分立格局为应对各类社会问题提供了一个堪称"万能"的分析框架。这一分析框架早在罗马时代就已得到奠基，并以公法管制原则与私法自治原则相对立的方式集中展现出来。④ 管制原则与自治原则的二元对立不仅是部门法分立格局的最初版本，而且将这一传统发扬光大，进而被贯彻到各个部门法当中。对于现代社会的各类公共性问题，立法者和执法者习惯于借助部门法体系强大的吸纳与整合能力，

---

① 关于德国法上的危险责任和风险归责的介绍，参见朱岩：《风险社会与现代侵权责任法体系》，《法学研究》2009年第5期；叶金强：《风险领域理论与侵权法二元归责体系》，《法学研究》2009年第2期。
② 源于德国的风险刑法理论与制度，参见[德]乌尔斯·金德霍伊泽尔：《安全刑法：风险社会的刑法危险》，刘国良译，《马克思主义与现实》2005年第3期。
③ 被各国效仿的"风险预防原则"首次出现于德国1971年的环保纲领，1974年首次进入立法。参见 Jale Tosun, *Risk Regulation in Europe: Assessing the Application of the Precautionary Principle*, Springer, 2013, p. 39。
④ 这最早可见于罗马时代的法谚："公法不得被私人简约所变通"；而在私法上，"对当事人来说'协议就是法律'"。参见[意]彼德罗·彭梵得：《罗马法教科书》，黄风译，中国政法大学出版社1992年版，第10页；周枏：《罗马法原论》(上册)，商务印书馆1994年版，第84页。

通过各个部门法内部制度的改造或者法律解释方法的运用,将其置于某个或某些部门法的框架下,以部门法的逻辑加以应对。风险立法当然也不例外。

面对公共风险的挑战,德国法的应对首先是从宪法层面扩张"国家义务"的边界开始的,其法教义学逻辑始于德国宪法第1条第1款第1句中的人格尊严保护条款,理论上将其提升为社会秩序的最高原则。在紧接着的第2句中,德国宪法把国家引入进来,要求国家为人格尊严提供保护。至于人格尊严到底含有哪些内容,则极具弹性和解释空间。现代人对风险的厌恶和对安全的渴求正是借助这一逻辑被解释进入德国宪法,成为现代国家不可推卸的"国家义务"。[①] 伴随着国家任务的三次扩张[②],德国法在风险规制问题上形成了相对完整的规范体系。在德国宪法的统摄之下,理论和立法者陆续改造了民法、刑法、行政法的内部结构与体系,以适应风险规制的需要,具体表现如下:

第一,面对不可归责于个人之过错的公共风险,德国民法逐渐摒弃"没有过错就没有责任"之原则,以特别法的方式发展出"危险

---

① 参见[德]迪特尔·格林:《宪法视野下的预防问题》,载刘刚编译:《风险规制:德国的理论与实践》,法律出版社2012年版,第122—123页;陈信安:《基因科技风险之立法与基本权利之保障——以德国联邦宪法法院判决为中心》,《东吴法律学报》2014年第1期。

② 第一阶段国家任务的扩张是为了预防"私法自治"原则的滥用,德国立法者制定了一些与风险控制有关的特别民法规则,"风险责任"正是在这一时期应运而生。第二阶段国家任务的扩张与狭义上的福利国家构建有关,国家通过供给匮乏物资、介入社会危机来管控风险。第三阶段国家任务的扩张开始转向事前的风险预防,风险刑法和行政法的风险预防原则正是在这一背景下应运而生。通过国家义务的扩张,德国宪法学意义上的国家,逐步从自由秩序型国家向预防型国家转型。参见[德]迪特尔·格林:《宪法视野下的预防问题》,载刘刚编译:《风险规制:德国的理论与实践》,法律出版社2012年版,第117—118页。

责任"① 制度,其责任基础乃在于"风险领域"的划分②,划分标准是由多种要素综合形成的弹性评价体系(如利益获取、风险开启与维持、信赖保护、损害分散可能性、自我保护可能性等)。③ 法官在个案中可根据实际出现的要素及其强度做综合判断,进而得出责任是否成立以及责任范围的结论。风险领域理论从技术层面塑造出极具弹性的责任构成要件,法官可据此在风险致害案件中更加灵活地进行风险分配,被分配归入某一方的风险将激励其主动采取风险防控措施,侵权法由此被塑造成相对灵活的风险控制工具。风险归责的出现是德国侵权法回应现代工业社会转型的重要举措,它使德国侵权法处于两个原理的紧张关系之下,即个人承担责任的过错思想和社会公平分配公共风险之思想,二者分别对应过错归责和风险归责,前者应对的是不法侵害行为,后者应对的是不可归责于个人过错之公共风险。④

第二,随着风险规制成为一项"国家任务",德国刑法也表现出积极应对的姿态。起源于德国并产生广泛影响的"风险刑法理论"主张,现代社会刑法的理念要从报应主义转向以风险预防为主的功利主义,刑事政策成为联结风险管控政策与刑法解释适用的桥梁,立法

---

① 德国学者吕梅林在1898年首次使用了"危险责任"这一概念,但其在立法上的普遍化则是近代以后的事情。德国法上的危险责任是指企业主体以及具有特殊危险性的装置、物品、设备的所有人或持有人,在一定条件下,不问其有无过失,对于因企业经营活动以及物品、设备本身的风险所引发的损害承担侵权责任。参见朱岩:《风险社会与现代侵权责任法体系》,《法学研究》2009年第5期。

② 德国法上的风险领域理论是"关于如何分配无过错导致损害的理论,其根据一定的标准来判断损害发生在谁的风险领域之内,以此来确定损害之分配"。参见叶金强:《风险领域理论与侵权法二元归责体系》,《法学研究》2009年第2期。

③ 参见叶金强:《风险领域理论与侵权法二元归责体系》,《法学研究》2009年第2期。

④ 参见叶金强:《风险领域理论与侵权法二元归责体系》,《法学研究》2009年第2期。

者也开始将刑法视为风险规制的工具之一,风险规制政策由此大举入侵刑法,并引发罪刑规范和刑法解释技术的变化。诚如学者所言:"如果刑法是一个社会感受的表述,那么风险社会中的刑法就会成为安全的中继站。"① 带着此种功利主义目的,德国著名刑法学家以《危险作为犯罪》为标题,系统论述了刑法在现代工业化社会可能创造的安全,其核心立场是:"今天的刑法不仅是对侵害的反应,而且它还有这样的任务:使保障社会安全的基本条件得到遵循。"② 在制度层面,风险刑法理论对刑事立法的影响主要表现为犯罪圈的扩大、危险犯的增多、入罪标准的前移、犯罪门槛的降低、单位犯罪的增多和刑罚措施的加重等。③ 经由理论与立法的互动,风险刑法理论对于挖掘传统刑法上的风险控制工具发挥了重要作用,它不仅为风险控制之"国家任务"进入刑事立法提供了学理论证,而且为风险管控政策进入刑事司法过程提供了解释论上的指引,后者的表现如刑法目的论解释的大行其道以及犯罪构成要件解释的弹性化改造等。以上有关刑事立法和法解释论上的变化,旨在以更加灵活的方式调整刑罚的威慑程度,借此将刑法改造成更具威慑力的风险控制工具。

第三,相较于民法和刑法,行政法在风险规制问题上具有显著的功能优势,这不只是因为行政法具有主动执法的便利,更关键的原因在于,它便于事前综合权衡风险受益者、受害者、社会公众等多方主体的利益结构,进而以社会公共利益最大化或风险最小化之目标来管控风险。基于行政管制的功能优势,德国法创设了风险预防原则,

---

① [德]乌尔斯·金德霍伊泽尔:《安全刑法:风险社会的刑法危险》,刘国良译,《马克思主义与现实》2005年第3期。
② 薛晓源、刘国良:《法治时代的危险、风险与和谐——德国著名法学家、波恩大学法学院院长乌·金德霍伊泽尔教授访谈录》,《马克思主义与现实》2005年第3期。
③ 参见劳东燕:《公共政策与风险社会的刑法》,《中国社会科学》2007年第3期。

"只要一项活动对人类健康、安全和环境构成威胁,风险预防原则就要求对此采取行动,而无需科学上确凿的前因后果之证据"①。其核心立场被简化表述为"安全胜过后悔"(better safe than sorry)②。该原则自 1974 年首次进入《联邦德国有害影响预防法》后被多个国家效仿,并于 1992 年被写入《里约环境与发展宣言》后逐渐成为国际通例。③ 为配合风险预防原则的实施,各国规定了大量行政管制标准和多元实施工具,这在生态保护、核能利用、基因科技、病毒和疫苗风险等灾难性风险领域的运用尤为显著。但不可否认的是,由于风险预防原则将行政管制的时机前移(只要有风险致害的盖然性即可启动规制程序,不需要风险致害的确凿证据),这样的强力干预无疑会对现代科技探索和高新技术产业发展带来一定的制约,作为缓解之策,风险预防原则在德国的适用受到诸多条件限制,尤其受到"利益权衡"和"比例原则"的约束。④

二、部门法理论范式之下的中国风险立法

改革开放后的中国在借鉴大陆法系立法经验时,对于公私法二分框架下的部门法分立格局近乎全盘接受,并视之为法律结构选择上不言自明的真理,由此"中国特色社会主义法律体系"的构建不仅以

---

① Jale Tosun, *Risk Regulation in Europe: Assessing the Application of the Precautionary Principle*, Springer, 2013, p. 1.
② Cass R. Sunstein, "Beyond the Precautionary Principle", 151 *U. Pa. L. Rev.* 1003, 1004 (2003).
③ See Jale Tosun, *Risk Regulation in Europe: Assessing the Application of the Precautionary Principle*, Springer, 2013, p. 39.
④ 参见[德]乌多·迪·法比欧:《环境法中风险预防原则的条件和范围》,载刘刚编译:《风险规制:德国的理论与实践》,法律出版社 2012 年版,第 280—285 页。

民法、刑法、行政法、诉讼法等部门法作为基本单元,而且以各部门法是否健全作为法律体系是否完善的衡量标准。① 在这一思维定式之下,不同部门法的界分决定了其在调整对象、主体、权利、义务、责任等核心范畴上的差异,这些所谓"差异"进一步强化了部门法分立格局,进而也塑造了风险立法和法律适用上的思维定式。

当面对公共风险的挑战时,立法者也习惯于直接沿用部门法划分框架来管控风险,并逐步形成了风险管控的部门法理论范式,其基本逻辑可简述如下:根据部门法划分的标准,风险行为的性质差异决定了其部门法归属,进而也决定了风险控制工具的选择运用,部门法的风险控制思路由此得以全面展现,即以风险行为的性质作为逻辑起点,并根据性质差异将风险行为与部门法建立一一对应关系;在"对号入座"的基础上,自然要区别风险类型,选择相应部门法的风险控制工具加以应对。譬如,当风险行为构成民事侵权时,则适用侵权法上的风险控制工具;当构成行政违法时,则适用行政法上的风险控制工具;当构成犯罪时,则适用刑法上的风险控制工具;当风险行为同时符合以上两种或三种情况时,则同时适用两个或三个部门法上的风险控制工具。当某个部门法的风险控制工具遇到功能障碍时,理论和立法仍立足于部门法分立格局,通过部门法内部体系的改造来加以应对。相应的风险立法因此呈现出民法、刑法、行政法"三足鼎立"的格局,具体见下表1。

---

① 参见朱景文:《中国特色社会主义法律体系:结构、特色和趋势》,《中国社会科学》2011年第3期。

表1 风险立法中的民法、刑法、行政法"三足鼎立"格局

部门法	改革举措	改革目标
民法（侵权法）	无过错责任；过错推定；过错客观化；因果关系宽松化；惩罚性赔偿的扩大适用	调整威慑程度，控制公共风险
	责任承担方式多元化：将停止侵害、排除妨碍和消除危险也作为侵权责任承担方式	通过行为禁令，控制公共风险
刑法	扩大犯罪圈；增加危险犯；降低入罪标准；增加单位犯罪；加重刑罚	调整威慑程度，控制公共风险
行政法	行政处罚方式多元化；行政处罚力度加强	调整威慑程度，控制公共风险
	行政管制工具多元化；行政管制力度加强	通过行政管制，控制公共风险

首先是民法。秉承大陆法系的立法传统，我国民法在风险控制问题上也作出了积极回应，但并未完全照搬域外立法，而是采用了极具中国特色的制度应对方案，其主要表现为：（1）提高民事侵权责任的威慑程度。在逻辑上，责任威慑程度受到两个因素的影响，即责任大小与责任实现概率（启动法律程序并最终被追责的概率）。[①] 面对公共风险的挑战，我国立法者不仅通过惩罚性赔偿和精神损害赔偿的扩大适用来提高责任程度，而且还通过实体法和程序法的改革来提高追责概率。[②]（2）侵权责任承担方式的多元化。在大陆法系的德国，侵权

[①] See Daniel Kessler & Steven D. Levitt, "Using Sentence Enhancements to Distinguish between Deterrence and Incapacitation", 42 *Journal of Law & Economics* 343, 343 - 363 (1999).

[②] 实体法的改革主要包括无过错责任和过错推定的适用，以及因果关系认定的宽松化，这在环境法上体现得尤其明显；程序法的改革主要包括扩大诉讼资格、转移举证责任、降低证明标准，例如《环境保护法》和《民事诉讼法》修订时增加的环境公益诉讼，这能让更多的案件进入法院，并从整体上提高追责概率。

责任承担方式最初只有损害赔偿(恢复原状是其特殊形式),基于风险控制的需要,德国法上逐渐发展出停止侵害和排除妨碍这两种新的侵权责任承担方式。相较之下,中国侵权责任法上的责任承担方式更是多达 8 种,可视为风险控制工具的责任承担方式主要有两类:一是排除侵害(包括停止侵害、排除妨碍和消除危险);二是损害赔偿(包括赔偿损失和恢复原状)。排除侵害在德国法上原本属于物权请求权,中国法将其视为侵权责任的承担方式,此举虽然引发学术界的争议,[1] 但在功能上有助于管控风险,因为它将侵权责任的适用范围扩大到正在发生、持续进行或有侵害之虞的风险行为,并以极具管制色彩的预防性手段来管控风险。

其次是刑法。在责任威慑理论和风险刑法理论视野下,刑罚不只是一种报应和惩罚措施,还是一种极具威慑力的风险控制工具。在公共风险领域,中国近年来的刑法改革也呈现出与德国风险刑法理论类似的发展趋势。例如,以风险管控为目的,我国立法者一方面增加危险犯罪的类型并降低入罪门槛,借此扩大犯罪圈;另一方面又不断提高刑罚力度,借此增加责任威慑程度。这在环境、健康和安全风险领域尤其明显。此外,我国《刑法》还规定了 8 种刑罚措施,其中的财产刑和自由刑(含死刑)均具有风险管控功能,前者包括罚金和没收财产,后者包括管制、拘役、有期徒刑、无期徒刑和死刑,这些均可被视为风险控制工具。

最后是行政法。通过扩展政府管制职能来应对新兴社会问题已成为 20 世纪以来各国行政法之通例,环境、健康和安全风险正是在这一背景下被纳入行政法的规制范畴。在制度层面,我国行政法主要通

---

[1] 参见崔建远:《论归责原则与侵权责任的关系》,《中国法学》2010 年第 2 期。

过以下两种方式来应对公共风险的挑战：（1）行政处罚和行政管制工具的多元化。例如2021年修订的《行政处罚法》第9条列举了5种行政处罚措施，理论上可将其整合为申诫罚（警告）、财产罚（罚款、没收违法所得）、行为罚/资格罚（责令停产停业、暂扣或者吊销许可证、暂扣或吊销执照）、自由罚（行政拘留）四种类型。在此基础上，一些单行立法还规定了违章扣分、信用减等、引咎辞职等多元化的处罚方式。此外，行政管制工具的多元化主要表现为行政许可、行为禁令、技术标准、信息工具、声誉机制以及其他柔性执法手段的灵活性运用。（2）加大行政处罚和行政管制的力度，这在《食品安全法》和《环境保护法》近年来的修订中体现得尤其明显。此外，我国环境法较早确立了"预防为主、防治结合"的风险防控原则，但真正意义上的"风险预防原则"确立于2009年的《规划环境影响评价条例》第21条。① 立法者致力于通过风险预防原则，重塑事前、事中、事后的行政规制体制。

三、中国风险立法的"三足鼎立"格局

结合中国现行法的规定来看，风险领域的民法、刑法、行政法"三足鼎立"格局在环境、健康、安全等公共风险领域均有体现，这里以近年来理论和实务界重点关注的三个热点问题为例，管窥中国风险立法中的"三足鼎立"格局。

1. 食品风险管控领域的"三足鼎立"格局

近年来频繁发生的群体性食品致害事故引起了社会各界的高度重

---

① 参见金自宁：《风险中的行政法》，法律出版社2014年版，第60—62页。

视，尤其是进入21世纪以来陆续发生的"阜阳奶粉事件"和"三鹿奶粉事件"，直接将食品安全风险问题推向舆论的风口浪尖，立法、执法、司法机关纷纷对此作出积极回应。在立法层面，中国的民法、刑法、行政法等部门法分别展开了一系列制度改革：(1)民法的改革主要体现为侵权责任中无过错归责的运用和惩罚性赔偿数额的增加。例如2009年的《侵权责任法》专门规定了产品致害的无过错责任原则和惩罚性赔偿制度，后被吸纳进入《民法典》，《食品安全法》第148条更是规定了以价款为基数的十倍赔偿和以损害为基数的三倍赔偿制度。其中，无过错归责原则的适用可提高责任实现概率，而惩罚性赔偿则可增加责任数额，在二者的合力之下，责任威慑的程度也随之提高。(2)刑法的改革主要体现为危险犯和单位犯罪的扩大适用。我国《刑法》在食品风险领域规定了两个危险犯——"生产、销售不符合卫生标准的食品罪"和"生产、销售有毒、有害食品罪"，在这两个罪名之下还可成立单位犯罪。随后，《刑法修正案(八)》将前者修改为"生产、销售不符合安全标准的食品罪"，并在"对人体健康造成严重危害"的量刑标准之外又增加了"或者有其他严重情节的"规定，此举扩大了具体危险犯的适用范围，立法者试图以此管控日益严重的食品安全风险。(3)行政法的改革主要体现为行政处罚和行政管制力度的加强。自2008年以来，为管控日益严峻的食品安全风险，我国不仅取消了施行多年的"食品免检制度"，而且设立了国务院食品安全委员会，并通过《食品安全法》的修改，加强食品安全风险监测、风险评估、行政管制和行政处罚力度，同时推动国家食品安全标准的制定和食品抽检、检验制度。食品风险管控领域由此形成了"三足鼎立"的立法结构。

2. 环境风险管控领域的"三足鼎立"格局

如果说食品风险影响的只是人类饮食安全的话，那么环境风险对人类的影响则是全方位的，人类无时无刻不暴露在环境风险的威胁之中。作为一种独特的风险类型，现代工业生产和生活带来的环境风险具有显著的扩散性、潜伏性、不可回避性、延展性、不确定性等特征。环境风险所带来的挑战已成为全球性法律改革运动的"催化剂"。就中国而言，民法、刑法和行政法为管控环境风险主要做出了如下改革措施：（1）民法的改革主要体现为民事损害赔偿责任中追责概率的提高和责任数额的提高。2009年的《侵权责任法》第65条确立了环境侵权的无过错责任原则，第66条规定了因果关系的举证责任倒置制度，后被整体纳入《民法典》；在此基础上，《民法典》第1232条还效仿《食品安全法》，通过增设故意污染环境的惩罚性赔偿制度来提高责任数额；2012年修订《民事诉讼法》第55条时还规定了环境公益诉讼制度，将原告资格扩大到法定机关和有关组织，这些改革旨在扩大原告资格并降低民事责任的实施成本，进而提高追责概率和责任威慑程度。从比较法来看，美国环境法上的"市民诉讼制度"（Citizen Suits）[①]以及环境集团诉讼制度[②]对环境侵权的原告资格做出了更为开放的规定，旨在让更多的案件进入法院，进而以责任威慑的方式来控制环境风险；同时，损害赔偿数额的增加和盖然性因果关系

[①] 美国首例市民诉讼条款在1970年的《洁净空气法案》（Clean Air Act）中通过，参见42 U.S.C. §7604（1995 & Supp. 2001）. S. Rep. No. 1196, 91st Cong., 36 - 37（1970）. 有关市民诉讼的发展，请参见 Jeffrey G. Miller, "Private Enforcement of Federal Pollution Control Laws, Parts I - III", 13 *Envtl. L. Rep.* 10309 (1983); 14 *Envtl. L. Rep.* 10063 (1984); 14 *Envtl. L. Rep.* 10407 (1984).

[②] See David Rosenberg, "The Causal Connection in Mass Exposure Cases: A 'Public Law' Vision of the Tort System", 97 *Harv. L. Rev.* 849 (1984).

的运用,也是美国环境司法的发展趋势。①(2)刑法的改革主要表现为入罪标准的降低。例如,《刑法修正案(八)》将第 338 条所要求的"造成重大环境污染事故,致使公私财产遭受重大损失或者人身伤亡的严重后果"修改为"严重污染环境",并将"重大环境污染事故罪"更名为"污染环境罪",此举降低了该罪名对结果要件的要求,从而降低了入罪标准,不管是否造成重大损害,只要严重污染环境即可构成犯罪。与中国类似,通过加强责任威慑的方式来控制环境风险在美国制定法和法学理论中也相当流行。②(3)行政法在加强行政处罚和行政管制力度的同时,还在探索多元管制工具的运用,例如中国在推进排污许可、排污收费和制定环境标准的同时,还要求"有条件的地区和单位可实行二氧化硫等排污权交易制度"③,以此减少污染物的排放。

3. 醉驾风险管控领域的"三足鼎立"格局

在酒文化源远流长的中国,堪称"马路杀手"的醉驾一度成为立法和社会舆论关注的焦点。面对近年来因醉驾导致的重大交通肇事案件的频繁发生,我国立法、执法和司法机关对此做出了积极回应,陆续推动了民法、刑法、行政法等部门法的改革。譬如:(1)民法的改革主要体现为侵权法上归责原则的调整和追责概率的提升。中国改革开放以来的立法史显示,交通肇事侵权的归责原则在过错责任、无

---

① See Peter Huber, "Safety and the Second Best: The Hazards of Public Risk Management in the Courts", 85 *Colum. L. Rev.* 277, 284 (1985).
② See Karol Boudreaux & Bruce Yandle, "Public Bads and Public Nuisance: Common Law Remedies for Environmental Decline", 14 *Fordham Envtl. L. J.* 55 (2002).
③ 参见《国务院关于落实科学发展观加强环境保护的决定》,国发[2005]39 号;《国务院关于印发国家环境保护"十一五"规划的通知》,国发[2007]37 号。

过错责任和过错推定之间进行了多次调整,①与过错责任原则相比,无过错责任原则和过错推定能够有效降低侵权责任的实施成本,从而提高责任的实现概率,这是侵权法增强威慑效果的重要方式。在比较法上,美国还以惩罚性赔偿的方式对醉驾行为增加威慑,例如俄亥俄州早在20世纪80年代就对醉驾肇事侵权适用了惩罚性赔偿责任,这是管控醉驾风险的重要举措。②(2)刑法的改革主要体现为犯罪圈的扩大和抽象危险犯的增加。中国2011年颁布的《刑法修正案(八)》在第133条之一中增加了"危险驾驶罪",公安部和最高人民检察院也随之表态,对醉驾行为要一律刑事立案并起诉,由此形成了"醉驾一律入罪"的立场。③立法者将醉驾行为入罪的目的是想通过增加责任威慑的方式来管控醉驾肇事风险,这是一种典型的风险控制手段。(3)行政法的改革主要表现为行政处罚和行政管制力度的加强。2011年修订的《道路交通安全法》不仅要求追究醉驾者的刑事责任,而且还规定了吊销驾驶证、五年内不得重新取得驾驶证和终生不得重新取得驾驶证的管制措施,借此进一步加大管制力度。总体来看,在醉驾肇事风险领域,中国的风险立法也呈现出"三足鼎立"的格局。

---

① 交通事故领域侵权责任的归责原则演变历程如下:(1)改革开放至1987年《民法通则》实施前,适用过错责任原则;(2)1987年至1992年《道路交通事故处理办法》实施前,适用无过错责任原则;(3)1992年至2004年《道路交通安全法》实施前,适用过错推定原则;(4)2004年至2008年,适用以无过错责任原则为主的三元归责体系;(5)2008年《道路交通安全法》修订实施至今,适用以过错责任原则为辅的二元归责体系(2011年所作的最新修订不涉及归责原则的变化)。参见杨立新:《我国道路交通事故责任归责原则研究》,《法学》2008年第10期。

② See Wheeler v. Evans, "Punitive Damages as a Solution to Drunken Driving", 52 *Mo. L. Rev.* 949 (1987); Anne M. Brennan, "Punitive Damage in Drunk-Driving Cases: A Call for a Strict Standard and Legislative Action", 19 *Suffolk U. L. Rev.* 607 (1985).

③ 相关介绍与评论,参见周详:《"醉驾不必一律入罪"论之思考》,《法制与社会发展》2012年第1期。

四、中国借鉴大陆法系立法时的遗留问题

大陆法系根深蒂固的部门法分立格局，不仅预设了风险立法的发展方向，而且塑造了中国风险立法的"三足鼎立"格局。这固然有助于挖掘并利用民法、刑法、行政法上多元化的风险控制工具，但问题在于，法律结构层面该如何处理"鼎之三足"的关系？这与公共风险管控目标的实现休戚相关。如前所述，现代社会的公共风险并非工业化失败的产物，反而是工业化成功的结果，它兼具积极与消极意义。这意味着，对于任何一种具有"双面性"的公共风险而言，规制工具的运用必须恰到好处，实践中不管是规制过度还是规制不足均不可取。因为规制过度可能迫使工厂关停，现代科技可能因此被束之高阁，人类将无法享受工业文明所带来的福利，这无疑是历史的倒退；但若规制不足，人类也会面临一系列严重的风险，如"切尔诺贝利核事故"和"福岛核事故"已经预示着人类自毁前程的可能性。如何达致最佳的风险管控效果？这显然需要"鼎之三足"的协调配合。

在部门法的协调配合问题上，中德两国的风险立法存在结构性差异。虽然中德两国的风险立法都是建立在公私法二元结构以及在此基础上的部门法分立格局中，但德国法的结构性优势在于，不同部门法之间存在两个层面的协调与互动机制：一是在宪法统摄之下的垂直协调机制，二是横向的部门法协调机制。

首先来看德国宪法统摄之下的垂直协调机制。在德国法上，基于风险管控需要所做的民法、刑法和行政法改革，在理论上源于德国宪法教义学视角下"国家任务"的扩张，各部门法正是伴随着国家任

务的扩展趋势及其背后的宪法价值而逐步介入风险领域，宪法层面的价值统合机制为不同部门法之间的协调提供了基准和框架。更为重要的是，经由德国宪法法院的实践运作[①]，德国宪法发展出三条事后协调各部门法之间关系的司法通道：一是部门法规范的违宪审查机制；二是宪法基本权利的第三人效力；三是保障基本权利的法律解释方法体系。[②] 以部门法上的法律责任制度为例，德国宪法第103条第3款禁止双重惩罚的规定，为三大部门法责任制度之间的协调提供了基本框架，尤其是行政罚款与刑事罚金的衔接，以及德国拒绝惩罚性赔偿之立场，都源于宪法层面禁止双重惩罚的价值统合作用。德国宪法统摄之下的垂直整合机制，有助于缓解各部门法在风险管控问题上的"各自为政"之弊，这是德国法与中国法的显著差异所在。

其次是各部门法之间的横向协调机制。在民法、刑法、行政法的横向关系上，德国法也保留了协调各部门法的制度管道。其中，保持价值中立的德国民法保留了两个与刑法和行政法接轨的管道(《德国民法典》第134条和第823条第2款)。[③] 在德国公法体系内部，由于行政处罚(主要是罚款)脱胎于刑罚，这两种法律责任的分工与协调

[①] 新近案例如2010年德国联邦宪法法院就《德国基因科技法》第16条之风险管制措施是否以不合比例原则之方式(规制过度)侵害他人信息自决权、职业自由与财产权所作的裁决。参见陈信安：《基因科技风险之立法与基本权利之保障——以德国联邦宪法法院判决为中心》，《东吴法律学报》2014年第1期。

[②] 参见苏永钦：《从动态法规范体系的角度看公私法的调和——以民法的转介条款和宪法的整合机制为中心》，载《民事立法与公私法的接轨》，北京大学出版社2005年版，第105页。

[③]《德国民法典》第134条的公私法接轨功能，参见苏永钦：《违反强制或禁止规定的法律行为》，载《私法自治中的经济理性》，中国人民大学出版社2004年版，第33页。《德国民法典》第823条第2款的公私法接轨功能，参见Ulrich Magnus, Klaus Bitterich, "Tort and Regulatory Law in Germany", Willem H. van Boom, Meinhard Lukas, Christa Kissling (eds.), *Tort and Regulatory Law*, Springer, 2007, pp. 115–119。

方案清晰明了,[①] 尤其是《德国违反秩序法》第 86 条在刑事程序中规定的"罚款撤销"制度有效衔接了行政罚款与刑事罚金;第 96 条规定的罚款与自由刑之间的"易科"规则确保了财产刑与自由刑之间的有效衔接。

综上,借助纵横交错的部门法沟通协调机制,德国的部门法分立格局总体上呈现出相对有序的动态规范体系。在中国改革开放以来的法律借鉴和移植过程中,这样的立法技术构造并未移植进入中国。可能的原因在于:(1)宪法层面的垂直协调机制高度依赖宪法司法化的制度安排,而且需要在宪法法院的主持下加以落实,这显然难以融入中国当下的宪制。[②] 因此,如何在部门法沟通协调问题上充分发挥中国宪法的垂直整合作用,探索适合中国国情且行之有效的部门法协调机制,目前仍属未解之题。(2)易于为中国宪制所接纳的部门法协调方案,只剩下民法、刑法和行政法之间的横向协调机制,这有赖于事前的立法设计与深厚的理论积淀。实际上,德国不管是公法内部的一体化构建,还是公法与私法之间的接轨机制,均非一日之功,而是经历了较长时间的制度演化和法教义学推动的结果,这当然也是德国部门法分立格局稳定与成熟的奥秘所在。改革开放后的中国在引进大陆法系的公私法二元结构与部门法分立格局之时,可能并未意识到部门法接轨的重要性,由于错过了事前统一的体系规划,中国个别领域零星分布的部门法协调机制与规则大都是事后缝补之作,这给中国风险立法的体系化运转带来了诸多难题,风险规制效果势必受到影响。

---

① 参见[德]汉斯·J. 沃尔夫等:《行政法》(第 2 卷),高家伟译,商务印书馆 2002 年版,第 325—334 页;王世洲:《罪与非罪之间的理论与实践——关于德国违反秩序法的几点考察》,《比较法研究》2000 年第 2 期。

② 参见蔡定剑:《中国宪法实施的私法化之路》,《中国社会科学》2004 年第 2 期。

五、部门法理论范式面临的系统性挑战

大陆法系根深蒂固的部门法分立格局，不仅塑造了立法层面部门法分立的法典化趋势，而且为学术研究和学科分类提供了经久不衰的分析框架。然而，自20世纪中后期以来，在部门法夹缝中不断涌现出的风险立法，却呈现出"一个领域一个立法"的单行法外观和公私法规范杂糅的拼盘式构造。这样的立法结构迥异于公私法二分框架下的部门法分立格局。也许是由于路径依赖的缘故，法学界习惯于将那些立足于特定风险领域的拼盘式单行立法，视为部门法分立格局在特定行业或空间领域的延伸，在法律解释适用过程中也习惯于将拼盘式单行立法做切割处理——以民法、刑法、行政法等部门法的逻辑各自展开。这样的"结构论"认识和学术研究范式，人为割裂了风险规制的整体主义视角和公私合作的规制工具体系，无助于协调运用各部门法上的风险规制工具共同管控风险。

伴随着风险规制领域不同部门法交叉问题的频发[①]、公私复合型立法文件的增多[②]、公私法接轨机制的应用[③]以及部门法交叉学科的

[①] 例如遵守行政管制规范的致害行为，能否作为侵权责任的免责事由？违反行政管制规范的合同，是否会因此导致合同无效？加害人完全甚至加倍赔偿受害人的损失，能否减轻其所应承担的刑罚？加害人无赔偿能力，能否将损害赔偿转换为自由刑？惩罚性赔偿责任的完全履行，能否相应地减轻行政罚款或刑事罚金的数额？侵权法上的排除侵害责任与行政法上的行为禁令能否适用统一的责任构成要件？自由刑/自由罚幅度的设定是否须考虑财产刑/财产罚的执行效果？诸如此类。针对风险领域的研究，参见宋亚辉：《风险控制的部门法思路及其超越》，《中国社会科学》2017年第10期。

[②] 据学者统计，全国人大及其常委会仅1990年至2010年间就制定了111件行业单行立法，它们大多呈现出公私法交叉融合的拼盘式立法构造。参见孙笑侠：《论行业法》，《中国法学》2013年第1期。

[③] 参见苏永钦：《民事立法与公私法的接轨》，北京大学出版社2005年版，第77页。

兴起①，中国改革开放以来致力于构建的以部门法为基本单元、以部门法分立格局为总体结构的法律体系逐渐遭遇结构性挑战，学理上区分不同部门法的理论范式对当下实证法的解释力也越来越显得捉襟见肘。尤其是"公法私法化""私法公法化"以及"公私法相互工具化"的发展趋势，正在逐步撼动部门法分立格局的理论根基。这可能预示着，大陆法系沿用两百余年的部门法分立格局以及部门法划分的理论范式，也许已经发展到了需要重新思考与全面评估的历史关头。在此背景下，理论上不得不关注的问题是：公私法二分框架下的部门法分立格局及其理论范式在当今中国正面临何种挑战？法律结构上是否需要做出调整？若是，该如何调整？

结合既有研究来看，面对大陆法系根深蒂固的部门法分立格局以及部门法划分的理论范式，无人会否认其对当代中国法律体系构建的重要意义，以至于改革开放后的中国在借鉴西方立法经验时，对部门法分立格局近乎全盘接受，并以此为模板构建中国特色社会主义法律体系，部门法是否健全甚至已被视为评估中国法律体系是否完善的核心指标。②然而，在基础性的部门法体系尚不完善之时，立法者又区分环境、健康、食品、交通、医疗、互联网等领域量身定制以特定行业为基础的单行立法，它们不仅呈现出"一个领域一个立法"的单行法外观，而且内部呈现出公私法规范堆叠的"拼盘式"立法构造。此种立法结构迥异于公私法二分框架下的传统部门法体系，这对部门法分立格局带来了诸多挑战，譬如：

---

① 参见史际春：《经济法的地位问题与传统法律部门划分理论批判（续）》，《当代法学》1992年第4期；孙笑侠：《论行业法》，《中国法学》2013年第1期；刘剑文：《论领域法学：一种立足新兴交叉领域的法学研究范式》，《政法论丛》2016年第5期。

② See Jingwen Zhu (ed.), *China's Rule of Law Index: Report on Chinese Legal Development*, William S. Hein & Wells Information Services Inc., 2018, p. 56.

第一，在立法结构的设计上，中国改革开放后的法制建设既然以大陆法系的公私法二元结构以及部门法分立格局作为效法模板，但为何在既定目标尚未达成之时，立法者又另起炉灶，区分不同行业或领域分门别类地制定一系列拼盘式单行立法？社会乃法律扎根生长之土壤，立法结构的变化终究旨在回应社会关系调整的需要，当今社会究竟发生了何种变化，使得立法者转向新的立法结构？后文将从社会结构与法律结构互动关系的视角揭示当今中国法律体系的塑造原理。

第二，在法解释适用层面，能否继续套用部门法分立格局及其理论范式来解读当今中国风险规制领域普遍涌现的拼盘式单行立法？换言之，能否将行业单行立法中不同性质的法律规范切割归入既定的部门法分立格局及其解释适用轨道？例如《电力法》《矿产资源法》中的"责令承担民事责任"可否直接被视为民事责任或者行政责任的承担方式？[1]《消费者权益保护法》《食品安全法》《电子商务法》中的惩罚性赔偿应被视为公法上的责任还是私法上的责任？[2] 解释适用中应被纳入合同法还是侵权法的适用轨道？[3] 以及由此衍生的职业打假人应被视为消费者还是"私人执法者"？[4] 类似问题在当今中国风险规制

---

[1] 例如有学者认为："责令承担民事责任本质上就是行政主体以中间人的身份对当事人之间民事权利义务关系作出的类似司法判决的裁决，具有民事性、中间性和司法性特征，应当属于行政裁决。"参见胡建淼、吴恩玉：《行政主体责令承担民事责任的法律属性》，《中国法学》2009年第1期。但对于《劳动合同法》中的类似规定，有学者认为其"具有行政裁决和行政制裁的双重属性"。参见谢增毅：《劳动行政机关责令用人单位承担民事责任研究》，《当代法学》2010年第3期。

[2] 例如有学者认为，惩罚性赔偿实质上是"以私法机制执行由公法担当的惩罚与威慑功能的特殊惩罚制度"。参见朱广新：《惩罚性赔偿制度的演进与适用》，《中国社会科学》2014年第3期。

[3] 例如有学者认为，讨论"惩罚性赔偿为侵权责任抑或合同责任，在大陆法系语境中是没有意义的"。参见税兵：《惩罚性赔偿的规范构造》，《法学》2015年第4期。

[4] 对于职业打假人的性质争议，有学者从"私力执法"角度揭示了"职业打假人"存在的正当性。参见应飞虎：《知假买假行为适用惩罚性赔偿的思考》，《中国法学》2004年第6期。

领域的单行立法中日益增多，本书将法律结构层面的这一认识论问题简称为"法律结构论"。

第三，在法学学科的划分上，区分不同行业或空间领域的拼盘式单行立法究竟应被视为传统部门法的特别法，还是独立的新法域？譬如，针对具体行业或风险领域的管制性立法，在学科属性和观察视角上应被视为"部门行政法"，还是相对独立的市场规制法？以及国内学者近年来热议的"行业法""领域法"能否独立于传统部门法体系而存在？[1] 学术研究经验表明，不同的学科定性和体系划分深刻影响学界和实务界分析法律问题的理念、态度和范式，尤其是在专业分工日趋精细化的今天，观察视角、分析范式和分析工具的转换有时候会带来颠覆性的变化。类似问题在《食品安全法》《环境保护法》《电力法》《道路交通安全法》《医疗法》《消防法》等拼盘式单行立法的解释适用中表现得尤其突出。为了使法学研究和法学教育更接近法治实践，后文将重点讨论拼盘式单行立法的体系归属问题。

理论上对这些问题的反思，从根本上也是对大陆法系部门法分立格局及其理论范式的反思。本书将立足于环境、健康、安全等风险规制领域，尝试从多角度对大陆法系的公私法二元结构以及部门法分立格局进行系统性反思，在此基础上尝试从风险规制的功能主义视角重构中国风险立法的"三足鼎立"格局。

---

[1] 例如学界提出了"行业法""领域法""法域"等概念及其学科体系。参见孙笑侠：《论行业法》，《中国法学》2013年第1期；刘剑文：《论领域法学：一种立足新兴交叉领域的法学研究范式》，《政法论丛》2016年第5期；王保树：《金融法二元规范结构的协调与发展趋势》，《广东社会科学》2009年第1期。

第三章
部门法壁垒及其结构演化趋势

面对公共风险的挑战，我国民法、刑法、行政法虽然都将风险行为纳入各自的规范序列，但由于部门法壁垒的存在，风险领域的各部门法规范在运行中却秉承各自独立的运行逻辑。在外部关系上，不同部门法之间彼此独立甚至互不干涉始终是主旋律，相互之间并未建立必要的"外循环体系"，法律实施层面也因此呈现出"各自为政"的局面。这影响了不同部门法及其风险控制工具之间的协调与合作。要知道，公共风险给现代社会带来的挑战并不局限于某个特定的部门法，而是系统性挑战，法律也应当系统性地加以应对，而非"各自为政"。在此情况下，理论上有必要对部门法壁垒及其引发的"各自为政"问题进行全面反思。

一、根深蒂固的公私法/部门法壁垒

在崇尚理性构建思维的大陆法系中，根深蒂固的公私法二元结构以及部门法分立格局为立法和法律适用提供了一个堪称"万能"的分析框架。大陆法系国家的立法者根据法律调整对象的性质差异，将整个法律体系划分为多个子部门，即所谓"部门法"，各部门法相互之间分工明确，运用不同的方法调整不同性质的社会关系。由此决定了各部门法在调整对象、法律主体、权利、义务和责任等核心范畴上的差异,这些"差异"反过来又强化了部门法分立格局。理论和立法的呼应使部门法分立格局得到自我强化,并形成稳定的法律问题分析路径。经过上百年的适用和演化,部门法分立格局逐步塑造了部门法的理论范式。

在历史上,部门法的理论范式自罗马法区分公法和私法时便已得到奠基,并以公法管制原则和私法自治原则相对立的方式展现出来。这最早可见于罗马时代的法谚:"公法不得被私人简约所变通"[1];而在私法上,"对当事人来说'协议就是法律'"[2]。管制原则与自治原则的对立不仅是部门法理论范式的最初版本,而且还被发扬光大,并被贯彻到各部门法当中。在法解释适用中,不同部门法的界限分明,各自秉承不同的行为评价体系、归责原理、责任承担方式和法律实施程序,若不严格区分,极易产生法律适用错误。例如在环境、健康和安全风险领域,民法、行政法和刑法虽然都致力于管控风险,但风险行为分别被民法评价为是否构成民事侵权,被行政法评价为是否构成行政违法,被刑法评价为是否构成刑事犯罪。在部门法学者看来,分属三个独立部门法的民事侵权、行政违法、刑事犯罪之间存在本质区别始终是无可争辩的共识,这是部门法理论范式的集中展现。

在部门法理论范式的"惯性"作用下,当遇到特定行业的具体问题时,人们习惯于探究其部门法归属或判断其属于哪个部门法的调整对象,而后才在部门法划分框架下运用相应部门法的逻辑展开分析,久而久之形成一种"路径锁定效应"。学者也习惯于埋头在各自

---

[1] [意]彼德罗·彭梵得:《罗马法教科书》,黄风译,中国政法大学出版社1992年版,第10页。

[2] 周枏:《罗马法原论》(上册),商务印书馆1994年版,第84页。

部门法框架内展开研究，并发展出彼此独立的学说来正当化并推动部门法的纵深发展，但对于宏观上的部门法分立格局却关注不够，似乎部门法分立格局可一劳永逸地应对一切社会关系的变化。大陆法系的学者也曾自信地称："现代的国法，是以区别其全部为公法或私法为当然的前提的，对于国家的一切制定法规，若不究明该规定为属于公法或私法，而即欲明了其所生的效果和内容，盖不可能（这已成为法的秩序之基础）。"① 部门法的理论范式进一步塑造了法律适用上的思维定式，人们习惯于直接套用既定分析范式，分门别类地以部门法的逻辑来应对各种社会问题。在学者看来，"这是一幅多么理想的法律部门划分和组合的图画啊！一切都是那么和谐、自然、恰切，似乎它可以应对任何社会关系，社会关系的任何变化似乎都可以纳入整个体系之中"②。

实证法上的"各自为政"，反过来又强化了各部门法相对封闭的立场。随着部门法学向规范化、技术化和专业化的方向发展，学者也习惯于各守疆域地在部门法框架内各自耕耘，并发展出彼此独立的理论学说来正当化并推动部门法的内部改造。风险领域的民法、刑法、行政法因此呈现出各自平行发展的态势，部门法学的平行演化推动着各部门法向纵深方向发展。理论与立法的互动使部门法之间的壁垒得到自我强化。久而久之，部门法学各守疆域的局面导致宏观上的部门法分立格局几乎无人问津，风险控制的整体主义视角遭到忽视。人们长期沉浸在部门法的条条框框当中，极少从整体上反思风险立法的整体主义效果。立法与法学研究在追求逻辑崇拜的同时，也忽视了风险

---

① ［日］美浓部达吉：《公法与私法》，黄冯明译，中国政法大学出版社2003年版，第3页。

② 朱景文：《中国特色社会主义法律体系：结构、特色和趋势》，《中国社会科学》2011年第3期。

规制法的整体主义政策判断。诚如学者所言："随着部门法学科的不断成熟并趋于封闭，部门法思维反过来也对人们思考具体法律现象中蕴含的法理学问题构成了限制，部门法表象上的差异被过度强调，而法律理论的整体视角遭到忽略甚至排斥。"[1] 而且，当部门法的风险控制工具遇到功能障碍时，人们仍立足于部门法分立格局，路径依赖地通过部门法内部体系的改造加以应对。这样的自我修复范式使得部门法的内部构造变得日益复杂化、精深化并自成体系，但整体上的风险控制效果可能因遭遇"瓶颈"而停滞不前，部门法分立格局由此呈现出"内卷化"的倾向。[2]

二、部门法壁垒引发的"各自为政"之弊

部门法的风险管控思路固然有助于挖掘各部门法上的风险控制工具，但部门法壁垒的存在限制了不同部门法之间的协调与合作。我国民法、刑法、行政法虽然都将公共风险行为纳入各自的规范序列，但它们却秉承相对独立的行为评价体系、归责原理和运行逻辑，除了行政违法与行政犯罪在"违法性"要件上存在衔接机制外，[3] 民事侵权、行政违法与刑事犯罪在构成要件上并无制度层面的必然联系。在部门法的外部关系上，彼此独立甚至互不干涉始终是主旋律，相互之间并未建立必要的"外循环体系"，实施层面因此呈现出"各自为政"的局面。然而，作为风险规制的对象，环境、健康和安全领域

---

[1] 戴昕：《威慑补充与"赔偿减刑"》，《中国社会科学》2010年第3期。
[2] 社会学上的"内卷化"概念精准地描述了这一现象：一种社会、政治、经济、文化或法律模式发展到某个阶段形成特定形式后就停滞不前，只是在内部变得更加复杂而无法向更高级的形式变迁。
[3] 参见贾宇、舒洪水：《论行政刑罚》，《中国法学》2005年第1期。

的公共风险给现代社会所带来的挑战是一种系统性挑战,风险管控也应当是一个全方位的系统性工程,而非"各自为政"。但从既有研究来看,学界极少超越部门法分立格局对"三足鼎立"的风险立法进行整体性研究,"从部门法中来,到部门法中去"的理论研究范式逐渐在部门法之间筑起一道"专业槽",这影响了不同部门法之间的协调与合作,无助于发挥各部门法的比较优势来共同管控风险。具体表现如下:

1. 不同部门法上的风险控制工具缺乏呼应与协调

部门法壁垒以及由此导致的各类风险控制工具"各自为政"的局面,使风险控制的整体主义视角遭到忽视。例如,分属三个部门法的惩罚性赔偿、罚款、罚金在风险控制领域都属于责任威慑机制,对于风险行为的实施者而言,其总体上的威慑效果可以简单加总。然而,在部门法分立格局中,除了罚款与罚金之间存在折抵规则外,不同部门法之间鲜见有协调性制度安排。对于刑罚与行政处罚的性质及其关系问题,学术界较为流行的观点是:"同时给予罪犯以刑罚处罚和行政处罚,则是两种性质不同的处罚,它们完全是独立存在的,并不发生两者择一的问题,更不存在违反一事不再理原则的情况。"[①]尤其是当面对日益严峻的食品和环境风险时,我国立法者为了提高威慑效果,几乎同时增加惩罚性赔偿的倍数和罚金、罚款的数额,从中很难看出有协调的迹象,这极易导致威慑过度。而且《民法典》第187条还专门强调:"民事主体因同一行为应当承担民事责任、行政责任和刑事责任的,承担行政责任或者刑事责任不影响承担民事责任;民

---

① 陈兴良:《论行政处罚与刑罚处罚的关系》,《中国法学》1992年第4期。

事主体的财产不足以支付的,优先用于承担民事责任。"部门法之间缺乏协调的局面,极易导致威慑过度,对于具有双面性的公共风险而言,威慑过度甚至比威慑不足更危险。

再譬如,财产责任(包括损害赔偿、惩罚性赔偿、罚款、罚金等)与自由刑之间也缺乏必要的协调机制。在风险管控领域,当加害人出现"资产不足"并引发威慑不足问题时,对其适用自由刑是必要的替代性选择,如此才能实现有效威慑;反之,当加害人能够完全甚至加倍赔偿受害人的损失时,能否相应地减轻其本应承担的自由刑?此即理论界争议的"赔偿减刑"问题。法律经济学上的"威慑补充理论"为赔偿减刑提供了辩护,该理论认为,赔偿减刑不仅不会影响法律责任的威慑效果,而且还可以减少监禁的执行成本。①

此类现象在实践中多不胜数,这里仅作例示便可窥其全貌。例如,遵守行政管制规范的风险致害行为,能否作为侵权责任的免责事由(以下简称"合规抗辩")?加害人完全赔偿甚至加倍赔偿受害人的损失,能否减轻其所应承担的刑罚(以下简称"赔偿减刑")?加害人没有赔偿能力,能否将损害赔偿责任转换为自由刑(以下简称"威慑补充")?惩罚性赔偿责任的充分履行,能否相应减轻罚款或罚金的数额?侵权法上的排除侵害责任(包括停止侵害、排除妨碍和消除危险)与行政法上的行为禁令(如责令停止违法行为、责令限期治理)能否共用同样的责任构成要件?自由刑幅度的设定是否需要考虑财产刑或财产罚的执行效果?诸如此类,由于部门法壁垒的存在,人们对以上这些跨部门法问题大都持否定见解,其理论基础源于部门法彼此独立甚至互不干涉的立场。

---

① 参见戴昕:《威慑补充与"赔偿减刑"》,《中国社会科学》2010年第3期。

制度上极为罕见的例外是，最高人民法院的司法解释部分认可了所谓"威慑补充"和"赔偿减刑"方案。对于前者，司法解释将交通肇事者缺乏民事赔偿能力之事实作为定罪标准之一。[1] 对于后者，司法解释明确规定："被告人已经赔偿被害人物质损失的，人民法院可以作为量刑情节予以考虑。"[2] 但这两个司法解释一经颁布便遭到学界的批评。例如刑法学者斥之为"刑法适用所从未有过的规则"[3]，并严厉批评指出："刑事责任与民事责任虽然同属于法律责任，但是二者在责任产生前提、责任承担主体、责任承担方式以及通过责任追究所体现的国家法律评价性质等方面都存在着质的显著差异，由此决定了它们是截然不同的法律责任，并且合乎逻辑地产生了一个基本规则，即刑事责任与民事责任不可相互转换，相互替代。"[4] 而且，"民事责任和刑事责任之间根本不存在转换的理论基础，更不允许进行相互转换"[5]。不只是刑法学者持这样的立场，作为责任转换相关方的民法学者长期以来也持这样的观点："不法行为人承担了民事责任，并不能免除其应负的其他责任，而追究了不法行为人的其他责任，也不能免除其应负的民事责任。"[6] 面对实务中探索形成的民法规范和刑法规范之间的合作性制度安排，部门法学者众口一词的批判立场再

---

[1] 参见《最高人民法院关于审理交通肇事刑事案件具体应用法律若干问题的解释》，法释[2000]33号。

[2] 参见《最高人民法院关于刑事附带民事诉讼范围问题的规定》(已失效)，法释[2000]47号。这一司法解释第4条的规定已于2012年被《最高人民法院关于适用〈中华人民共和国刑事诉讼法〉的解释》(法释[2012]21号)第157条所取代，其原文如下："审理刑事附带民事诉讼案件，人民法院应当结合被告人赔偿被害人物质损失的情况认定其悔罪表现，并在量刑时予以考虑。"

[3] 杨忠民：《刑事责任与民事责任不可转换》，《法学研究》2002年第4期。

[4] 杨忠民：《刑事责任与民事责任不可转换》，《法学研究》2002年第4期。

[5] 于志刚：《关于民事责任能否转换为刑事责任的研讨》，《云南大学学报(法学版)》2006年第6期。

[6] 佟柔主编：《民法原理》，法律出版社1987年版，第43页。

次表明，部门法彼此独立甚至互不干涉的格局在今天仍然是主旋律。

2. 不同部门法上的风险控制工具缺乏比较与理性选择

部门法壁垒掩盖了不同部门法上风险控制工具之间的关联性和可比性，立法选择时可能因此忽视更高效的风险控制工具。例如，从功能主义视角看，"过失侵权责任可被理解为事后版的命令-控制工具，只是需要由法院来实施，并需要受害者来启动实施程序；严格责任可被理解为事后版的庇古税制"①。对于这样两类前后呼应且具有相当可比性的风险控制工具，若不进行跨部门法比较，则无从发现其功能优劣，进而也无法做出理性选择。以药品、疫苗与核安全风险为例，通过事后责任威慑机制来控制此类风险存在严重的滞后性；而且，面对极端严重的灾难性风险事故，事后责任威慑机制可能因被告责任财产不足而导致威慑不足。相较之下，事前的命令-控制手段具有显著的预防优势。立法上只有对二者进行功能主义的跨部门法比较，才能做出更理性的选择。

学界对"风险刑法理论"的批判也涉及此类问题，批评者认为："刑法在化解社会风险的过程中到底能发挥多大的作用？'风险社会'并不只是对刑法提出了挑战，而是对社会治理提出了挑战，因此，对风险的应对应是全方位的。"② 而且，"即使在'风险社会'，我们也不应当过分强调刑罚的预防作用，就许多风险或者危险而言，采取其他措施预防可能比单纯的法律禁止更为有效"③。但遗憾的是，既有

---

① Kyle D. Logue, "Coordinating Sanctions in Tort", 31 *Cardozo L. Rev.* 2313, 2326 (2010).

② 陈兴良：《"风险刑法"与刑法风险：双重视角的考察》，《法商研究》2011年第4期。

③ 张明楷：《"风险社会"若干刑法理论问题反思》，《法商研究》2011年第5期。

研究只是简单地提到跨部门法比较的重要性，极少有人突破部门法壁垒，从风险控制的整体主义视角展开深入研究。此外，刑罚与行政处罚在风险控制领域同样具有功能上的可比性，但在二者的关系上，部门法学者始终坚持："刑罚和行政处罚是两种性质不同的处罚，它们完全是独立存在，并不发生两者择一的问题。"① 诸如此类，这种固守部门法疆域的传统，显然无助于挖掘风险控制工具之间的功能主义优势，从而无助于选择适用更高效的风险控制工具。

3. 部门法上的风险控制工具张弛无度与低效率运行

在缺乏跨部门法比较的情况下，人们习惯于埋头在部门法框架内探讨风险控制工具的改革。这固然有助于深入挖掘各部门法的风险控制工具，但问题是，一味地强调部门法体系内的改造，将导致各部门法上的风险控制工具改革出现张弛无度的风险，尤其是在法典化和体系化程度较高的部门法当中，某个特定制度的改革往往牵一发而动全身。不仅如此，日益庞杂的部门法内部改造，未必能够取得显著的风险控制效果，这与立法上付出的努力可能并不相称，风险立法由此呈现出低效率运行的"内卷化"倾向。这在各部门法上主要表现为：

第一，侵权法为分配并控制风险而过分强调归责原则的调整和责任构成要件的弹性化改造，将无助于通过精确的行为预期激励行为人采取恰当的风险防控措施，这不仅影响侵权法的风险控制效果，而且还可能导致司法专断的后果。

第二，刑法为控制日益严峻的公共风险而扩大犯罪圈、降低入罪

---

① 刑法和行政法学者均持相同立场，参见陈兴良：《论行政处罚与刑罚处罚的关系》，《中国法学》1992年第4期；章剑生：《违反行政法义务的责任：在行政处罚与刑罚之间》，《行政法学研究》2011年第2期。

标准、加大刑事处罚力度并在解释论上追求犯罪构成要件的弹性化改造,①不仅可能破坏刑法的谦抑性,而且对于责任威慑效果也可能于事无补,因为"责任威慑与当事人的行为选择之间并非线性关系,当威慑程度达到拐点时,继续增加法律责任将是徒劳的,它将无法继续提高责任威慑效果"②。因此,在风险控制问题上,刑罚并非多多益善,加大刑罚力度并不当然意味着威慑效果的增加。

第三,基于同样的道理,行政处罚也并非多多益善,行政处罚与当事人的行为选择之间同样不是线性关系,当责任威慑效果达到拐点时,继续加大处罚力度不仅不会减少风险行为,反而可能引发更多的风险行为。同理,无休止地加强行政管制力度也可能适得其反,例如管制机关对风险行为的直接禁止可能引发更多甚至更严重的风险,③这是由公共风险的"双面性"决定的。

综上可见,民法、刑法、行政法在风险控制领域均具有一定的功能限度,面对无处不在的公共风险,曾经应对一切社会关系的部门法分立格局及其理论分析范式,如今在风险管控问题上越来越显得捉襟见肘。单一的私法自治或者公法管制思路,已无法大一统地解决现代社会所面临的风险问题。这并非个别领域的偶发性现象,而是具有一定的普遍性。在既崇尚行为自由与自治理性,又提倡福利国家的公共干预观念的今天,人类社会面临的共性问题,"不是无法说服具有不同利益需求或观点的人如何行动,而是没有谁能够提供一个完整的方

---

① 参见劳东燕:《公共政策与风险社会的刑法》,《中国社会科学》2007年第3期。
② Lawrence M. Friedman, "Dead Hands: Past and Present in Criminal Justice Policy", 27 *Cumb. L. Rev.* 903, 922 (1996–1997). 学者对"威慑曲线"(deterrence curve)更详尽的研究,参见 Mitchell Polinsky & Steven Shavell, "The Economic Theory of Public Enforcement of Law", 38 *J. Econ. Literature* 45 (2000)。
③ 参见[美]凯斯·桑斯坦:《自由市场与社会正义》,金朝武等译,中国政法大学出版社2002年版,第376页。

案，一揽子解决大家所共同困扰的问题"①。这告诫我们，包括公共风险在内的现代社会公共性问题的治理，不仅要从技术层面反思工具理性问题，更要从治理结构层面深刻反思现代社会治理的底层逻辑。反映到法律上，即必须深刻反思公私法二分框架下的部门法分立格局以及根深蒂固的部门法理论范式本身。反之，未来的风险立法若一味地强调各部门法内部体系的改造，理论上若依旧"各守疆域"地探究部门法理论的精细化和纵深化发展，将宏观法律结构层面的部门法分立格局视为不言自明的真理，这样的应对方式终将在法律规制的整体功能上遭遇"瓶颈"而停滞不前。从既有研究来看，罕见的跨部门法研究成果主要着眼于微观制度层面的协调方案设计，至于不同部门法之间为何需要彼此协调，以及协调的理论基础何在，目前尚未有全面、深入的研究。作为"上层建筑"，民法、刑法、行政法之间相对封闭的格局，已然无法满足公共风险管控的现实需要，理论和立法者与其在部门法体系内部缝缝补补，不如打破部门法壁垒，直接改造部门法分立格局本身，长远来看，这将是更好的问题解决之道。因此，问题的关键在于，如何打破部门法壁垒，推动部门法分立格局的结构转型。

三、法律结构演化中的"路径依赖"

法律结构的变迁在"经济基础决定上层建筑"的历史唯物主义原理中所展现出的，似乎是一个自动演化的过程，仿佛社会关系的结构一经变化，作为"上层建筑"的法律结构也将自动做出调整。然

---

① Michael C. Dorf, "After Bureaucracy", 71 *U. Chi. L. Rev.* 1245, 1269 (2004).

而，现实社会中的法律结构转型并非如此简单快捷。在学理和立法技术上打破部门法壁垒并非难事，但若面向实践，任何法律结构上的重大变化都将"牵一发而动全身"。若立足于某个特定的历史发展阶段，我们将会发现，立法上任何超越既定格局的尝试都注定是一个极端复杂且艰难的过程。因为既定格局的长期存在必将塑造一系列与之相配套的制度体系、执法体制、权力配置格局、意识形态、公众认知习惯等，这些因素将成为制度变迁的约束条件，并以各自特有的方式"抗拒"并延缓制度变迁的进程。这实际上正是罗纳德·科斯所称的"制度转换成本"。① 正是由于制度转换成本的约束，包括法律结构变迁在内的制度变迁才表现出对既定格局的"依赖"。②

例如，在法律分化程度较低的"诸法合体"时期，为何调整"私犯"这种风险行为的法律规范在罗马法中属于债法的范畴，但在中国古代法中一旦出现便是刑事规范？在风险控制问题上，罗马法区分了"公犯"和"私犯"两种行为，其中，"公犯是指通敌、叛国等危害国家利益的罪行。……私犯则是侵害私人的财产或人身，这在当时被认为是对公共秩序影响不大的行为，行为人一般仅负损害赔偿责任"③。例如《十二铜表法》中的"私犯"主要包括窃盗、强盗、恐吓、诈欺、对财产之侵害、对人格或人体之侵害这六种行为，④ 在性质上属于私法的范畴。然而，古代中国法虽然也是"诸法合体"结构，但法律的儒家化使得中国法的主要任务并非保护私人财产或人身免受侵害，在学者看来，"真正与法律有关系的，只是那些道德上或典礼

---

① See Ronald H. Coase, "The Problem of Social Cost", 3 *Journal of Law and Economics* 1, 44 (1960).
② 参见[美]道格拉斯·诺斯：《制度、制度变迁与经济绩效》，杭行译，格致出版社 2008 年版，第 114 页。
③ 周枏：《罗马法原论》（下册），商务印书馆 1994 年版，第 781 页。
④ 参见陈朝璧：《罗马法原理》，法律出版社 2006 年版，第 131—138 页。

仪式中的不当行为"①。因此，古代中国的成文法典中较少涉及私人之间的加害行为（主要由习惯法调整），除非严重威胁封建身份关系和封建等级秩序，但此时这些规范往往已转化成刑事规范，典型的如《唐律》中的"诈欺"。② 在今天看来，"私犯"立法的上述差异，不只是因为东、西方法律所立基的社会结构不同，更主要的原因是受到东、西方的法律传统和成文法既定格局的影响。在罗马法以私法为主的"诸法合体"结构中，调整"私犯"的法律规范相当于今日之侵权法规范；但在传统中国"以刑为主的诸法合体"结构中，私人加害行为一旦出现便适用刑事规范，这属于典型的路径依赖。

随着历史的发展，当部门法分立格局逐步取代"诸法合体"结构时，调整私人加害行为的立法也随之出现公私二元分化。其背后的理论基础在于，随着国家主义思潮在近代欧洲的兴起，某些严重侵害他人财产或人身的行为将破坏社会秩序甚至撼动国家政权的根基，其行为性质也因此发生公共性异化。由于大陆法系普遍具有"行政国"的特点，"政府公共服务的内容始终是多种多样且处于流变状态中"③，扩展政府职能来应对社会公共性问题被视为政府的合法性基础。当"私犯"严重影响公共安全和社会秩序时，对此熟视无睹的公权力必将受到合法性质疑，由此推动的国家干预思潮拓展了公法的范畴，走出政治国家领域的公法逐步进入市民社会，将

---

① ［美］德克·布迪、克拉伦斯·莫里斯：《中华帝国的法律》，朱勇译，江苏人民出版社2008年版，第4页。

② 在罗马法上属于私法范畴的"诈欺"，在中国《唐律》中出现时便具有刑法属性，"违者笞四十"。其原文表述如下："（买卖奴婢、马牛、驼骡驴）立卷之后，有旧病者，三日内听悔，无病欺者，市如法，违者笞四十。"参见张晋藩：《中国法律的传统与近代转型》，法律出版社2009年版，第267页。

③ ［法］莱昂·狄骥：《公法的变迁》，郑戈、冷静译，辽海出版社、春风文艺出版社1999年版，第50页。

私人加害行为也纳入国家管制的范畴。其中蕴含的理论共识在于,"所有的文明制度都一致同意在对国家和社会的侵犯和对个人的侵犯之间应有明确的区别,以及所造成的两类不同伤害之间的区别"①。但发生在中国的制度演化路径却与之相反,中国的私人领域是伴随国家放松管制的进程而逐步产生的,调整"私犯"的公私法二元结构在中国是从以"刑"为主的公法体系中演化而来的,而在欧洲则是从私法体系中分化而来的,造成这种差异的主要原因在于东、西方的法律传统和法律结构分化的起点不同,这同样是一种路径依赖。

回到当下,法制变迁的路径依赖现象仍无处不在,任何法律上的制度改革都不可忽视"既定格局"这个约束条件。中国近年来有关"危险驾驶罪"的制度改革,正是因为偏离了法律上的既定格局而引发一系列深远的隐忧。长期以来,由于受到行政管制传统的影响,中国立法者习惯于通过扩大政府管制职能来应对各种新兴社会问题,②因而中国的行政处罚措施和行政管制手段更为发达。但在比较法视野下,中国法上的很多行政违法行为在制度角色上大体相当于大陆法系国家刑法的"违警罪",如《德国刑法典》第315条规定的危险驾驶行为,实际上相当于中国《道路交通安全法》中大部分的交通违法行为。近年来,基于公共风险管控的需要,立法上展开了一系列制度改革,其中最引人注目的变化在于,刑法开始对醉驾、飙车等风险行为作入罪化处理,增设相应的危险犯罪来加大威慑程度。此举固然对醉驾、飙车等高风险行为带来了显著的震慑效果,但同时也引发了一定的负

---

① [英]亨利·萨姆奈·梅因:《古代法》,高敏、瞿慧虹译,中国社会科学出版社2009年版,第283页。
② 参见宋亚辉:《社会性规制的路径选择》,法律出版社2017年版,第54—58页。

面影响：(1)此举使中国原有的行政管制体制处于尴尬境地。2011年之前的《道路交通安全法》对醉驾行为已经规定了行政拘留、罚款、吊销或暂扣机动车驾驶证等一系列行政处罚措施；而《刑法修正案(八)》增加的"危险驾驶罪"又规定了"拘役"和"并处罚金"制度，从而使原有的行政处罚不得不做出修改，否则将出现拘役与拘留、罚款与罚金在立法上并存的局面。修改后的《道路交通安全法》虽然删除了行政拘留和罚款，但仍然保留了"吊销驾驶证"的处罚措施。① 有学者认为，在刑罚与行政处罚并存的情况下容易出现交警与刑警执法的不协调以及"选择性执法困境"。②（2）更严重的问题在于，一刀切地将醉驾行为入刑，将因中国独特的"犯罪观"而引发一系列社会问题，某些过失犯罪之人可能因此被社会所"抛弃"，这源于中国独特的法律传统和社会文化。

比较来看，西方国家之所以在刑法中规模化地推行"违警罪"和"罚金刑"，主要是基于西方温和的犯罪观、"大社会+小政府"的治理模式以及发达的简易刑事诉讼程序。③ 而中国的情况则不同，"犯罪"概念在中国文化和法律体系中具有浓重的道德意涵和深远的系统性影响，众多领域社会资源的配置都对有犯罪记录者和无犯罪记录者进行区别对待，一个被贴上"犯罪记录"标签的人，在选择职业和社会阶层流动方面将遇到重重障碍，当今中国很多行业的准入资

---

① 美国法在醉驾问题上也曾出现过刑罚与行政处罚并存的局面，例如纽约州立法不仅规定了罚金刑，而且还规定了"没收机动车"的行政处罚，此举最终因违反"一事不再罚"原则而未能通过美国最高法院的违宪审查。See Michael J. Langer,"Can Anyone Stop Big Brother? New York's Drunk Driving Laws Do Not Pass the Constitutional Test", 28 *Hofstra L. Rev.* 1147 (2000).

② 参见周详：《民生法治观下"危险驾驶"刑事立法的风险评估》，《法学》2011年第2期。

③ 中西方刑事立法风格的差异，主要源于中西方法律文化和历史传统的不同，具体请参见冯亚东：《罪刑关系的反思与重构》，《中国社会科学》2006年第5期。

质都要求"无犯罪记录",这几乎等于宣告有犯罪记录者为"限制行为能力人"。这样的犯罪观以及关联性制度安排,将导致大量失足犯罪者因此失去工作甚至生存机会,进而引发一系列后续的社会问题,过度威慑的风险不容忽视。因醉驾引发的犯罪甚至已超越"盗窃罪"成为中国"第一大罪",① 最高人民法院最新公布的数据显示,2020年全国"审结醉驾等危险驾驶犯罪案件28.9万件"。② 实际上,若尊重既定格局,通过改造中国既有的行政执法体制,加大和提高醉驾行为的行政处罚力度和查处概率,能以更低的成本管控醉驾风险,制度上是否需要动用刑法这种极度严厉的规制手段,有待反思。在此问题上,立法者抛开既定格局的大胆尝试值得警惕。这里应当吸取的教训是,制度变迁绝不可忽视既定格局,以避免"另起炉灶"式的改革所导致的负效应。这也正是罗纳德·科斯在其著名的《社会成本问题》一文结论中对世人的告诫:且不可忽视转换成一种新制度的成本。③

四、转型与抗拒转型力量交织中的法律进化

正是由于路径依赖的作用,部门法分立格局及其理论范式在风险规制领域仍具有强大的解释力和体系整合能力,各行业领域的风险立法在解释适用中仍被习惯性地切割处理,并以各自部门法的逻辑独自展开。例如行业单行立法中频繁出现的民事责任、行政责任、刑事责

---

① 参见周斌:《"醉驾"成为刑事追诉第一大犯罪》,《法制日报》2020年6月4日,第3版。
② 参见2021年3月8日周强在第十三届全国人民代表大会第四次会议上所作的《最高人民法院工作报告》,《人民日报》2021年3月16日,第3版。
③ See Ronald H. Coase, "The Problem of Social Cost", 3 *Journal of Law and Economics* 1, 44 (1960).

任制度即其典型范例，它们彼此之间缺乏协调的局面极易导致威慑不足或者威慑过度。① 若从功能主义视角来看，各部门法在应对公共风险问题上均存在一定的限度，没有谁能提供一揽子方案解决多元社会子系统存在的各具特色的风险问题。部门法固然可通过内部体系的改造来应对迫在眉睫的问题，但这种各自为政的应对策略使得整体上的规范效果可能因遭遇瓶颈而停滞不前，各部门法只是内部变得日益复杂而无法向更高级的结构转型。

当然，路径依赖并不意味着制度变迁将就此停滞，相反，社会结构的变迁具有历史的延续性，立基于社会基础之上的法律结构也不可能一成不变。法制变迁的历史经验表明，一个与社会基础不匹配的法律结构将处于低效率运行的状态。在社会结构与法律结构的矛盾互动关系中，一旦改变既定格局对于拥有充分谈判能力之人有利可图时，法制转型的进程也将就此启动。在此过程中，学者的理论探索与立法者构建"中国特色社会主义法律体系"的激情与动力将加速这一进程。诚如私法学者曾经的追问："今天，社会关系的发展是否已接近一个临界点，表明私法的发展已经脱离了私法的基本原则。"② 这一拷问推动了现代民法双重体系的重构。③ 同样的追问也发生在行政法领域，走出政治国家的公法大大拓展了国家干预的范围，由此推动了

---

① 这三大部门法责任在法律适用中，除了当事人责任财产不足情况下的财产责任适用顺序的协调，以及罚款与罚金的折抵、拘留与自由刑的折抵外，总体保持互不干涉的立场（如《特种设备安全法》第97条、《产品质量法》第64条）。但在规制功能上，它们同属责任威慑机制，彼此之间只有量的差异，缺乏协调的局面极易导致威慑不足或者威慑过度。详细分析可参见本书第四章。

② ［德］卡尔·拉伦茨：《德国民法通论》（上册），王晓晔等译，法律出版社2003年版，第70页。

③ 参见朱岩：《社会基础变迁与民法双重体系建构》，《中国社会科学》2010年第6期。

"规制国"的扩张以及公私融合的公共治理理念。[1] 刑法也以类似的逻辑发展出"风险刑法"来应对风险社会的挑战。[2]

在法制变迁史上,转型与抗拒转型的力量始终是一对永恒相伴的矛盾,正是这对矛盾的力量对比变化,使法制变迁不仅呈现出一定的规律性,而且又具有极端的复杂性,这同时也暗示:早期社会基础差异不大的两大法系为何具有迥异的法律结构。[3] 这反映了"法律进化论"之精髓。"对法律演化过程的解释,不仅要考虑法律体系的内部结构和不同要素,还要考虑内部要素如何与外部现实相关联,以及如何在与外部现实的对抗中幸存下来,正是这种对抗产生了法律进化(例如新法的诞生)的结果。"[4] 转型与抗拒转型力量的矛盾交织,也使得社会结构变迁与法律结构转型之间不可能完全保持同步,二者将永远存在一定的时间差。关于这一制度变迁的规律,诚如梅因所言:"社会的需要和社会的观念总是或多或少地领先于法律。或许我们可以使它们之间的缺口变小,但重新拉开这个缺口却是永恒的趋势。"[5]因此,虽然法律结构的转型往往滞后于社会结构的变迁,但只要社会结构不断进化,法律结构转型的内在动力将持续存在。

---

[1] See Jason M. Solomon, "Law and Governance in the 21st Century Regulatory State", 86 *Tex. L. Rev.* 819, 824 – 826 (2008); Michael P. Vandenbergh, "The Private Life of Public Law", 105 *Colum. L. Rev.* 2029, 2030 – 2031 (2005).

[2] 参见劳东燕:《公共政策与风险社会的刑法》,《中国社会科学》2007年第3期。

[3] 这完全是由特定历史背景下的改革与抗拒改革的力量对比差异所造成的,换言之,两大法系的法律结构差异是对各自法律传统的路径依赖所造成的。诚如斯言:"民法法系和普通法系的基本区别是从法律传统方面来解释的;那就是,差异是法律史的结果,而非由社会的、经济的或政治的历史造成的。"参见[美]艾伦·沃森:《民法法系的演变及形成》,李静冰、姚新华译,中国法制出版社2005年版,"英文原版序",第2页。

[4] Mauro Zamboni, "From Evolutionary Theory and Law to a Legal Evolutionary Theory", 9 *German L. J.* 515, 525 (2008).

[5] [英]亨利·萨姆奈·梅因:《古代法》,高敏、瞿慧虹译,中国社会科学出版社2009年版,第19页。

五、中国未来风险立法之展望

行文至此，我们不难发现，部门法分立格局及其理论范式固然有助于挖掘各部门法上的风险控制工具，并使之更加专业化和精细化；但随着部门法研究的不断深化，不同部门法之间逐渐呈现出自我封闭的态势，并在实践中呈现出"各自为政"的局面，这将人为割裂法律制度之间的内在联系。需要再次重申的是，部门法的划分是人为构建的产物，但在功能上，民法、刑法和行政法之间却存在着无法割舍的天然联系，逻辑上切不可本末倒置。时至今日，管控公共风险已成为各部门法共同面临的"系统工程"，但部门法壁垒限制了不同风险控制工具之间的协调与合作。在此背景下，理论上有必要将散乱分布于各部门法上的风险控制工具进行体系化整合，进而推动实证法的转型，唯有此，才能满足风险管控的系统性要求。展望未来，中国的风险立法应当从以下两个方面进行制度改革：

第一，在风险管控思路上，应当改变现行法的如下做法：以行为定性作为部门法划分及其风险控制工具选择的逻辑起点，转而从功能主义视角出发，将它们纳入统一的分析框架，根据各类风险控制工具之间的关联性和可比性，选择更具功能优势的风险管控工具，致力于"以更低的成本建设更安全的社会"。从法律结构上来看，中国风险规制法的转型应当是革命性的，它不仅要超越长期以来形成的部门法壁垒，而且要将观察视角从行为性质转向功能主义，根据风险管控的功能主义逻辑来选择更高效的风险管控工具。此外，在方法论上，风险控制理论应当从部门法划分框架下的规范分析，转向整体主义或系统论的分析方法。

第二，在规制工具的选择上，应当在打破部门法壁垒的基础上，将散乱分布于各部门法上的风险管控工具进行体系化整合，使之以相互协调合作的方式来管控风险。从这个角度来看，中国未来风险立法的改革应该是修复性的，只需对现行法上的风险管控工具进行体系化整合，在统一的分析框架下通过功能上的优劣比较，选择适用更高效的风险管控工具。至于立法技术上如何实现，这将是后文研究的重点。一个值得关注的现象是，中国立法者结合具体风险领域采用单行立法的做法，为风险管控工具的匹配性选择提供了立法技术上的便利。

第四章
公私法合作的法经济学原理

由于部门法壁垒的存在，中国"三足鼎立"的风险立法在运行中呈现出"各自为政"的局面，这无助于风险控制工具之间的协调与合作。如何打破部门法壁垒由此成为理论与实践均无法回避的课题。本章将转换研究视角，借助法律经济学的体系化解释技术，通过风险行为的"需求定理"，将散乱分布于各部门法上的风险控制工具纳入统一的分析框架，借此打破部门法壁垒，将各部门法上不同性质的风险控制工具体系化并整合为由一般威慑、威慑补充和行政管制构成的"三位一体"结构。在风险规制体制的设计上，一般威慑具有优先适用性，威慑补充将作为一般威慑的补充实施机制，致力于更加灵活地调整法律责任制度的威慑程度和效果。一旦责任威慑机制遇到实施障碍，行政管制将作为替代性或者辅助性手段发挥作用。这正是一般威慑、威慑补充和行政管制之间的内在联系，也是风险立法所应秉承的基本逻辑。在立法技术上，若要构建"三位一体"的风险规制体制，首先要打造一个相对开放的部门法体系，其次要在部门法体系之外，借助风险领域的行业单行立法搭建不同部门法之间的沟通与合作桥梁。由此形成的风险立法将呈现出部门法"分"与"合"的双重变奏。

一、法律经济学视角下的统一分析框架

学术研究的经验表明,一切棘手的问题,往往会因为观察视角的转换而出现新的转机。就"三足鼎立"的风险立法而言,部门法划分的理论范式限制了不同部门法之间的协调与合作,但若转向法的功能主义视角来看,风险领域的侵权责任、刑罚、行政处罚和行政管制均可视为风险控制工具,其作用原理虽有差异,但价值目标却统一于风险最小化或者福利最大化的功利主义目标,这使得不同部门法之间的协调成为可能,"三足鼎立"的风险立法也可因此被整合进入统一的分析框架。与这一思路相吻合,法律经济学理论正是以功能主义视角和功利主义目标来看待法律制度所扮演的社会角色,其理论雄心在于,以经济学上的"需求定理",大一统地解释非市场行为的需求规律,并以此来检验实证法的制度设计是否符合这一规律,或者从规范层面提供更有效的制度设计方案。

作为法律经济学的核心分析工具,经济学上的"需求定理"认为:"在其他条件相同时,一种物品的价格上升,该物品需求量将会减少。"[①] 这一定理最初被用于描述消费品市场的需求和供给规律,但随着法律经济学理论的兴起,理论界开始运用经济学上的"需求定理"来解释非市场行为(本书特指"风险行为")的需求规律,这里的非市场行为包括但不限于环境、健康、安全等公共风险行为。法律经济学理论在近年来的快速发展显示,将经济学上的"需求定理"扩张适用于解释非市场领域的现象,带来了法学理论上的一次革命。

---

① [美]曼昆:《经济学原理》,梁小民译,机械工业出版社2006年版,第57页。

就风险控制问题而言，法律经济学的"需求定理"提供了科学的思路，它可以预测法律责任制度对风险行为的影响。简单来讲，"法律制裁就像是价格，并假设人们对于制裁的反应与对价格的反应相同，人们通过减少消费对较高的价格做出回应。因此，人们对于较为严厉的法律制裁的反应是从事更少的会被制裁的行为"[①]。根据这一原理，风险行为的"市场价格"实际上正是立法者为其设定的法律责任，当预期法律责任加重，理性经济人对风险行为的需求量也将随之减少，作为替代，行为人将选择从事低风险的活动或者以风险更小的方式来实施行为，风险控制的目标由此得以实现。反之，当预期法律责任减轻，理性经济人将做出相反的决策，风险行为的数量及风险程度也将随之增加。这是风险行为"需求定理"的核心要义，它完整描述了一个理性人如何对法律制度做出反应。只有理解了理性人如何对法律制度做出反应，理论上才可以解释法律如何通过引导人的行为来控制风险，这是打破部门法壁垒、构建统一分析框架的解释论基础。

根据风险行为的"需求定理"，只有当预期法律责任（责任数额乘以责任实现概率）等于风险行为的额外社会成本（即风险行为的社会总成本与总收益之间的差额）时，风险行为的外部成本才能够实现内部化。此时，理性人才会主动采取防范措施，以实现风险的最小化。这需要立法者评估风险行为的额外社会成本与法律责任的实现概率，并据此推算立法上的责任大小（即额外社会成本除以责任的实现概率）。美国学者贝克尔为此设计了风险行为的社会总成本公式以及将损失降至最低的法律责任数额的公式，根据这一公式，立法者可以

[①] [美]罗伯特·考特、托马斯·尤伦：《法和经济学》，史晋川等译，格致出版社2010年版，第3页。

通过调整法律责任的数额来改变行为人的需求结构，进而将风险的总量及规模控制在社会可接受的最优水平。① 在该理论框架下，分属不同部门法上的损害赔偿、惩罚性赔偿、罚款、罚金、没收财产、没收违法所得以及行政拘留和自由刑之间，除了量的差异，并无质的区别，其为风险行为设定的"价格"可以加总处理。② 至于法律程序上的差异，这将在责任实施成本和实现概率上加以体现。

至此，在法律责任层面，民法、行政法、刑法被纳入统一的分析框架，它们只有以相互协调的方式，才能共同致力于维持一个社会最优的预期法律责任。

至于行政法上的行政管制工具，它将在价格机制遇到实施障碍时，作为替代或辅助性措施发挥作用，并以责任威慑机制的替代者或辅助者角色，统一于风险行为的"需求定理"。以醉驾风险为例，当醉驾肇事的法律责任数额提高或追责概率提高时，理性经济人基于自身利益考量，将会主动避免过量饮酒或将雇人"代驾"作为替代性选择；当法律责任的实施遇到障碍或实施成本较高时，可以通过行政机关的"禁酒令"或吊销驾驶执照的方式来辅助或取代责任威慑机制，此即典型的行政管制工具。对于立法者而言，可视情况做出如下选择：首先，立法者可以通过调整法律责任的大小或责任的实现概率，为风险行为进行"定价"，并运用"价格"机制来引导行为人的选择，从而间接控制风险。这在现行法上主要表现为通过侵权责任、

---

① See Gary S. Becker, "Crime and Punishment: An Economic Approach", 76 *J. Pol. Econ.* 169, 176 (1968).

② 在责任威慑理论看来，自由刑和财产责任之间的量化通约也并非不可能，例如通过支付意愿的替代方法可以对自由刑进行估价；经验研究也表明，在犯罪人看来，特定数额的罚金与不同长度的监狱刑期在严重程度上是相当的。参见戴昕：《威慑补充与"赔偿减刑"》，《中国社会科学》2010 年第 3 期；R. Barry Ruback et al., "Perception and Payment of Economic Sanctions: A Survey of Offenders", 70 *Fed. Probation* 26 (2006)。

刑罚和行政处罚来控制风险。其次,当"价格"机制的运行出现障碍时,立法者可以授权行政机关,通过直接或间接的行政管制措施来辅助或取代"价格"机制,进而控制风险。这在现行法上体现为行政管制。

需要说明的是,上述"价格机制"若要实现理想的风险控制效果,至少需要满足以下几个条件:一是法律责任确定且可预见;二是风险行为实施者的责任财产充足且能够得到完全执行;三是风险行为的实施者保持风险中性。其中任何一个条件的缺失都将导致风险控制机制失灵。然而,现实情况却是,价格机制在实施中障碍重重,上述条件往往无法同时获得满足。[①] 在此情况下,由行政机关主动实施的行政管制,恰好可以辅助或取代价格机制发挥作用。这样一来,风险行为的"需求定理"成功地将民法、刑法和行政法上"三足鼎立"的风险控制工具纳入统一的分析框架,并形成一个完整且体系化的"工具箱"。

二、"三位一体"的风险控制工具体系

风险行为的"需求定理"所具有的强大解释力,能够将各部门法上的风险控制工具纳入统一的分析框架。在此统一分析框架下,散乱分布于各部门法上的风险控制工具可逐步走向体系化,并呈现出"三位一体"的制度结构。其中,"三位"指的是风险控制工具的三个位阶,即一般威慑、威慑补充和行政管制;"一体"指的是这三个

[①] See Charles D. Kolstad, Thomas S. Ulen and Gary V. Johnson, "Ex Post Liability for Harm vs. Ex Ante Safety Regulation: Substitutes or Complements?", 80 *The American Economic Review* 888 (1990).

位阶的风险控制工具将呈现出一个有机结合的风险控制工具体系，它们相互之间将呈现出一定的关联性、层次性和结构性，具体可见下表2。

表2　部门法上风险控制工具的"三位一体"构造

	一般威慑	威慑补充		行政管制
	损害赔偿	行政处罚	刑罚	命令—控制
作用原理	风险行为的市场定价	风险行为的政府定价	风险行为的政府定价	政府辅助或取代市场
行为决策	风险行为的私人决策	风险行为的私人决策	风险行为的私人决策	风险行为的政府决策
控制方式	责任威慑	责任威慑	责任威慑	直接禁止或限制
程序启动	私人启动	政府启动	政府（或私人）启动	政府启动

1. 三位：风险控制工具的三个位阶

位阶一：一般威慑。作为一种风险控制工具，侵权法上的损害赔偿责任通过将风险行为的外部成本予以内部化的方式来控制风险，并将是否实施风险行为的决策留给行为人自己，由其自行决定是否以及如何实施风险行为。若选择实施风险行为，则需要承担相应的损害赔偿责任；反之，则否。在这一逻辑中，威慑程度的选择取决于风险行为给他人造成的实际损害，因而有学者称之为"市场的方法"或"一般威慑"，[①] 本书继续沿用这一表述。在功能上，一般威慑机制的优势在于，风险行为的实施者在通常情况下比其他人更加了解其将要

---

① 参见［美］盖多·卡拉布雷西：《事故的成本》，毕竞悦等译，北京大学出版社2008年版，第59页。

实施的风险行为,即具有显著的信息和专业优势;与此同时,行为人也最了解其自身的风险防控能力,为追求个人利益的最大化,行为人会选择以私人成本最低的方式来实施风险行为。在这一过程中,风险行为外部成本的内部化,又可促使行为人在决策时,将风险行为的外部成本也考虑进去。这样一来,追求个人利益最大化的选择恰好等于社会最优选择(暂且假设风险行为没有损害社会公共利益),这符合风险控制目标。鉴于一般威慑具有目标精确、信息对称、成本低廉的优势,它在风险规制的"工具箱"中应当成为立法者首选的风险控制工具。

位阶二:威慑补充。当一般威慑出现实施障碍(例如因损害的潜伏性或损害难以证明而无人起诉),或者风险行为同时损害社会公共利益时,由私人启动的一般威慑机制难以将风险行为所造成的所有外在损害都考虑进去,因而无法将风险行为的所有外部成本予以内部化,一般威慑将因此出现威慑不足。此时,立法者可视情况选择以惩罚性赔偿、罚款、罚金、没收财产、没收违法所得、拘留和自由刑等方式来增加威慑,此即"威慑补充"。其含义是指,通过追加责任数额来抬高风险行为的"价格",进而弥补损害赔偿责任的威慑不足。在理想意义上,刑罚和行政处罚的数额应当能够弥补损害赔偿责任所遗漏的那部分额外社会成本,进而将风险行为给他人和社会所带来的所有成本都予以内部化。与一般威慑相比,威慑补充机制由政府启动(除惩罚性赔偿和刑事自诉外,下同),并需要政府来判定风险行为的成本-收益结构,这将增加责任威慑的实施成本。基于成本有效性考虑,一般威慑机制应当优先适用,威慑补充仅作为"查漏补缺"机制来弥补一般威慑的不足。此外,自由刑以及类似的人身性制裁手段还需要额外的监狱运行成本,因此,对于风险立法的设计者而言,在将行为人的财产执行完毕之前就将他投入监狱,在经济上是极不明智的选择。

位阶三:行政管制。当一般威慑和威慑补充(以下统称"责任威慑")均遇到实施障碍时(即前述价格机制的实施条件无法满足),由行政机关实施的强制信息披露、技术标准、行政许可和行为禁令等,可以辅助甚至取代责任威慑机制来管控风险。鉴于行政管制属于事前的风险控制工具,它由政府在成本-收益分析基础上,于事前确定社会最优的行为谨慎标准,并通过行政管制工具来主动实施。这样的运作原理决定了它具有事前预防优势、规模经济优势和标准制定上的专业性优势。基于这些功能优势,行政管制与责任威慑之间的关系既存在互补性又存在替代性。[①] 从理论上讲,当责任威慑存在较高的实施成本时,行政管制可以辅助责任威慑机制发挥作用,这是其互补性的体现。譬如,侵权法可以根据行政管制中的排污标准来衡量排污行为是否具备可归责性。当责任威慑机制遇到实施障碍或根本无法实施时,行政管制将直接取代责任威慑机制。譬如,在核工业风险和疫苗风险领域,责任威慑机制往往被行政管制直接取代。[②] 不过,在大多数风险领域,行政管制与责任威慑还是以互补及合作的方式来发挥作用。

需要特别说明的是,侵权法上的"排除侵害"和行政法上的"信誉罚""行为罚/资格罚"在法律性质上虽然都被归类为责任承担方式,但在风险控制的功能主义视角下,这几种责任承担方式都直接

[①] 行政管制之所以能够"辅助"或"取代"责任威慑机制,其理论基础在于,行政管制与责任威慑之间存在功能上的互补性或替代性。参见宋亚辉:《论公共规制中的路径选择》,《法商研究》2012年第3期。

[②] 核工业风险和儿童疫苗风险领域的具体规定,请参见 Price-Anderson Nuclear Industries Indemnity Act, 42 U.S.C. § 2210 (2010); National Childhood Vaccine Injury Act of 1986, 42 U.S.C. §§ 300aa-1 to -34 (2010)。

作用于风险行为本身，具有与行政管制工具类似的"管制"效果，尤其是侵权法上的排除侵害责任与行政管制工具中的行为禁令几乎可以画等号。因此，在"三位一体"的风险控制工具体系中，这几种法律责任类型兼具责任威慑和行政管制的双重效果。这意味着，前文关于行政管制工具的分析，同时也适用于这几类特殊的责任承担方式。

2. 一体：风险控制工具的体系化

上述三个位阶的风险控制工具，在功能上呈现出层层递进且相互补充或者替代的关系，这是"三位一体"结构中"一体"的核心内涵。其中，一般威慑与威慑补充可统称为"责任威慑"。在风险立法的制度设计上，一般威慑具有优先适用性，威慑补充只能作为一般威慑的补充实施机制，通过二者的协调可以更加灵活地调整法律责任制度的威慑效果。在逻辑上，一旦责任威慑遇到实施障碍或高昂的实施成本阻碍其威慑效果时，行政管制将作为替代性或辅助性的风险控制工具发挥作用。这正是上述三种风险控制工具之间的内在联系，同时也应当是风险立法所秉承的基本逻辑。以下将从两个视角，进一步阐释"体系化"的内涵。

第一，作用原理视角下的体系化。从风险控制原理来看，在上述三个位阶的风险控制工具中，一般威慑是通过损害赔偿责任为风险行为"定价"，由行为人根据自身的成本-收益分析，自行决定是否以及如何实施风险行为。若实施风险行为并给他人造成损害，则须支付相应"对价"（即损害赔偿）；反之，则否。法院的司法救济为风险行为的潜在实施者提供了可置信的威慑，使行为人相信，自己必须对风险行为的后果负责。在此过程中，风险行为的"价格"需要根据其实际造成的损害而定,这相当于"市场定价",具体威慑程度也由"市场调节"。但由于公共风险的"潜伏性","市场定价"容易出现价格偏低的问题,因而威慑补充改由"政府定价",其威慑程度也改为由"政府调节",即由政府通过总体上的成本-收益分析来确定风险行为的"价格"。作为其实施方式,刑罚和行政处罚的数额设定应当能够弥补损害赔偿责任所无法覆盖的那部分成本。[①] 但价格机制在实施过程中不可避免地存在滞后性,为此,行政管制直接由价格控制转向命令-控制方式,在理想意义上,行政管制手段的运用应当由政府在成本-收益衡量的基础上,以最小化社会总成本为目标,给行为人设定社会最优的行为谨慎标准,并由行政机关主动加以实施。综上来看,这三个位阶的风险控制工具在作用原理上经历了从"市场定价"到"政府定价",再由"价格控制"到"命令-控制"的过渡,最终形成一个完整且层层递进的风险控制工具体系。

第二,行为决策视角下的体系化。上述三个位阶的风险控制工具,在行为决策方面也呈现出一定的体系性。其中,一般威慑和威慑补充都将是否实施风险行为的决策权留给行为人自己,由行为人根据预期法律责任的大小,自行决定是否以及如何实施风险行为,此即"表2"中的"私人决策"。此时,风险控制实际上是对私人决策的影响和控制,旨在通过调整责任程度及其实现概率来间接影响私人决策。在实施效果上,私人决策具有信息优势和自我执行的低成本优势,但其缺陷也很明显,因为理性人的私人决策只关注个人得失,这无疑会忽视风险行为给社会公共利益所造成的损害,因而私人决策面

---

① 然而,立法者在设定刑罚和行政处罚数额时,往往以行为人的潜在收益为参照,旨在确保责任数额等于或大于行为人的潜在收益,通过使行为人得不偿失的方式来阻止风险行为。鉴于公共风险的"双面性",这一"零风险"的思路应当谨慎使用,除非针对那些完全没有社会收益的行为,如吸毒、醉驾等行为。

临"公共性缺失"的问题。作为补充或替代机制，行政管制是由政府在成本-利益衡量的基础上，直接决定是否允许以及如何实施风险行为，并由行政机关主动实施这一决定。在此过程中，是否以及如何实施风险行为的决策转变为"政府决策"。政府决策是对私人决策的补充或替代，能够弥补私人决策所存在的公共性缺失问题。风险行为的私人决策与政府决策之间的关联性与互补性，再次将上述三个位阶的风险控制工具统一起来，形成一个完整的风险控制工具体系。

三、部门法"分"与"合"的双重变奏

风险立法的"三位一体"结构不仅打破了部门法壁垒，而且能从根本上改变部门法"各自为政"的局面。但这是否意味着法律结构将重新退回到历史上的"诸法合体"时代？实际上，风险立法的"三位一体"结构并非历史的倒退，它是回应风险领域的结构转型而对部门法分立格局所做的升级改造——将原有的部门法分立格局改造成一个开放的体系，并在此基础上搭建部门法的合作桥梁。风险立法由此呈现出部门法"分"与"合"的双重变奏。这里的关键性变化有二：

第一，这里的"分"不再是部门法壁垒之下的"关起门来搞建设"，而是构建开放的部门法体系，并为后续的部门法协调预留"通道"。但毋庸置疑，部门法分立格局仍将保持其基础性地位。毕竟，部门法划分的社会基础在今天不但没有消失，而且社会关系的复杂化和社会结构的多元分化至今仍在加深，需要做的改变只是在风险领域打破部门法壁垒，构建开放的部门法体系。

第二，这里的"合"更不是回归"诸法合体"，而是搭建部门法

之间的沟通与合作桥梁。而且，从法社会学的视角来看，风险领域的部门法合作绝非历史的倒退，历史上的"诸法合体"结构只能与当时极其简单且尚未分化的社会结构相匹配，而当今的社会结构日益复杂化和多元化。[①] 尤其是当风险领域的社会结构发生多元分化与公私融合之后，基于公私法二元结构所构建的部门法分立格局及其理论范式，显然已无法回应当今公共风险领域的规制需求。

因此，与传统的部门法分立格局相比，风险领域的法律结构转型总体上呈现出部门法"分"与"合"的双重变奏。在逻辑上，部门法"分"是"合"的基础和前提，"合"是"分"的超越和例外，由此形成的部门法"分"与"合"的双重结构是一个矛盾的统一体，二者相互依存，共同构成了现代风险立法的规范结构。对于立法者而言，在部门法分立格局既定的情况下，如何设计部门法之间的合作性制度安排，将成为法律结构转型的关键所在。鉴于部门法协调与合作的实体性方案已经在"三位一体"的法律结构中得以展示，接下来的主要问题是立法技术上如何落实。解决该问题的难点在于，如何在维持部门法分立格局的同时，又能区分不同的风险领域，有针对性地搭建部门法的合作桥梁。

四、体系内重建与体系外串联的方案比较

就笔者的研究来看，风险领域的法律结构转型在立法技术上存在两种备选方案。第一种方案可称为部门法体系内重建模式，即在维持部门法分立格局不变的基础上，根据风险管控需要，在部门法体系内

[①] 参见［德］尼克拉斯·卢曼：《法社会学》，宾凯、赵春燕译，上海人民出版社2013年版，第189—190页。

部重建合作性制度安排；第二种方案可称为部门法体系外串联模式，即在构建开放的部门法体系基础上，在部门法体系之外，根据特定领域的风险管控需要，在以行业为基础的单行立法中（以下简称"行业法"），串联各部门法规范，以此实现部门法之间的合作。

第一，体系内重建模式是将合作性制度安排内置于各部门法中。其中，对于法典化程度较高的民法和刑法而言，立法者为解决一些现代性问题而实施的体系内重建已较为普遍，理论上称之为"再法典化"或"法典重构"。① 从近代民法到现代民法的转型，已经多有涉及此类问题。类似情况也发生在刑法领域。结合现行法来看，内置于刑法典中的部门法合作方案主要存在于"风险刑法"和"行政刑法"条款中。行政法虽然难以实现法典化，但立法上对行政单行立法进行改造的情况也司空见惯，其中不乏部门法规范之间的合作性制度安排。

体系内重建的优势在于简单易行，立法者可根据需要，直接在既有法典上涂改或追加法条，省去了立法技术上的繁文缛节，同时也便于找法及法律适用，人们可在同一个地方找到所有想要的答案。但问题是，一旦扩大适用范围，体系内重建的做法将后患无穷，因为部门法之间的合作方案在不同行业或风险领域必然有所差异。仅以环境风险为例，侵权责任与行政管制之间的合作方案，在水污染和噪声污染领域已存在显著差异，② 更不用谈食品、药品、交通、核工业等风险

---

① 参见谢鸿飞：《民法典与特别民法关系的建构》，《中国社会科学》2013年第2期。
② 一般威慑与行政管制之间的优势互补性决定了它们二者的合作框架，但同样是合作规制，水污染和噪声污染领域却存在重大差异，这是由管制标准的性质差异造成的。其中，污水排放标准属于"阶段性"标准，它与水体安全所要求的社会最优标准明显不同；而噪音标准则属于"终局性"标准，它完全可能达到安静环境所要求的最优标准。基于风险控制的需要，符合污水排放标准的行为仍需要责任威慑来弥补行政管制标准的不足，因而不能承认合规抗辩的效力；但在符合社会最优标准的噪声污染领域，则应当承认合规抗辩的效力。详见本书第十章。

领域。面对如此众多且纷繁复杂的风险领域，立法者固然可以直接挥笔修改部门法，但这势必导致部门法典无限臃肿甚至膨胀变形。由此带来的影响是，"法的素材纷繁复杂导致法的外在体系陷入毫无头绪的困境，……失去了体系化的安排将直接影响到法的内在价值的统一"①。退一步来讲，即便不同风险领域的部门法合作方案可以拥挤地并存于同一部法典中，但由于各行业和风险领域的发展变化日新月异，使得臃肿的部门法不得不频繁地作出修改，这不仅损害法典的稳定性，而且高昂的修法成本也使人望而却步。况且，在部门法分立格局已成路径依赖的今天，为加强部门法之间的合作，在私法中揉进大量的公法规范，或相反的做法，都为部门法学者所不容。由此看来，体系内重建的思路障碍重重。

第二，与体系内重建不同，体系外串联只需对既定的部门法分立格局稍作调整即可——在各部门法中预留对外沟通的"窗口"，具体的部门法合作方案将由相对灵活的行业单行立法加以落实。实际上，在当今中国的法律体系中，有关风险规制的法律规范也大多出现在以具体行业为基础的单行立法中，如《食品安全法》《道路交通安全法》《环境保护法》《医疗法》等，②大都是由民法、刑法、行政法以及程序性规范堆砌而成的公私法混合体。相较于传统部门法，行业立法的作用在于区分社会关系发生的不同行业或空间领域，对本行业内的行为或社会关系进行有针对性的调整。行业法因此具有立法上的灵活性优势。因此，在构建开放的部门法体系基础上，通过行业法来搭建不同部门法之间的合作桥梁，能够有效回应现代社会对部门法"分"与

---

① 朱岩：《社会基础变迁与民法双重体系建构》，《中国社会科学》2010年第6期。
② 从行业法的体系构成来看，除了以行业为基础的风险规制法外，行业法还涵盖行业管理法、行业组织法和行业竞争法等部门。我国当前的立法任务也主要集中在行业立法。

"合"的双重需求。

体系外串联的优势在于，传统部门法无须为适应特殊行业需要而进行大规模的内部改造，从而保留一个相对纯粹的部门法体系。尤其对于法典化程度较高的民法和刑法而言，体系外串联的思路将使部门法像标准化的"积木"一样适用于各个行业。至于其在特定行业如何摆放或组合搭配，则根据需要通过行业立法作特别处理。具体到风险立法领域，各部门法只需规定具有普适性的风险控制工具即可，至于这些制度工具如何协调适用于具体行业或风险领域，则交给行业法处理，不同部门法之间的合作方案也将在行业立法中加以设计。在法律适用过程中，按照特别法优于一般法的规则，首先适用行业法的特殊规则，在必要时，透过部门法上预留的对外沟通"窗口"，将这些特别规定运送进入相应的部门法中，借助更加完整的部门法体系来实施行业法上的规则。

通过部门法与行业法之间的分工与配合，未来的风险立法将呈现出一个动态开放的体系。其中，处于基本法地位的民法典和刑法典，尽量保持其纯粹性和稳定性，特定行业领域的特殊问题则由具体的行业法来加以应对，这些处于动态变化中的行业单行立法，恰似太空世界的"卫星"一样，环绕于相对恒定的部门法周围，形成一个稳定的"星系结构"，[1] 以动静结合的方式来应对风险领域社会关系的发展变化，并在总体上保持整个法律体系的稳定性与灵活性之平衡。

---

[1] 此处以及后文所用到的"积木""卫星""星系""木马"等意象，受到苏永钦教授提出的"民法典的十二项规则"的启发。参见苏永钦：《寻找新民法》，北京大学出版社2012年版，第84—94页。

五、部门法体系外串联的立法技术

1. 在部门法体系中预留对外沟通的"窗口"

若要搭建部门法之间的合作桥梁,首先要构建一个开放的部门法体系,这需要借助"引致条款"或"转介条款"在部门法中打开一扇"窗口"。根据民法学者的界定,"引致条款"是将公法(含刑法)上的强制性规范引入民法当中,概括性地授权法官直接引用公法规范来审理民事案件;而"转介条款"是概括性地授权法官在审理民事案件时,适当考虑公法(含刑法)上的强制性规范,并在必要时将其引入民法中来。① 二者的区别在于,后者允许法官就公法规范是否进入民法进行自由裁量;而对于前者,民事法官须直接适用被引致的公法规范,法官个人并无自由裁量权。二者的共性在于,它们为民法打开了一扇"窗口",从而使公法规范能够源源不断地注入民法,实现民法与其他公法部门之间的互动交流。对于这样的技术构造,有学者曾形象地指出,通过转介条款的授权,"司法者站在公私法汇流的闸口,正要替代立法者去做决定:让公法规范以何种方式,以多大的流量,注入私法"②。在功能上,这些转介条款和引致条款就像"特洛伊木马"一样,能以极其简约的技术构造,成功地打破部门法之间的壁垒,使不同部门法之间实现互连互通。基于同样的逻辑,若站在刑法和行政法的立场上,要实现这两个公法部门与民法之间的沟通,也需要在刑法和行政法中设置类似的技术性规范作为沟通的"窗

---

① 参见苏永钦:《寻找新民法》,北京大学出版社2012年版,第257—261页。
② 苏永钦:《走入新世纪的私法自治》,中国政法大学出版社2002年版,第331页。

口",进而为民法规范进入公法提供通道。综上,转介条款和引致条款为构建开放的部门法体系提供了立法技术支持。

至于各部门法上的"窗口"规范该如何设置,一方面要考虑转介条款和引致条款在不同风险领域的普适性,另一方面还要考虑其针对性,以便为后续的部门法合作铺设管道。综合这两方面因素,笔者初步拟定了以下立法方案:(1)为充分利用行政管制与侵权责任之间的互补性关系,在侵权法上设置的"窗口"应当为行政管制规范的融入提供通道,以辅助侵权法更好地发挥风险控制功能。为此,《民法典》中的"侵权责任编"需要做出如下规定:一是通过转介条款承认违反公法管制规范的事实与侵权责任构成要件中的"违法性"或"过错"要件具有相关性,这在理论上已得到初步认可;[①] 二是通过概括性的引致条款,将合规抗辩的效力问题(即遵守行政管制规范的行为能否成为侵权责任的抗辩事由)留给行业法做出具体规定;三是通过转介条款承认侵权法上的停止侵害责任与行政法上的行为禁令之间存在竞合的可能性,从而将这两种功能和效果类似的风险控制工具实现彼此衔接,避免二者在适用条件上的不协调。(2)为了加强刑罚与民事损害赔偿、刑罚与行政处罚之间的协调,需要在《刑法》上通过转介条款规定刑罚与行政处罚之间的折抵规则,或者通过引致条款概括性地允许行业法就刑罚与民事损害赔偿、刑罚与行政处罚之间的协调方案做出具体安排。(3)由于行政法尚未达到法典化的程度,就其单行立法而言,需要在《行政处罚法》中设置相应的引致条款,概括性地承认行业法就行政处罚与损害赔偿责任之间的协调方案做出具体安排。如此一来,民法、刑法和行政法之间的壁垒被打破,相应的

[①] 具体理由请参见解亘:《论管制规范在侵权行为法上的意义》,《中国法学》2009年第2期。

转介条款或引致条款为部门法之间的合作铺设了管道。

2. 在行业单行立法中细化部门法合作方案

在打造开放的部门法体系基础上，不同风险领域的部门法合作方案可在行业单行立法中加以细化。根据前述"三位一体"结构，行业法须回应以下问题：

第一，一般威慑与威慑补充之间的合作。与损害赔偿相比，分布于各部门法上的惩罚性赔偿、行政处罚和刑罚都属于威慑补充机制，它们只有与损害赔偿相协调才能维持一个社会最优的威慑程度。因此，威慑补充的责任设定，应当考虑损害赔偿能否填补风险行为所带来的额外社会成本，在同等条件下，无法填补的额外社会成本越高，威慑补充所需的责任数额也应越大，以弥补损害赔偿责任的威慑不足。至于具体条款的设计，可参照道路交通安全领域司法解释有关"威慑补充"的规定[1]，以及司法解释中适用范围更广的"赔钱减刑"条款[2]。

第二，威慑补充机制内部的协调。鉴于惩罚性赔偿、财产罚、财产刑、自由罚与自由刑在威慑补充的效果上具有等价性，因而需要做出以下协调：（1）惩罚性赔偿与其他威慑补充机制之间的协调。由于惩罚性赔偿责任的实施依附于一般威慑机制，因而它在威慑补充机制

---

[1] 参见《最高人民法院关于审理交通肇事刑事案件具体应用法律若干问题的解释》（法释[2000]33号）第2条，其将加害人"无能力赔偿数额在三十万元以上"的情节作为定罪标准之一，从而实现了威慑补充的需要。

[2] 参见《最高人民法院关于适用〈中华人民共和国刑事诉讼法〉的解释》（法释[2012]21号）第157条，其原文如下："审理刑事附带民事诉讼案件，人民法院应当结合被告人赔偿被害人物质损失的情况认定其悔罪表现，并在量刑时予以考虑。"量刑的细化标准，参见《最高人民法院关于常见犯罪的量刑指导意见》（法发[2017]7号）第三部分"常见量刑情节的适用"中的第8条、第9条、第10条。

中具有优先适用性，只有当惩罚性赔偿的程序无法启动或出现威慑不足时，才有其他威慑补充机制的适用余地。(2)财产罚与财产刑之间的协调(自由罚与自由刑的协调方案与之类似)。除了实施程序以及由此决定的责任实现概率上的差别外，财产罚和财产刑在威慑补充效果上并无本质差异，其总体上的协调原则是，防止因重复适用而导致的威慑过度，对此，现行法中的自由罚与自由刑之间的折抵规则值得借鉴，并可以扩大适用于财产罚与财产刑之间的折抵。(3)财产刑与自由刑之间的协调(财产罚与自由罚的协调方案与之类似)。由于财产刑能以较低的实施成本增加威慑效果，因而它应当优先适用，只有当被告责任财产不足时，[①]才有必要以自由刑来补充威慑。基于类似的考虑，有学者干脆主张将财产刑直接剥离出刑法，"凡以财产方式能够有效承担的法律责任，则应统统划归行政或民事责任范畴"[②]。这种"快刀斩乱麻"的处理方式，虽然实现了财产刑与自由刑的协调，但如此激进的改革在立法上自然障碍重重，因此通过协调性制度安排来保证财产刑的优先适用则十分必要。

第三，行政管制与责任威慑之间的协调。行政管制是在一般威慑和威慑补充均遇到实施障碍或者无法有效控制风险时，通过行政管制工具来辅助或取代责任威慑机制，因而行政管制和责任威慑之间的协调包括两个方面：(1)行政管制直接取代责任威慑机制，但条件是，只有当行政管制所设定的行为谨慎标准是社会最优标准，且能够得到

---

① 当行为人的责任财产小于预期法律责任的数额时，行为人只会根据其财产数额来确定谨慎程度，这样的谨慎程度显然小于社会最优标准，由此将导致威慑不足。这也被学者称为"Judgment Proof Problem"，详情参见 Steven Shavell, "The Judgment Proof Problem", 6 *International Review of Law and Economics* 45 (1986)。

② 冯亚东：《罪刑关系的反思与重构》，《中国社会科学》2006 年第 5 期。

完全执行时,才能以行政管制取代责任威慑,① 而这一条件在实践中通常无法满足,因而重点在于后者。(2)加强行政管制与责任威慑之间的合作。其总体合作方案为:在责任威慑机制的实施过程中,将行政管制标准作为风险行为是否具备可归责性的参考因素。其中,违反行政管制标准的行为在侵权法上的效力已如前述,需要讨论的只是合规抗辩的效力。在笔者看来,合规抗辩的效力取决于行政管制标准自身的性质,如果行政管制标准能够且已经达到社会最优标准,则应当承认合规抗辩的效力(如噪声污染领域);反之则否(如水污染领域)。②同理,行政管制与刑罚的合作,同样表现为行政管制规范在刑法上的效力,并需要借助具体的犯罪构成要件加以展现,这样的合作方案能够降低犯罪认定上的模糊性,以提高行为后果的可预见性,从而有利于行为人于事前采取风险防范措施,最终降低事故成本或避免事故的发生。

综上,面对现代公共风险的挑战,风险立法从"部门法分立格局"向"跨部门法结构"的转型并非不可能,关键要转换观察视角,以恰当的思路和分析工具来重构"三足鼎立"的风险立法。当然,学理上的探索只是对未来发展的一种预期,若要从学理迈向实践,无疑还有很长的路要走。但不管怎样,发生在风险领域的故事,正以一个全新的视角和生动的事例,再次展示了"合久必分,分久必合"的历史演化趋势。本书研究的风险立法只是其中一个缩影而已,当今各种社会公共性问题的治理,似乎都在呼吁整体主义视角、系统论方法与公私合作的治理模式,而这,也许将成为21世纪社会治理理论的一个重要发展趋势。

---

① See Kyle D. Logue, "Coordinating Sanctions in Tort", 31 *Cardozo L. Rev.* 2313, 2343 (2010).
② 详见本书第十章。

第五章
公私法合作的法社会学原理

　　法之"理"源于社会。风险规制法从公私法二分框架下的"部门法分立格局"向"跨部门法结构"的转型,不只是法律经济学上逻辑推演的结果,同时还具有深刻的社会基础。回顾人类法制史的演化脉络,社会结构与法律结构之间不仅保持交替演化的规律,而且在法律结构的塑造原理上具有内在的因果联系。这是"经济基础决定上层建筑"的唯物主义史观在法律史上的展现,它为现代法律结构的转型提供了分析工具。面对当今社会结构的多元分化以及多元社会子系统内部的公私融合趋势,传统公私法二分框架下的部门法理论范式也已落后于社会结构的变迁。尤其是改革开放后的中国,立法者倾向于在部门法分立格局之外区分不同行业或领域制定诸多"拼盘式单行立法",如环境、健康、安全等风险领域的立法不仅呈现出"一个领域一个立法"的单行法外观,而且内部也呈现出公私法规范交叉融合的"拼盘式立法构造"。立足于特定行业或风险领域的单行立法均承载着其所属行业的规制使命,那些看似随意堆砌的公私法规范均指向共同的风险规制目标。这一功能主义共识为风险立法的结构重建提供了基准。面向未来,解释论上应以不同行业或风险领域为单位,垂直整合风险立法中的公法与私法规范,构建"跨部门的行业法结构",以此回应风险领域的社会结构变迁。

一、社会结构与法律结构的交替演化规律

从既有研究来看，关于部门法分立格局以及部门法划分的理论范式，西方学者主要从罗马法的复兴、体系化的法学教育、理性主义法律观等历史文化根源探寻其在欧洲的塑造原理；[1]但对于部门法分立格局在中国的出现，学者多以"国家主导"或者"外力推动"加以解读，[2]传统中国的社会结构和地域文化往往被视为对抗性的保守力量发挥作用。[3]在笔者看来，这两种视角的研究未能揭示出东西方法律结构演化背后的共通性社会根源。与此相关的一个重要现象是，"二战"后兴起于发展中国家的"法律与社会发展运动"深刻表明，"有意识的法律改革需要建立在对法律与社会之间关系的某种假设基础上，而最常见和最基本的假设是将法律视为社会的一个组成部分"[4]，

---

[1] 参见 Harold J. Berman, "The Origins of Western Legal Science", 90 *Harv. L. Rev.* 894 (1977); Rene David & John E. C. Brierley, *Major Legal Systems in the World Today* (3rd ed.), Stevens & Sons Ltd., London, 1985, pp. 33 – 79；[美]约翰·亨利·梅利曼：《大陆法系》，顾培东、禄正平译，法律出版社2004年版，第13—33页。

[2] 参见张晋藩：《中国法律的传统与近代转型》，法律出版社2009年版，第359—580页；张志铭：《转型中国的法律体系建构》，《中国法学》2009年第2期。

[3] 既有研究认为，20世纪的中国经过三次较大的"外源型"法律转型过程，在形式上全面移植了大陆法系的立法结构和概念体系，但对"法治"及其实质内涵的理解却保留了中国传统文化对法的"工具主义"认识，将"法"视为国家治理的一种"工具"。这是外力推动与本土文化相互角力的结果。参见 Jianfu Chen, "The Transformation of Chinese Law: From Formal to Substantial", 37 *Hong Kong L. J.* 689, 698 – 728 (2007)。

[4] John Henry Merryman, "Comparative Law and Social Change: On the Origins, Style, Decline and Revival of the Law and Development Movement", 25 *Am. J. Comp. L.* 457, 464 (1977).

而非外化于社会之物。① 这意味着，法律结构的变迁并非全然受制于外力的推动或者观念的引导，一个稳固的法律结构只能建立在与之相适应的社会基础之上，② 这才是问题的关键所在。

　　法律是调整社会关系的规则，社会关系的存在状况与法律制度之间的塑造原理和互动关系，经由 20 世纪后期法律社会学的持久论辩和"法律与社会发展运动"的全球性实践，已形成如下初步共识："法律既是社会发展演化的产物，又是推动社会发展的工具。"③ 这也再次验证了德国著名法学家萨维尼在 19 世纪所作的著名论断："法律并无什么可得自我圆融自洽的存在，相反，其本质乃为人类生活本身。"④ 基于这一抽象共识，晚近以来的学术研究致力于运用各种经验素材来测度法律与社会之间的互动关系是如何发生的。⑤ 然而，精确追踪二者的互动过程始终面临难以摆脱的技术难题。好在大陆法系漫长的法律结构和社会结构演化史为本书的研究提供了大量相互印证的经验素材。回顾大陆法系的法律发展史，法律与其调整对象之间总体呈现出交替演化且彼此呼应的发展规律。如果我们把大陆法系的法律发展史和社

---

　　① 对法与社会之间关系的错误理解是"法律与社会发展运动"在"二战"后短暂兴起又迅速衰落的重要原因。相关研究参见 David M. Trubek & Marc Galanter, "Scholars in Self-Estrangement: Some Reflections on the Crisis in Law and Development Studies in the United States", 4 *Wis. L. Rev.* 1062 (1974); Lawrence M. Friedman, "Legal Culture and Social Development", 4 *Law & Soc'y Rev.* 29 (1969).

　　② 关于社会基础对法律体系的塑造作用的总结性分析，可参见 Brian Z. Tamanaha, "The Primacy of Society and the Failures of Law and Development", 44 *Cornell Int'l L. J.* 209, 219 (2011).

　　③ Carl A. Auerbach, "The Relation of Legal Systems to Social Change", 1980 *Wis. L. Rev.* 1227, 1227 (1980).

　　④ [德] 弗里德里希·卡尔·冯·萨维尼:《论立法与法学的当代使命》，许章润译，中国法制出版社 2001 年版，第 24 页。

　　⑤ 参见程金华、李学尧:《法律变迁的结构性制约》,《中国社会科学》2012 年第 7 期；梁治平编:《国家、市场、社会：当代中国的法律与发展》，中国政法大学出版社 2006 年版，第 59—191 页。

会进化史依时间顺序对应起来，眼前将立刻呈现出如下图景：随着社会关系从单一走向多元、从"混沌一体"走向结构分化，法律结构也经历了从简单到复杂、从"诸法合体"到部门法分立的演变过程。

追溯历史，在罗马法时代之前的成文法总体保持"诸法合体"的结构，其核心法律制度主要围绕刑罚、同态复仇和损害赔偿这三种制裁手段展开，它们相互之间"除了量的差异，并无质的区别。根据不同程度的损害后果施以不同程度的制裁，这真是太协调不过了"，学者誉之为"三色合一的和谐美"。① 当然，这种简单、质朴的法律结构只能与当时分化程度极低的社会结构相适应。由于人与人之间的人身和财产关系均依附于身份等级和权力位阶体系，这样的社会结构并无公共领域和私人领域的界分，一切社会规范和法律规则都统一于皇权或者宗教的单一价值体系中。服务于这一社会的法律呈现出"诸法合体"的结构自然也在情理之中，毕竟，法律与其调整对象在此实现了彼此呼应。

到了公元前3世纪，随着地中海沿岸贸易往来的日益频繁以及罗马帝国的武力征服，征服者与被征服者、奴隶主与奴隶、罗马公民与非公民之间的社会关系日益复杂化、多元化。为重构社会秩序，罗马法学家通过梳理复杂多元的社会关系首次提出了公法与私法划分的主张。② 这最初只是一种理论学说，随着公元426年的《引证法》承认罗马五大法学家的著述具有法律效力之后，公法与私法划分的思想才因此进入实证法层面。罗马法虽然是公私法区分的源头，但它并未形成

---

① 参见王卫国：《过错责任原则：第三次勃兴》，中国法制出版社2000年版，第22—23页。

② 例如乌尔比安根据利益标准区分公法与私法，认为公法是规定国家公务之法，私法是规定个人利益之法。参见周枏：《罗马法原论》（上册），商务印书馆1994年版，第83页。

完整意义上的公私法二元结构，作为罗马法的集大成之作，《国法大全》也仍然保持着"诸法合体"的外观。这与当时的社会结构分化程度不无关联，在保留着身份等级制和人身依附关系的社会中，显然难以彻底实现法律上的公私二分。后世法学家的这一解读具有启发意义："罗马法区分公法和私法的目的是要避开公法，法学家谨慎地避开这一危险领域"①，进而为私法的发展创造安全的政治环境。根据这一理解，罗马法只是公私法二元分化的起点。

方兴未艾的罗马法在进入中世纪之后，因日耳曼人入侵而归于沉寂，罗马法上关于公私法划分的主张也因民族征服而销声匿迹，取而代之的是分化程度极低的日耳曼习惯法和教会法，"诸法合体"结构再次成为时代的主旋律。当然，法律结构的退化并非无源之水，"由于日耳曼征服实质上取消了商品经济存在的基础，社会经济生活已因此趋于平静和简单，原本复杂而完善的罗马法已无完整发挥其功能的用武之地"②。在中世纪，具有浓厚宗教色彩的政治权力几乎渗透到社会生活的方方面面，借用马克思的话说，在中世纪，"每个私人领域都具有政治性质，或者都是政治领域"③。在这种混沌一体的社会结构中，公私法二分的社会基础也已丧失。法律与其调整对象一道，重新回到罗马法之前的未分化状态。

历史性转机出现在中世纪后期，蓬勃发展的手工业逐步脱离农业，农产品及手工业制品由单纯的消费品转变为用于交易的"商品"，为了互通有无，越来越多的商人和手工艺人不约而同地在封建

---

① Rene David & John E. C. Brierley, *Major Legal Systems in the World Today* (3rd ed.), Stevens & Sons Ltd., London, 1985, p. 63.

② 叶秋华、王云霞主编：《大陆法系研究》，中国人民大学出版社2008年版，第33页。

③ 《马克思恩格斯全集》(第3卷)，人民出版社2002年版，第42页。

贵族的城堡外聚集形成"商业郊区"。商人的出现以及商品交易市场的形成,给欧洲中世纪的封建割据状态注入了新鲜的血液,改变了人被捆绑于土地之上的静止状态。在商业利益的驱动下,日益壮大的商人阶层为寻求商事自治,尝试以多种形式与封建统治者展开博弈,逐步通过向统治者提供经济资助的方式,换取商人自治的特许权。这一双赢的权钱交易使商人聚居形成的"自治城市"和"城市共和国"大量涌现。[1] 作为资产阶级的前身,城市中不断壮大的市民阶层逐步发展成为"封建体制外的异己力量"[2]。因市民阶层的政治诉求与封建管制体制存在根本性冲突,一场更大规模的斗争已在酝酿之中,即随后爆发的资产阶级革命。大规模的资产阶级革命彻底改变了西欧的社会结构,市民社会与政治国家从此发生分离。"一度非常复杂的法律领域顷刻间简单化一,自此以后,从理论上说,法律领域的主题仅仅限于个人和统一的国家。"[3]

作为重要的立法资源,中世纪末期重见天日的罗马法文本、欧洲注释法学派数百年研究形成的私法体系,以及自然法学派运用理性哲学区分国家与个人所构建的刑法、行政法、宪法等公法学体系(这被视为自然法学派的首要贡献),[4] 为欧洲资产阶级革命后的法典编纂提供了相对成熟的立法框架和学术资源。再加上资产阶级革命胜利者构建民族国家的激情,直接催化出一场规模空前的法典编纂运动。最引人注目的是法国,取得革命胜利的法国资产阶级在启蒙思想、理性

---

[1] 参见[比利时]亨利·皮雷纳:《中世纪的城市》,陈国樑译,商务印书馆1985年版,第140页。

[2] 厉以宁:《资本主义的起源》,商务印书馆2003年版,第410页。

[3] [美]约翰·亨利·梅利曼:《大陆法系》,顾培东、禄正平译,法律出版社2004年版,第17页。

[4] See Rene David & John E. C. Brierley, *Major Legal Systems in the World Today* (3rd ed.), Stevens & Sons Ltd., London, 1985, p. 63.

哲学和法学理论的引导下,通过区分公私有别的社会关系分门别类地进行法典编纂,将革命胜利的成果以法典的形式固定下来,陆续颁布了1791年《宪法》、1804年《民法典》、1806年《民事诉讼法典》、1807年《商法典》、1808年《刑事诉讼法典》和1810年《刑法典》,再加上后续补充完善的行政法体系,法国初具规模的部门法分立格局逐步形成。随后欧洲、拉美、亚洲和非洲的众多国家陆续跟进,借鉴前人立法经验逐步构建了一套结构上极为相似且经久不衰的部门法分立格局。在逻辑上,不同部门法之间分工明确,以不同的方法调整不同性质的行为或社会关系,部门法分立格局由此展现出强大的规范能力。

二、社会结构塑造法律结构的内在逻辑

上述法律结构演化史蕴含着重要的理论问题:从"诸法合体"到部门法分立格局的演化是如何发生的?这是近现代以来众多法学家孜孜以求的问题。总体来看,既有研究揭示出塑造部门法分立格局的众多因素,如罗马法的复兴、体系化的法学教育、新辩证法思想的应用、资产阶级革命、法典编纂运动、立法实证主义思潮、经院主义哲学、理性主义法律观、自然法的理性主义观念等。[1] 不可否认,重见

---

[1] 罗马法复兴和新辩证法思想对部门法分立格局的影响,参见 Harold J. Berman, "The Origins of Western Legal Science", 90 *Harv. L. Rev.* 894 (1977);法学教育和自然法学派的影响,参见 Rene David & John E. C. Brierley, *Major Legal Systems in the World Today* (3rd ed.), Stevens & Sons Ltd., London, 1985, pp. 46-63;资产阶级革命和立法实证主义的影响,参见[美]约翰·亨利·梅利曼:《大陆法系》,顾培东、禄正平译,法律出版社2004年版,第13—33页;经院主义哲学和理性主义法律观的影响,参见董茂云:《比较法律文化:法典法与判例法》,中国人民公安大学出版社2000年版,第59—68页;自然法的理性主义和国家主义思潮的影响,参见叶秋华、王云霞主编:《大陆法系研究》,中国人民大学出版社2008年版,第79—81页。

天日的罗马法文本以及欧洲启蒙时代的纯粹理性哲学对"法"的认知(将成文法视为人类理性的表达),为部门法分立格局的形成提供了理论框架和方法论指引,这固然能够解释部门法分立格局为何诞生于18—19世纪的欧洲,但这一分立格局为何没有发生在同时代的中国,则并非纯粹主观认知和历史偶然性因素所能充分解释的。追根溯源,"社会是一切法律的消费中心"[1],法律结构的演化脉络也应当从社会结构中求解。诚如马克思在《〈政治经济学批判〉序言》中总结的法律认知规律:"法的关系正像国家的形式一样,既不能从它们本身来理解,也不能从所谓人类精神的一般发展来理解,相反,它们根源于物质的生活关系。"[2]

相较于资产阶级革命时期的欧洲社会,"在明清时期的中国,没有一个强大的精英阶层能够以各种方式……限制国家行动的范围"[3]。中国两千多年的封建社会始终保持"家国一体化"的宗法体制,各领域社会关系经由皇权自上而下的统合形成单一中心的家国体制和宗族共同体。在这样的社会结构中,被捆绑于土地上的农民被视为国家的经济支柱,商人及商业活动则受到抑制。"商人作为一个不稳定并且常常是云游四方的群体,其自身利益与整个社会的利益相冲突;城市首先是官僚权力的中心,而不是商业发展的中心。"[4] 因此,与西欧的自治城市相比,中国的城市难以形成强有力的商人阶层和市场自治的空间,更不可能通过权力博弈从政治国家中区隔出自治型的市民

---

[1] Brian Z. Tamanaha, "The Primacy of Society and the Failures of Law and Development", 44 *Cornell Int'l L. J.* 209, 219 (2011).
[2] 《马克思恩格斯选集》(第2卷),人民出版社2012年版,第2页。
[3] [美]王国斌:《转变的中国:历史变迁与欧洲经验的局限》,李伯重、连玲玲译,江苏人民出版社2008年版,第94页。
[4] [美]德克·布迪、克拉伦斯·莫里斯:《中华帝国的法律》,朱勇译,江苏人民出版社2008年版,第170页。

社会,由此导致国家与社会的混同。① 于是就不难理解,近代西欧的法典编纂运动可直接根据社会关系的公私二元结构进行分门别类的立法,而古代中国的立法却始终停留在分化程度极低的"以刑为主的诸法合体"状态,这与封建中国公私不分的社会结构高度匹配。

在20世纪初期的变法修律之前,中国根本不存在部门法这个概念,更没有民法、刑法和行政法之间的区分,在数千年的文明史上,中国法一直呈现出以刑为主的"诸法合体"结构。直至清末民初,在内外交困的压力下中国才开启了全面西化的法律移植,"虽然是从日本引进,但明确以欧洲大陆模式为范本"②。作为中国最初版本的部门法分立格局,民国时期初具规模的"六法体系",在新中国成立后又被全盘废弃。这背后同样也有社会结构方面的深层次原因,在经济关系全面国有化、社会关系意识形态化和公私融合的大一统社会结构中,公私法二分框架下的"六法体系"根本无用武之地,这是决定其命运的内在原因。直至改革开放后,伴随着放松管制的进程,中国才开始逐步出现私人领域的雏形,"社会主义市场经济"概念的提出与合法化,更是为自治(私法)与管制(公法)的界分以及在此基础上的法律体系建设提供了重要的突破口。现代部门法体系正是借助"社会主义市场经济"这只"特洛伊木马"转介进入当代中国。③ 不

---

① 参见梁漱溟:《中国文化要义》,学林出版社1987年版,第162—188页。
② Jianfu Chen, "The Transformation of Chinese Law: From Formal to Substantial", 37 *Hong Kong L. J.* 689, 701 (2007).
③ 继中国正式提出"社会主义市场经济"概念后,学界强调"市场经济也是法治经济",并以市场经济所需要的产权保护、契约自由、意思自治、主体竞争、利益多元、权力制约等要素,论证社会主义市场经济体制下建设现代法治的必要性,以此"寻求法治的政治认同"。对这一逻辑的梳理,参见 Albert H. Y. Chen, "Toward a Legal Enlightenment: Discussions in Contemporary China on the Rule of Law", 17 *UCLA Pac. Basin L. J.* 125, 127, 141-144 (1999);谢海定:《中国法治经济建设的逻辑》,《法学研究》2017年第6期。

仅仅是中国，以市场经济和商人自治作为法治建设的突破口，这是东西方共享的制度演化经验。西方法律史学者的研究表明："市场作为一项核心的合法化制度安排的出现，最终带来了西方法律的公私之分。"① 也正是在市场经济的驱动下，中国20世纪末期的法制现代化改革，再次以公私法二分框架下的部门法分立格局作为效法模板。② 由此才可看到2011年建成的"中国特色社会主义法律体系"不仅以部门法为基本单元，而且以部门法是否健全作为法制是否完善的标准。

历史演化的脉络显示，社会关系的结构与法律结构之间，不仅保持着交替演化的规律，而且在法律结构的塑造原理上具有内在的因果联系。这一规律是历史唯物主义在法律演化史上的具体反映。作为分析工具，马克思的历史唯物主义观点有助于解释这一历史演化规律。在马克思关于"经济基础决定上层建筑"的著名论断中，③ 所谓"经济基础"不单指人类社会的物质生产关系，它已被扩大适用于社会关系的一切客观存在领域。相应地，"上层建筑"实际上也涵盖了所有观念层面的东西，包括政治、法律、道德、伦理等，当然还包括本

---

① Morton J. Horwitz, "History of the Public/Private Distinction", 130 *U. Pa. L. Rev.* 1423, 1424 (1982).

② 不同于清末民初移植大陆法系的明确态度，改革开放后的中国总体是以实用主义态度效法西方的，微观制度的借鉴未明确偏好于某个外国法，但立法结构上遵循大陆法系成例。参见Jianfu Chen, "The Transformation of Chinese Law: From Formal to Substantial", 37 *Hong Kong L. J.* 689, 708 (2007)。

③ 马克思的原文表述如下："我所得到的，并且一经得到就用于指导我的研究工作的总的结果，可以简要地表述如下：人们在自己生活的社会生产中发生一定的、必然的、不以他们的意志为转移的关系，即同他们的物质生产力的一定发展阶段相适合的生产关系。这些生产关系的总和构成社会的经济结构，即有法律的和政治的上层建筑竖立其上并有一定的社会意识形式与之相适应的现实基础。物质生活的生产方式制约着整个社会生活、政治生活和精神生活的过程。"参见《马克思恩格斯选集》（第2卷），人民出版社2012年版，第2页。

书研究的"法律结构"。马克思关于"经济基础决定上层建筑"的著名论断由此转化为"社会关系的结构决定了法律制度的结构",本书称之为"法律结构决定论"。

若以"法律结构决定论"的观点来重新审视大陆法系的法律演化脉络,我们将不难发现,当法律调整的社会关系从"混沌一体"分化为"私人领域—政治公共领域"的二元结构时,相应的法律结构也从"诸法合体"走向公私法的二元分立以及在此基础上的部门法分立格局。这里蕴含着一个重要的逻辑关系:当人与人之间的社会关系日益多元化,调整社会关系的法律规范也将日益庞杂,面对浩如烟海且功能、手段各异的法律规范群,为避免冲突与混乱,体系性将成为立法技术选择和法律适用之焦点。当法律的调整对象形成某种稳定的结构时,这自然会成为法律体系设计的参照系,否则将难以回应社会的需要。于是就不难理解,法律结构与社会结构为何在历史上交替演化,并且在形态上彼此呼应。这是"法律结构决定论"之精髓,但这只是历史演化的总体趋势,至于部门法分立格局为何诞生于启蒙时代的欧洲,则是由罗马法的复兴、自然法学教育的体系化、理性主义法律观和资产阶级革命等众多因素机缘巧合的结果。今昔对比,历史总是惊人地相似,"当代中国的法学思潮与其社会之间的关系,与欧洲启蒙思潮及当时社会的关系具有某种相似性",改革开放因此被誉为中国版本的"启蒙运动"。[①]

[①] See Albert H. Y. Chen, "Toward a Legal Enlightenment: Discussions in Contemporary China on the Rule of Law", 17 *UCLA Pac. Basin L. J.* 125, 165 (1999).

三、现代社会子系统的多元分化趋势

然而，社会结构的演化具有历史的延续性，当今社会结构的分化呈现出新的特征。根据社会系统论大师卢曼的概括：随着现代社会复杂性的陡增，社会结构的分化呈现出从"块状分化"向"功能分化"的演变趋势。[①] 其中，人类社会早期的块状分化是将整个社会区分为结构和功能基本等同(至少是相似)的社会子系统，例如家庭、村庄、部落等，它们彼此之间除了规模上的差异外，并无质的区别。然而，近现代以来社会功能上的分化则截然不同，曾经同质化的市民社会逐步根据社会功能差异，分化出一系列相对独立且自成体系的社会子系统，例如教育、医疗、环境、食品、交通、传媒、文化、互联网等。面对现代社会的功能分化趋势，曾经以私人自治来概括一切私人主体之间社会关系的理论范式，如今越来越显得捉襟见肘。不管是功能还是运作规律，多元社会子系统之间都存在显著差异，它们各自遵循着以自我为中心的理性法则。中国改革开放以来强调的"经济理性"只是其中之一，它无法替代非经济领域各具特色的理性法则。诚如学者所言："生活世界中的政治、科学技术、卫生领域、媒体、法律和道德都发展出了它们各自以自我为中心的理性。它们都表现出一种奇特的对立。"[②] "现代性"必须尊重多元社会子系统的多个理性化进程，此即多元现代性之精髓。

这样的社会结构分化具有重要的法律意义，它将人类对法的认知

[①] 参见[德]尼克拉斯·卢曼：《法社会学》，宾凯、赵春燕译，上海人民出版社2013年版，第189—190页。

[②] [德]贡塔·托依布纳：《多元现代性：从系统论角度解读中国私法面临的挑战》，祁春轶译，《中外法学》2013年第2期。

从"纯粹理性阶段"推进到"整体主义和多元主义阶段"。[①] 面对社会结构的多元分化，法律上已无法用单一的私法自治来概括不同社会子系统的规范特征，更无法用管制与自治的二分框架来统合多元分化社会的理性法则。曾经统摄所有社会关系并被视为构建部门法体系之基础的公私法二元结构，在现代工业化社会已成为过于简单化的描述，它对于曾经同质化的市民社会具有强大的解释力，但却无法解释多元现代化趋势中多个社会子系统各具特色的理性化进程。作为回应，以基尔克为代表的欧洲社会法学者早在 19 世纪末就致力于寻找公法与私法的共同价值，以此改造管制与自治截然二分的体系，由此推动了法的社会化改造。[②] 晚近以来的法社会学理论更是致力于从技术层面构建法律对社会系统分化的回应机制。[③]

法律的社会化带来了立法结构上的重大变化，其中，法律主体的细分是立法结构分化的切入点。作为参照，近现代以前的社会关系主体主要是农民、手工业者及其转化而来的商人，其社会地位大致平等且频繁互换角色，通常可自行维持社会关系的总体平衡。然而，进入近现代社会以来，社会关系的主体逐步从同质化的、抽象的"人"，分化为差异化的、具象化的"人"（含法律拟制的团体人格），如经

[①] See Timothy D. Batdorf, "Beyond Rationality: Using Integral Theory to Understand the Evolution of Law and Legal Systems", 32 *T. M. Cooley L. Rev.* 293, 300–301 (2015).

[②] 公法与私法的共同价值及其社会化思想集中反映在基尔克的名作《私法的社会任务》(Die soziale Aufgabe des Privatrechts) 中，他在文中指出："法律不能忘记其共同的目标。私法最关心的固然是个人利益，但也要服务于共同之善；公法虽然首先看重整体，但也要恰当地面对个人。"参见 Otto von Gierke, "The Social Role of Private Law", Translated by Ewan McGaughey, 19 *German Law Journal* 1018, 1036 (2018)。

[③] 以法的自反机制与自创生系统理论最具代表性，参见 Gunther Teubner, "Substantive and Reflexive Elements in Modern Law", 17 *Law & Soc'y Rev.* 239 (1983); Inger-Johanne Sand, "Interaction of Society, Politics and Law: The Legal and Communicative Theories of Habermas, Luhmann and Teubner", 53 *Scandinavian Stud. L.* 45 (2008)。

营者与消费者、用人单位与劳动者、排污企业与污染承受者等。一方拥有强大的社会影响力，另一方是数量庞大但缺乏自我保护能力的弱势群体。不同社会群体之间的自我保护能力悬殊和谈判地位失衡逐步动摇了私法自治的社会根基，法律若在此种情况下继续坚守意思自治，无异于直接鼓励弱肉强食的丛林法则。为回应这一问题，立法者区分不同社会主体、不同社会关系类型进行分门别类的立法也由此顺理成章。在社会系统论看来，现代社会子系统的多元分化带来了法律上的重大变化。"今天，市民社会不再被理解为市民关系的全体，而是根据功能分化作为不同的社会子系统的法律。经济的法律当然属于其中之一，除此以外还包括健康的法律、大众媒体的法律、文化的法律等等。"[①]

对于中国而言，20世纪以来的法制现代化转型总体上是从"以刑为主的诸法合体"结构迈向以大陆法系为蓝本的现代部门法体系。但在既定目标尚未彻底完成之时，"多元现代性"的趋势使中国立法者不得不面临双重任务：一方面要沿着既定目标构建一套基于形式理性的现代部门法体系，另一方面又要超越形式理性对多元社会子系统进行区别对待。中国法的现代转型因此变得更为复杂。首要的应对策略是调整立法技术，即以多元社会子系统（或行业）的区分为标准进行分门别类的单行立法，其内容大多是针对特定行业领域的具体问题所出台的应对之策。与部门法的普适性相比，行业单行立法极具个性化特征，它们不仅坚持问题与对策的匹配性，而且还受到不同时空背景下公共政策的影响。立法者致力于根据特定行业领域的特殊问题为其量身定制最佳的调控方案。例如，大气污染和噪声污染的立法之所

[①] [德]贡塔·托依布纳、顾祝轩：《私法的社会学启蒙》，高薇译，《交大法学》2013年第1期。

以要区别对待,不只是因为污染物构成、致害原理和防控措施不同,而且还受到不同时期国家环保政策的影响,因而其规制体制迥异,相应的规制性立法自然也无法捆绑处理。于是就不难理解,立法者为何要在部门法体系之外采取"一个领域一个立法"和"成熟一个制定一个"的立法策略。

四、现代社会子系统内部的公私融合趋势

现代社会子系统的多元分化只是社会结构变迁的表现之一。除此之外,因多元分化形成的环境、健康、食品、交通、教育、文化、传媒、互联网等多元社会子系统内部的社会关系也在发生着结构性变化。对比来看,在市民社会与政治国家相分离的公私二元结构中,私人领域的社会关系原本只是以亲缘和交易为纽带建立起来的纯粹私人利益关系。亲缘关系限于家庭内部,交易关系虽扩展到家庭以外,但它仍属于私人事务。但在现代社会子系统的分化趋势中,传统私人领域的社会关系逐渐发生公共性异化,例如经营者与消费者、用人单位与劳动者、排污企业与污染承受者、媒体与受众之间的关系虽然都发生在私主体之间,但已逐渐丧失平等性和互换性,取而代之的是一方主体对另一方的群体性压制,受到影响的不只是特定社会关系内部的当事人,其影响力甚至跨越地理空间界限和人类代际边界,几乎所有人乃至其后代都可能卷入其中。广大消费者、劳动者、媒体受众、污染受害者也难以通过私人谈判和角色互换实现社会关系的再平衡,因为高昂的交易成本将阻碍谈判,固化的社会角色更是阻断了角色互换的可能。多元社会子系统内部的社会关系因此呈现出私人性与公共性、自治性和管制性交叉融合的局面。原本

属于纯粹私人领域的社会关系逐渐溢出私人利益的边界，私主体之间的社会关系性质也随之发生公共异化，它不再只是纯粹的私人事务，而是演变成公共性甚至政治性议题，私人领域的变形从根本上改变了现代社会关系的内部结构，进而对现代社会的法律提出了结构性挑战。

作为"上层建筑"，法律是调整社会关系的规则，社会关系的结构性变化是推动法制变迁的内生动力。毕竟，"社会不是以法律为基础的。那是法学家们的幻想。相反地，法律应该以社会为基础"①。现代社会子系统的多元分化以及多元社会子系统内部的公私交融，从根本上改变了社会关系的公私二元格局，并塑造出诸多公私融合的社会子系统。例如学界对社会交往领域、文化关系领域、民间公共领域的研究，深刻揭示出社会关系的公私二元结构在当今的重大变化，并在政治国家与市民社会之间塑造出一个"区别于国家与社会的第三区域"。② 作为回应，立法上的公私二元结构也开始进行适应性改造，立法者尝试通过量身定制的单行立法，将公私交融的社会子系统逐个纳入调整范围，曾经彼此分立的公法与私法、实体法与程序法由此呈现出合流之势。如果说现代社会子系统多元分化所催生的单行立法只是立法技术上的调整，那么，多元社会子系统内部的公私融合则具有更深刻的实质性意义，它彻底改变了社会关系的公私二元格局，并塑造出一系列公私交叉融合的社会领域。与之相匹配，立法者开始将原本分属不同部门法的规范元素进行切割改造，并经体系化整合后纳入同一部单行立法。时至今日，原本坚守私人自治的领域逐渐成为公私

---

① 《马克思恩格斯全集》(第6卷)，人民出版社1961年版，第291—292页。
② 参见[德]哈贝马斯：《公共领域的结构转型》，曹卫东等译，学林出版社1999年版，第170—205页。

法共治的领地,公私融合的趋势甚至衍生出统合公法与私法规范的宪法性准则,即所谓"经济的宪法、科学的宪法、媒体的宪法"①。调整各个社会子系统的法律也因此呈现出一个个"五脏俱全"且自成体系的制度结构。学界也尝试以"整体性方法论的多元主义视角"(integral methodological pluralism)重构现代法律体系。②

五、拼盘式单行立法对部门法分立格局的冲击

20世纪后期以来,区分不同社会子系统的单行立法的发展壮大,对社会关系的调整发挥着日益重要的作用,部门法分立格局的转型已在酝酿之中。以私法为例,"私法社会化的法制变迁,引发私法内部体系的分解,一些特殊规则开始从民法典中分化出来,成为单行法,这些单行法创设了与民法典不同的规则"③。不管是立法外观还是内部结构,行业单行法均呈现出与部门法不同的构造。以电子商务行业的基本法《电子商务法》为例,它不仅规定了电子商务合同、侵权等私法规范,而且规定了进出口管制、税务登记等公法规范,同时还专章规定了争议解决的程序法规则,甚至连电子商务产业政策也予以专章规定,法律责任制度更是涵盖民事、行政、刑事这三大责任类型。这样的立法构造并非特例,其广泛存在于食品、环境、交通、教育、医疗、互联网等行业领域。

---

① [德]贡塔·托依布纳、顾祝轩:《私法的社会学启蒙》,高薇译,《交大法学》2013年第1期。

② 所谓"整体性"是指在社会子系统内部要注重整体主义视角,而"多元主义"强调要尊重不同社会子系统之间的差异性。参见Timothy D. Batdorf, "Beyond Rationality: Using Integral Theory to Understand the Evolution of Law and Legal Systems", 32 *T. M. Cooley L. Rev.* 293 (2015)。

③ 张铁薇:《侵权责任法与社会法关系研究》,《中国法学》2011年第2期。

在内部制度设计上,行业单行立法除了在个别领域照搬或概括引致既有部门法规范外,更常见的情况是,立法者根据特定行业的规制需要,在单行法中创设全新的法律制度,如《食品安全法》中的强制召回、各式连带责任和惩罚性赔偿制度。在体系归属上,有些新制度、新规则勉强可被传统部门法所吸纳,有些已完全超越公法或私法范畴以及部门法分立格局,如《电子商务法》中的"平台责任"、《食品安全法》中兼具公私法双重属性的"加倍赔偿"以及《电力法》中的"责令承担民事责任"等。这些全新的制度设计难以在公私法二元结构以及部门法分立格局中得到妥当安置,有些制度虽可勉强纳入某个部门法的范畴,但部门法分立格局的存在又将限制不同性质法律规范之间的功能协调。类似情况的增多日益侵蚀公私法二元区分的根基,曾经以法律规范性质作为法典化和体系化整合基准的部门法分立格局也因此面临"解构"的风险。[1]

例如,以单行法面貌呈现的"补充型特别民法""政策型特别民法"和"行政型特别民法"的增多致使民法典面临体系解构的风险。[2] 尤其是"表现为公法与私法的杂糅、行政与司法的混搭"结构的"行政型特别民法",对民法的内在价值体系和外在制度体系的融贯性带来极大冲击。[3] 大量行政管制规范的侵入甚至掏空私法之"意思自治"的精神内核,各式连带责任的扩张适用(包括但不限于公共场所管理者、展销会举办者、生产者、销售者、广告发布者、网络交易第三方平台、产品检验机构、认证机构等)更是让传统私法之"自

---

[1] 关于法典解构趋势的研究,参见[意]那塔利诺·伊尔蒂:《解法典的时代》,薛军译,载徐国栋主编:《罗马法与现代民法》(第4卷),中国人民大学出版社2004年版,第80页。

[2] 参见谢鸿飞:《民法典与特别民法关系的建构》,《中国社会科学》2013年第2期。

[3] 参见谢鸿飞:《民法典与特别民法关系的建构》,《中国社会科学》2013年第2期。

己责任原则"变得名不副实,一度泾渭分明的私法自治与公法管制之界限也变得日益模糊。作为法典化程度较高的公法部门,后工业化时代的刑法也开始在公共风险领域,选择以空白罪状的方式将具体的罪刑规范交由行业单行立法加以确定,[①] 曾经自成体系甚至自给自足的刑法如今也开始越来越依赖行业立法的支援。对于法典化程度不高的行政法而言,由于无历史包袱的束缚,其在行业管制领域更是涌现出不计其数的拼盘式单行立法,这加剧了行政法的碎片化局面。时至今日,由民法、刑法、行政法、诉讼法等组合而成的部门法分立格局,正被大量涌现的拼盘式单行立法所淡化甚至解构,部门法分立格局的转型升级已成大势所趋。

六、法律结构与社会结构的匹配性构建

面对公法与私法、实体法与程序法规范的合流之势,体系上该如何重构各行业领域层出不穷且呈现碎片化分布的拼盘式单行立法?在内容上,各行业领域的拼盘式立法不再只是纯粹的私法自治抑或公法管制原则一以贯之的体系,而是呈现出公法私法化、私法公法化、公私法相互工具化的融合趋势。此时如何进行体系化整合?是坚守部门法分立格局,还是超越既定格局进行体系重建?转型与抗拒转型的矛盾再次全面展现,并集中表现为以下两种体系整合思路:

第一,套用部门法分立格局对拼盘式单行立法做水平切割,由此形成"部门法分立格局的行业延伸"之结构。在部门法理论范式的惯性作用下,不少部门法学者仍习惯性地根据法律规范的性质,以部

---

① 参见张建军:《论空白罪状的明确性》,《法学》2012 年第 5 期;陈兴良:《刑法的明确性问题:以〈刑法〉第 225 条第 4 项为例的分析》,《中国法学》2011 年第 4 期。

门法划分框架对各行业领域的单行立法做水平切割,并视之为民法、刑法、行政法、诉讼法等部门法的特别法。由多个部门法规范堆砌而成的拼盘式单行立法也因此被视为"部门法分立格局在各行业领域的延伸"。学界早期对网络法的认识便是其典型体现,例如在20世纪90年代有关"何为网络法"的争论中,一个极具影响力的观点认为,网络法不过是既有法律体系在网络空间的延伸而已,正像马匹买卖和马匹伤人可直接适用契约法和侵权法一样,法律上无须创设一部独立的"有关马的法律","只有将有关马的法律置入更宽泛的商业行为的一般规则中才可以真正理解马的法律"。① 基于类似的逻辑,民法学者提出"特别民法"和"特别侵权责任法"概念,将"特别民法"界定为"民法典外调整某一特定部门或特定功能领域的民事单行法或散见于其他法域中的民事法律规范"。② 相应地,"存在于单行民事法律文件中的侵权责任法规范属于特别侵权责任法规范"③。与之一脉相承,行政法学者也习惯性地使用"部门行政法"概念,将《电力法》《消防法》《药品管理法》《道路交通安全法》等单行立法中的行政管制规范视为"部门行政法"。④ 同样的现象也发生在法典化程度极高的刑法部门中,刑法学界以其娴熟的法解释学逻辑,将散见于行业单行立法中的刑事规范统称为"刑法的特别法",并以"特别刑法""单行刑法""环境刑法""金融刑法"等概念来指称。⑤ 这样的体系

---

① See Frank H. Easterbrook, "Cyberspace and the Law of the Horse", 1996 *U. Chi. Legal F.* 207, 208 (1996).
② 参见谢鸿飞:《民法典与特别民法关系的建构》,《中国社会科学》2013年第2期。
③ 张新宝:《侵权责任立法:功能定位、利益平衡与制度构建》,《中国人民大学学报》2009年第3期。
④ 参见应松年、王静:《稳健发展的中国行政法学》,《中国法学》2008年第2期;宋华琳:《部门行政法与行政法总论的改革》,《当代法学》2010年第2期。
⑤ 参见赵秉志、赫兴旺:《论特别刑法与刑法典的修改》,《中国法学》1996年第4期;刘远:《关于我国金融刑法立法模式的思考》,《法商研究》2006年第2期。

整合思路是路径依赖的集中展现,反映出大陆法系根深蒂固的部门法区分传统与理论研究范式。

第二,依据拼盘式单行立法的行业属性或适用领域对其做垂直切割,形成"跨部门的行业法结构"。实际上,为回应近年来的公私法融合现象对传统部门法分类标准的冲击,早在1992年便有国内学者提出"以社会活动领域"作为法律部门划分的新标准,以此解决第三法域或社会法的体系归属难题。[1] 在宏观法律体系的构成上,如果说公私法二分框架下的部门法分立格局区分了法律体系的"块"状结构的话,那么,依据法律调整对象的所属行业和适用领域所做的体系划分则形成纵向的"条"状结构。[2] 这样的垂直切割模式不再关注单个法律规范的性质及其部门法归属,而是从功能主义视角出发,将各领域的拼盘式单行立法做行业界分,只要有助于解决特定行业领域的实际问题,任何性质的法律规范都可整合进入同一部单行法。不同性质的法律规范在结构上并非松散的"水果拼盘",它们以相互协作的方式致力于实现共同的行业规制目标。以网络法为例,保守主义者将网络法视为"既有法律体系在网络空间的延伸"之立场,忽视了网络空间的独特运行规律和规范需求,作为替代,如今更具影响力的学说认为,网络空间的立法应在尊重并与社会自治规范、市场、计算机代码/技术架构保持良性互动的基础上发挥作用,[3] 这正是网络法能够超越传统部门法的基础所在。食品法、环境法、旅游法、医疗法、教育法、电力法、交通法的情况与之大同小

---

[1] 参见史际春:《经济法的地位问题与传统法律部门划分理论批判(续)》,《当代法学》1992年第4期。

[2] 参见孙笑侠:《论行业法》,《中国法学》2013年第1期。

[3] See Lawrence Lessig, "The Law of the Horse: What Cyberspace Might Teach", 113 Harv. L. Rev. 501 (1999).

异。日益增多的行业立法将在部门法分立格局之外形成跨部门的行业法体系。

理论界在探索公私法融合背景下的民法典编纂模式和体系整合技术时,也曾讨论过一种替代部门法分立格局的"垂直切割模式",即"按照社会部门或者功能的领域,制定一个一个的法律,也就是面对民事规范的复杂性,不再自我局限于'私法'的纯净要求,而在体系化处理可能的范围内,围绕特定的社会部门或社会功能,就私法关系把相关的公私法规范,甚至程序法规范,作统合式的处理,比如针对农业领域制定农业交易法"[①]。在体系整合技术上,垂直切割模式充分尊重不同性质法律规范背后的行业属性与功能特征,并实用主义地将那些性质不同但目标一致的公法与私法、实体法和程序法整合进入同一体系。通过垂直切割所形成的区分不同行业领域的综合性立法,在部门法体系之外形成了跨部门的行业法体系。"行业法"所强调的法律调整对象的行业属性和跨部门法结构,为重构当今中国大量涌现的拼盘式单行立法提供了全新的体系整合思路。

面对两种截然不同的体系整合思路,本书主张以垂直切割模式来重构当今中国大量涌现的拼盘式单行立法,其理由除了有助于从立法技术上加强不同部门法规范之间的协调与合作外,更为基础性的原因在于,垂直切割模式有效回应了当今社会结构的分化趋势,是一种与社会结构相匹配的法律构造。

面对现代社会子系统的多元分化格局,以水平切割模式将各行业或空间领域的拼盘式单行立法视为"部门法分立格局的行业延伸"

[①] 苏永钦:《寻找新民法》,北京大学出版社2012年版,第78页。

之立场，阻碍了行业单行立法的公私融合趋势，背离了各行业以自我为中心的理性化进程。以教育和医疗行业为例，这两个领域的社会关系虽然都发生在私人主体之间，且都主张以行业自治为基础，但在多元现代化进程中，二者均表现出差异化的理性法则。其中，教育系统内部的师生关系是一个激发各自潜能的互动相长过程，而医疗系统内部的医患关系则是科学理性主导下的技术干预过程。前者更强调民主意志和双方的自主能动性，后者更重视科学理性以及由此决定的带有管制色彩的"法律父爱主义"。相应地，教育行政部门的公法干预也要尊重师生之间的协商理性，医疗行政部门的公法干预则要尊重医师群体的专业判断。甚至在教育系统内部的自然科学与社会科学之间，以及医疗系统内部的西医与中医之间都表现出不同的理性法则，相应的行业立法设计以及不同行业法内部的公私法协调方案也将不同。再如，食品和交通行业立法虽然都致力于防控风险，但食品风险从农田到餐桌的产业链传递效应和污染物富集效应，[①]与交通风险的离散化特征存在显著差异，相应的风险防控手段和立法构造自然也要区别对待。正是在这个意义上，"多元现代性"集中体现为多元社会子系统的分化，以及社会子系统内部自成体系的理性法则。法律上单一的私法自治抑或公法管制原则，在多元现代化趋势中已成为过于简单化的描述，无法精准回应多元社会子系统的多个理性化进程。

法之"理"源于社会，立足于特定社会子系统的单行立法均担负着各自所属行业的规制使命和自成体系的理性法则，那些看似随意堆砌的公法与私法、实体法与程序法规范实际上均指向共同的行业规

---

① 参见宋亚辉：《食品安全风险的规制体制设计》，《学术研究》2018年第9期。

制目标。这一功能主义"共识"为重构拼盘式单行立法的碎片化结构提供了共同基准,甚至已成为统合公法与私法规范、实体法与程序法规范的宪法性准则,这也正是社会系统分化理论所衍生出的"社会宪法"之意涵。① 在宪法性准则的统合之下,行业单行立法应具有超越部门法分立格局的独特构造,以此回应当今中国社会结构的双重分化趋势。具体而言,伴随着改革开放后的市场经济建设和放松管制进程,中国社会的基本结构开始出现公私二元分化格局,与此同时,现代社会子系统的多元分化及其内部融合趋势也已同步展开,中国法制的现代化转型不得不面临双重任务:立法者一方面要沿着既定目标重建一套公私法二分基础上的部门法体系,另一方面还要超越部门法分立格局回应多元现代化的最新发展趋势。有学者对此做出了精当的描述:"当代社会实践不再只能通过公/私的二元区分进行分析,不论是在社会科学中还是在法律之中;社会碎片化为多元社会领域这一事实也需要多元的自我描述视角。因此,国家/社会的简单区分在法中被转化为公法与私法的对立,它将不得不被社会视角的多元性所取代,这应当同时也在法中得到反映。"② 根据这一重构思路,未来的行业立法将呈现出不同于部门法分立格局的双层构造:一是以多元情境性取代传统上的公私法二分及部门法分立格局;二是在多元情境世界的每个社会子系统内部,重新引入公、私两个维度的区分及其融合视角。③ 前者回应了现代社会子系统的多元分化,后者回应了多元社会子系统内部的公私交融趋势,法律结构与社会结构由此实现了结构

---

① 参见[德]贡塔·托依布纳、顾祝轩:《私法的社会学启蒙》,高薇译,《交大法学》2013 年第 1 期。
② [德]贡塔·托依布纳:《多元现代性:从系统理论角度解读中国私法面临的挑战》,祁春轶译,《中外法学》2013 年第 2 期。
③ See Gunther Teubner, "State Policies in Private Law? A Comment on Hanoch Dagan", 56 *The American Journal of Comparative Law* 835, 837 (2008).

耦合。在体系整合技术上，这正是前述纵向切割模式的运用，由此形成以行业为单位的跨部门法结构。

在功能上，以纵向切割模式构建跨部门的行业法结构，有助于立法者系统性地围绕特定行业规制目标做综合性的立法设计，避免在同一行业内部进行人为的部门法分割所导致的体系壁垒与协调难题。实际上，学界以部门法的特别法视角研究具体行业的法律问题时也已认识到水平切割模式的局限性，如行政法学者虽将环境法、道路交通安全法、消防法定性为"部门行政法"，但同时也指出，各领域的部门行政法大都有其独特的理论体系和制度结构。[1] 再如行业单行法中的环境侵权、医疗侵权、交通侵权、网络侵权虽被视为"特别侵权"，但环境、医疗、交通和互联网行业的价值取向、致害原理、行业规律差异造就了各不相同的归责原理、构成要件和举证责任分配，这源于不同行业各自以自我为中心的理性化进程。当部门法的内部构造越来越多地在具体行业领域发生变异时，理论上不宜简单套用部门法分立格局，以"部门法的特别法"来对所有行业立法做水平切割。因为立足于特定行业领域的"特别法"均承载着各自行业内部的独特运行规律，否则，立法者只需在行业单行法中直接引致特定部门法即可，何必另起炉灶地创设新的制度与规则。因此，理论上对行业单行立法的体系整合，必须充分尊重其所承载的内在行业规律。在体系整合技术上，也不宜生搬硬套地以"部门法的特别法"来统合所有领域的拼盘式单行立法。作为合理的替代，未来应转向功能主义视角，根据拼盘式单行立法的所属行业与功能对其做垂直切割，以跨部门的行业法体系来重构拼盘式单行立法的制度结构。

---

[1] 参见余凌云：《部门行政法的发展与建构》，《法学家》2006年第5期。

七、法律结构的范式转型意义

若以更长的历史维度观之,包括中国在内的大陆法系国家历史上任何一次法律结构上的重大转型,不只是社会基础变迁的结果,同时也在推动着社会结构的持续分化、再次融合以及更广泛意义上的多元现代化进程。[1] 这一法律结构演化理论除了具有阐释历史之意义外,同时还有规范构建之价值。[2] 回顾历史,大陆法系的成文法从"诸法合体"到"部门法分立格局"的转型,将个人从政治国家中彻底分化出来,为弘扬自然人的个体理性、实现私人之间的自治秩序提供了有效的法制框架和自治空间。时至今日,没有人会否认部门分立格局在促进近现代社会文明发展方面的积极意义。但社会结构的变迁具有历史的延续性,面对现代社会子系统的多元分化与内部融合趋势,公私法二分框架下的部门法分立格局也面临转型升级的需要。未来应在各行业领域超越部门法分立格局,构建"跨部门的行业法结构",这对于中国法制的现代化转型与法治实践意义重大。

第一,从法律与社会的互动关系来看,部门法与行业法的并存与互动,能够更加灵活地回应近现代社会结构的发展变化。诚如学者所言:"如果说部门法是法律体系的'块',那么行业法就是法律体系

---

[1] 有学者根据人类认知和社会发展阶段理论(远古阶段[Archaic]、巫术阶段[Magic]、自我意识阶段[Egocentric]、神学阶段[Mythic]、理性阶段[Rational]、多元主义阶段[Pluralistic]),将法律的发展阶段也做出相应划分,认为当前的法律正从"理性法"向"多元主义法"转型。参见 Timothy D. Batdorf, "Beyond Rationality: Using Integral Theory to Understand the Evolution of Law and Legal Systems", 32 *T. M. Cooley L. Rev.* 293, 298 – 301 (2015)。

[2] 关于"法律进化论"的学说梳理及其在预测未来和规范构建层面的意义,参见 Mauro Zamboni, "From Evolutionary Theory and Law to a Legal Evolutionary Theory", 9 *German L. J.* 515, 525 – 545 (2008)。

的'条',一国法律体系只有在'条'、'块'结合的情况下,才是立体的,生动的,丰满的。"① 在法律与社会的互动关系中,如果说部门法的"块"状分化回应了近代以来国家与社会的二元分离与功能分工的话,那么行业法的"条"状分化则集中回应了现代社会子系统的多元分化与内部融合趋势,这是"经济基础决定上层建筑"的唯物主义史观在法律结构演化史上的体现。在法的规范功能上,部门法聚焦于行为或社会关系的性质,行业法聚焦于行为或社会关系发生的空间领域,前者以区分管制与自治的二元思路分别调整公私有别的社会关系,后者以量身定制的思路挖掘并回应不同行业领域的内在规律和各具特色的规范需求。行业法因此呈现出显著的灵活性和规制手段的综合性特征,并随着行业或空间领域的转移而发生变化。这样的体系构造一方面可保留一个相对纯粹的部门法体系,避免传统部门法因适应不同行业的发展变化而进行大规模的内部改革;另一方面还可以在行业单行法中对各部门法上的制度进行实用主义改造,必要时还可搭建不同部门法之间的合作桥梁。这使得整个宏观法律体系既能保持一定的稳定性,又能对各行业领域的特殊问题进行区别对待,以适应不同行业及行业发展对法的灵活性需求。这样一来,未来中国的风险立法将呈现出由行业法和部门法协调互动形成的动静结合的法律体系。

第二,在立法论层面,行业法所强调的法律调整对象的行业属性与跨部门法结构,为行业单行立法的内部制度设计提供了自由发挥的场域,有助于立法者站在特定行业领域,围绕具体规制目标进行实用主义的制度设计。在功能上,任何有助于实现特定行业规制目标的制

---

① 孙笑侠:《论行业法》,《中国法学》2013年第1期。

度工具均可拿来运用，而不必考虑其在性质和体系归属上能否被既有部门法体系所吸纳。那些曾经困扰部门法学者的兼具公私法双重属性的独特法律制度，均可在跨部门的行业法结构中获得生长空间，它们大多源于纯粹功能主义和实用主义的制度设计。这样的立法结构对于多元社会子系统的分类治理具有重要意义。大陆法系曾经坚持的管制与自治的二元格局已无法适应多元社会子系统内部的公私融合趋势，公私法规范之间的协调与合作在行业立法中已成为常态，且不同的行业领域也需要不同的合作方案，这有赖于独立的行业法部门为其提供自由发挥的场域，同时还可实现"尽可能用一个法律解决所有相关问题，以方便机关的执法、司法的用法和民众的守法"①之意义。

第三，在解释论层面，跨部门的行业法结构能为兼具公私法双重属性的创新型制度设计提供恰当的解释基础。例如惩罚性赔偿因公私法属性不明，且难以被既有部门法体系所接纳，致使以德国为代表的大陆法系拒绝引入该制度。基于实用主义考虑，中国多个行业单行立法引入该制度，但它究竟属于私法还是公法责任，解释适用中应纳入侵权法还是合同法的轨道，学界对此存在巨大争议。若回到现行法的规定来看，《消费者权益保护法》《食品安全法》《电子商务法》等行业单行法中的惩罚性赔偿责任各具特色，构成要件互不相同，且都无法被侵权法或合同法完全吸纳。尤其是《食品安全法》第 148 条的惩罚性赔偿责任完全套用公法上的"食品安全标准"作为责任成立要件，② 这完全超越了合同法和侵权法的规范逻辑。因而有学者认为，

---

① 苏永钦：《寻找新民法》，北京大学出版社2012年版，第78页。
② 参见本书第九章。

在大陆法系讨论惩罚性赔偿属于合同法还是侵权法是无意义的。① 真正有意义的是转向功能主义视角,在法律结构上放弃"部门法分立格局的行业延伸"之立场,以跨部门的行业法结构来重新认识这种兼具公私法双重属性的新制度。作为惩罚性赔偿制度的"衍生品",我国当前对"职业打假人"的摇摆态度也源于同一病理。这种"私人执法者"完全无法被既有部门法体系所接纳。但若转向风险规制的功能主义视角,食品、药品行业的"私人执法者"之所以得到最高人民法院的支持,② 目的是借助私人力量补充公共执法资源的不足,以此缓解消费者生命健康领域的风险规制难题。这种独特的法律现象是公私法融合的产物,也是现代规制理论中常见的合作规制之体现。类似现象在行业单行立法中日益增多,解释论上只有超越部门法分立格局,以跨部门的行业法结构方能为类似制度提供正当性基础和必要的生存空间。

第四,既然行业法在立法论和解释论上均具有不可替代性,那么,在法学学科的划分上也有必要开辟相对独立的行业法学科,以法律调整对象所在的行业或空间领域为标准,构建超越公私法二元结构与部门法分立格局的行业法学科体系,例如旅游法、食品法、烟草法、环境法、交通法、医疗法、网络法等等。根据需要,行业法的内部体系又可分为行业组织法、行业规制法、行业交易法、行业竞争法、行业促进法等分支。这样的学科体系构建有助于缓解法学研究与

---

① 参见税兵:《惩罚性赔偿的规范构造》,《法学》2015年第4期。
② 参见《最高人民法院关于审理食品药品纠纷案件适用法律若干问题的规定》(法释[2013]28号)第3条;该司法解释于2020年被修订,修订后的司法解释(法释[2020]17号)第3条规定:"因食品、药品质量问题发生纠纷,购买者向生产者、销售者主张权利,生产者、销售者以购买者明知食品、药品存在质量问题而仍然购买为由进行抗辩的,人民法院不予支持。"此外,还可参见《最高人民法院关于发布第六批指导性案例的通知》,法[2014]18号,指导案例23号。

法治实践的隔阂。实际上，若关注真实世界的法律则会发现，"在现实生活中并没有如私法所调整的关系和公法所调整的关系绝对划分，它们作为一个整体而存在，并不一定存在断层式的界限"[1]。不仅如此，当今的法治实践和制度创新均在向具体行业延伸，不管是违约、侵权、犯罪还是行政违法，均立足于具体行业领域而产生，法律适用中对这些概念的解释也受制于其所立足的行业背景知识，法解释论若忽视了法律概念背后的行业背景知识与规律，极易导致制度与社会的冲突。正是在这个意义上，现代自然科学与社会科学所揭示的人类社会的因果律可借此与法学走向知识的"大汇聚"。[2] 这正是本书提倡"行业法""领域法""法域"等概念的深远意义，这种以具体行业或空间领域为单位进行垂直整合的法学学科体系，将使法学研究更加接近真实世界之"法"。

---

[1] 应飞虎：《制度变迁中的法律人视野》，《法学》2004年第8期。
[2] 参见王凌皞：《走向认知科学的法学研究》，《法学家》2015年第5期。

第六章
风险领域的立法结构塑造

回到立法层面，当今中国的风险立法不管是外观还是内部构造，均迥异于公私法二分框架下的传统部门法体系。尤其是环境、健康、安全领域的风险立法均呈现出"一个领域一个立法"的单行法外观和公私法规范交叉融合的"拼盘式立法构造"。作为"上层建筑"，立法结构方面的调整终究是为了回应规制对象的发展变化，当前风险立法的独特构造根本上旨在回应风险领域的特殊需求。由此引发本章将要回答的问题：当今中国的风险领域究竟发生了何种变化，使得立法者不得不在部门法分立格局之外，区分不同行业或风险类型制定一系列"拼盘式单行立法"？对该问题的回答，首先要回到风险规制的基本原理。根据"对策与问题相匹配"的功能主义逻辑，不同性质的风险需要不同的规制体制，不同的规制体制自然要在立法上作出不同的制度安排，正是由于风险行为本身的特殊性以及由此决定的因案而异的风险规制体制，塑造了风险立法的单行法外观和公私法规范杂糅的"拼盘式立法构造"，这是当今中国风险立法的核心塑造原理。

一、风险领域的独特立法现象

以《环境保护法》《食品安全法》《道路交通安全法》《产品质量法》

《传染病防治法》《安全生产法》为代表的立法文件主要是为了应对现代工业化引发的环境、健康、安全等公共风险。本书将这些以公共风险为规制对象的立法称为"风险立法"或"风险规制法"。相较于大陆法系沿用逾两百年的公私法二分框架以及部门法分立格局，现代风险立法的制度结构独树一帜，它呈现出"一个领域一个立法"的单行法外观和公私法规范杂糅的"拼盘式立法构造"。理论上该如何认识这一独特的立法现象？风险规制领域究竟发生了何种变化，使得立法者在部门法分立格局之外，又另起炉灶地区分不同行业或风险领域制定诸多"拼盘式单行立法"？这一问题可进一步细分为以下三个层面的子问题：

1. 风险规制法为何呈现出单行立法趋势？

从外在表征来看，风险立法普遍呈现出单行法外观。所谓"单行法"是相对于体系化的传统部门法而言的。大陆法系根据法律调整的行为或社会关系的性质差异（并参照调整方法），[1] 分门别类地制定出民法、刑法、诉讼法等部门法。部门法并不关注调整对象的行业领域差异，发生在任何行业的行为或社会关系只要性质相同，均可被纳入同一部门法的调整对象。例如民法调整的合同和侵权行为并不在意其发生在食品行业还是旅游行业，行业差异并非区隔部门法的标准，即便需要区别对待，也只需在部门法体系内进行微调即可，有名合同和特殊侵权行为即其范例。然而，20世纪后期以来涌现出的风险立法却另起炉灶地以行为或社会关系所发生的行业领域作为划界标准，选择"一个领域一个立法"。体系设计上也不再关注法律规范的公私属性，只要有助于实现既定规制目标，任何性质的法律规范都可

---

[1] 参见沈宗灵：《再论当代中国的法律体系》，《法学研究》1994年第1期。

被整合进入同一部单行立法。突破既定格局的风险立法在两大法系均已成蔚然之势，其在大陆法系表现为部门法体系之外的单行立法，[①]在英美法系表现为判例法体系之外的制定法。[②] 秉承大陆法系传统的中国，近年来针对日益严峻的环境、健康和安全风险也制定了大量单行立法（见下表 3）。由此引发的问题是：在部门法分立格局已成定局且体系化程度日益成熟的今天，风险立法为何不惜制度转换成本，另起炉灶地划分不同风险领域采用单行立法？

表3 区分不同风险领域的单行立法趋势

风险领域	具体风险类型	单行立法举例
环境	环境污染	《环境保护法》
	大气污染	《大气污染防治法》
	水污染	《水污染防治法》
	噪音污染	《环境噪音污染防治法》
	固体废弃物污染	《固体废弃物污染防治法》
健康	食品	《食品安全法》《农产品质量安全法》
	医药	《医疗法》《药品管理法》
	卫生	《传染病防治法》《职业病防治法》
安全	交通安全	《道路交通安全法》《航空法》《铁路法》
	产品安全	《产品质量法》《特种设备安全法》
	生产（场所）安全	《安全生产法》《电力法》《矿山安全法》《消防法》

---

① 参见苏永钦：《民事立法与公私法的接轨》，北京大学出版社2005年版，第9—10页。

② 参见[美]盖多·卡拉布雷西：《制定法时代的普通法》，周林刚等译，北京大学出版社2006年版，第10页。

2. 风险规制法为何呈现出"拼盘式立法构造"？

从单行法的内部构造来看，风险规制法大多是由不同性质的部门法规范堆砌而成的拼盘式立法。之所以称为"拼盘式立法"，主要是因为风险立法普遍呈现出公法与私法规范的杂糅、实体法与程序法规范交叉混合的局面。例如《食品安全法》不仅规定了大量刚柔并济的行政规制工具，如行政许可、风险监测、风险评估、监督检查、行政处罚等，而且运用多种激励手段尝试调动个人的积极性来实施私人监控，如不断加码的惩罚性赔偿，甚至还创造了兼具公私法双重属性的新型规制手段，如食品召回。再如《道路交通安全法》和《环境保护法》不仅规定了大量实体性的公法和私法规范，而且规定了起诉资格、代表人诉讼、公益诉讼和诉讼时效等程序性规则，《产品质量法》和《电力法》甚至还创造了"责令承担民事责任"这样兼具公私法双重属性的新型规制工具。诸如此类，在风险规制领域，原本分属不同部门法的制度经过初步切割改造便被和盘托出，并被重新加工编排成规制性单行立法。不同风险领域的单行法固然存在制度设计上的差异，但总体上都是由部门法规范堆砌而成的混合体。这不免令人生疑，大陆法系自18世纪法典化运动以来已形成稳定的部门法分立格局，风险立法为何又标新立异地采用部门法规范杂糅的立法构造？这是立法技术的退化还是发展？

3. 如何理解风险规制法的内在制度结构？

作为现代法律体系中的新成员，风险规制法迥异于公私法二分框架下的传统部门法体系，它不仅呈现出"一个领域一个立法"的单行法外观，内部更是呈现出公私法规范杂糅的"拼盘式构造"，理论上该如何认识其制度结构?[1] 由不同部门法规范堆砌而成的风险规制法是否只是立法者随意摆放的"水果拼盘",还是具有紧密结构的规范体系? 若属前者,则风险立法的内在结构并无独特之处,它不过是部门法分立格局在具体行业领域的延伸而已,不同性质的部门法规范之所以被糅进同一部单行立法,除了立法技术上的便利外,并无其他实质性意义,即便将其拆分或跨行业整合也无关紧要,解释论上仍应以单个法律规范的部门法属性来认识其体系定位和适用逻辑。但若属后者,则其独立性何在? 理论上该如何认识风险立法的独特结构与体系? 以上两种不同的"结构论"认知将对风险立法的制度设计以及不同性质法律规范的解释适用产生重要影响。

二、风险规制的内在技术原理对单行法之塑造

在部门法分立格局依旧根深蒂固的今天,环境、健康和安全领域的风险立法之所以呈现出独特的立法构造,根本上旨在回应规制对象的发展变化。从风险规制的基本原理来看,不同的风险领域需要不同的"规制体制"[2],不同的规制体制在立法上需作出不同的制度安排,正是由于风险领域的动态差异以及由此决定的因案而异的风险规制体制,塑造了"一个领域一个立法"的单行法外观。

---

[1] 所谓"制度结构"是指由各种规范元素或制度所组成的有机联系的规范体系,依此类推,风险规制法的制度结构是指,由不同性质的法律规范所组成的有机联系的规范体系。

[2] 作为规制理论的常用概念,"规制体制"是指由规制理念、对象、目标、手段、规则、适用范围和规制实践所组成的体系,其特征如下:(1)它是由多种关联性要素组成的制度体系;(2)随时空变化而呈现出动态差异;(3)可在不同层次上进行类型细分。See Christopher Hood, Henry Rothstein and Robert Baldwin, *The Government of Risk: Understanding Risk Regulation Regimes*, Oxford University Press, 2001, pp. 9–10.

第六章 风险领域的立法结构塑造

恰如规制的经济学原理所揭示的,[1] 政府对自由市场的规制从根本上旨在应对市场机制的失灵，市场失灵发生的领域和致病机理差异决定了规制体制的不同，不同的规制体制自然也需要在立法上做出不同的安排。这是一种典型的对策与问题相匹配的功能主义逻辑,[2] 其逻辑起点是风险类型的区分。根据风险性质与来源不同，现代工业化引发的风险可初步分为环境、健康和安全风险，在此基础上还可做出二阶、三阶甚至更加精细化的区分。如前表 3 所示，环境风险可被区分为水、大气、噪声和固体废弃物污染风险；健康和安全风险也可形成各自的分支体系。每一种风险都蕴含着不同的致害机理和应对手段。例如，食品安全风险被称为"人源性风险",[3] 主要是因为食品本身具有生鲜、易腐和多环节加工的特点，其风险源主要来自产业链上的人为不当操作，并以添加剂滥用、掺杂掺假和微生物超标为其主要风险源。[4] 有些风险还源于个人饮食习惯，如生活中常见的四季豆中毒事故，其风险主要源于不充分的烹煮。相较之下，环境风险具有显著的"物源性"特征，其风险来源与致害程度主要取决于污染物自身的物理、化学属性，与个人生活习惯关系不大，例如空气中的苯致癌风险主要来自常规的工业生产、生活，只要人类使用油、气燃料，就必然面临苯暴露的风险。

---

[1] 规制的经济学理论将应对"市场失灵"作为规制的正当性基础和制度设计的基本原理。参见 Cento Veljanovski, "Economic Approaches to Regulation", Robert Baldwin, Martin Cave and Martin Lodge (eds.), *The Oxford Handbook of Regulation*, Oxford University Press, 2010, pp. 20–22。

[2] See Christopher Hood, Henry Rothstein and Robert Baldwin, *The Government of Risk: Understanding Risk Regulation Regimes*, Oxford University Press, 2001, p. 63.

[3] 参见吴林海等：《中国食品安全发展报告 2014》，北京大学出版社 2014 年版，第 15 页。

[4] 关于食品安全风险的三种主要来源，参见《滕佳材同志在全国食品安全抽检监测和预警交流工作会议上的讲话》，《国家食品药品监督管理总局要情专刊》2015 年第 5 期。

在规制理论看来,"探索实现规制目标之最佳机制的过程,是一个对症下药、因地制宜的过程"①。因此,面对不同性质的风险,与之相匹配的规制体制也将显著不同。其中,食品风险的"人源性"特征决定了信息交流和行为管控的极端重要性,当公众普遍了解四季豆致害原理时,规制手段也将简便易行——充分烹煮即可降低风险。此外,添加剂滥用和掺杂掺假风险的"人源性",决定了辅之以信息追溯系统的责任威慑体制将大有可为——当食品供应链中任何环节的不当添加都将通过信息追溯系统被问责时,问题也将迎刃而解。相较之下,环境风险的"物源性"特征决定了法律必须以污染物自身的物化属性作为规制重点,例如防控苯致癌风险的根本在于减少空气中的苯排放量,相应的规制体制自然要以排放标准的合理设定、燃油提炼技术的提高和新能源开发为重点,至于公众是否了解苯致癌的原理,对于风险防控的意义不大,公众的选择大多是戴还是不戴口罩出行,但这对于防范空气中的致癌物并无显著效果。

也正是基于此,环境、健康、安全和公共卫生领域的风险规制必须尊重相关领域的专业判断和专家理性。对于人类可直接感知的传统私人风险而言,个人行为谨慎程度的提高便可防控大多数风险,法律无须过多干预。但对于现代工业化社会的公共风险而言,风险的技术性特征使人类难以通过感官和生活经验来准确识别风险,个人行为谨慎程度的提高对于防控现代公共风险而言,其效果也极为有限。作为应对之策,风险立法的制度设计不仅要在尊重专业判断的基础上区别对待不同的风险类型,而且要为专家意见和专业技术手段的运用预留

---

① Colin Scott:《作为规制与治理工具的行政许可》,石肖雪译,《法学研究》2014年第2期。

足够的制度空间,切不可一刀切地对不同风险类型适用统一的管制或自治体制。作为典型范例,中国当下的"新冠病毒风险"防控体系的构建,显然不同于食品或环境风险的防控,前者必须根据"新冠病毒"本身的致病机理量身定制病毒识别、技术应对、应急处置、公众心理干预等方面的防控措施。这与食品风险、环境风险的规制体制设计截然不同,因而立法上也难以等同视之。

根据风险规制理论的既有研究,规制体制的设计主要由三个要素构成:信息获取、标准设定和行为矫正。[①] 不同风险领域的规制体制差异也主要体现在这三个要素上面。首先,信息是决策的前提,要做出正确的风险规制决策并设计精准的规制体制,必须要掌握充足的风险信息。这需要开拓多渠道的信息来源与高效率的信息处理机制。相较之下,环境风险和食品风险规制虽然都致力于寻求多元化的信息获取渠道,但前者主要通过政府环境监测,并辅之以排污企业的强制信息披露来获取污染源信息,理论上称之为"巡查模式",后者则倾向于采用"报警模式",[②] 即主要依赖知情的当事人或公众启动报警器,并借助食品产业链上的信息追溯系统来获取风险信息并识别风险源。其次,在标准设定方面,不仅环境标准和食品标准设定所依据的自然科学原理不同,而且,环境标准的设定还尤其重视特定时空背景下的公共政策权衡(如环保政策与 GDP 政策之间的平衡),而食品安全标

---

① 从逻辑上来看,信息搜集是标准设定的前提,标准设定是行为矫正的依据,行为矫正最终决定着规制效果的好坏,它们三者组成了一个完整的规制体制。See Christopher Hood, Henry Rothstein and Robert Baldwin, *The Government of Risk: Understanding Risk Regulation Regimes*, Oxford University Press, 2001, p. 23.

② 受制于信息成本,公共规制领域的信息搜集途径虽然日益多元,但总体上介于"巡查模式"(Police Patrols)与"报警模式"(Fire Alarms)之间。See Mathew D. McCubbins & Thomas Schwartz, "Congressional Oversight Overlooked: Police Patrols versus Fire Alarms", 28 *American Journal of Political Science* 165 – 179 (1984).

准的设定主要是一种健康导向的专业技术判断。最后,在行为矫正方面,环境风险规制更青睐"合规模式",即通过事前合规指引督促企业依法合规排污,否则将面临难以承受的高昂治理成本;而食品风险规制则倾向于采用"威慑模式",即通过事后责任威慑,激励行为人主动采取风险防控措施。当然,这里比较的风险规制体制的差异是相对的,理论上将食品风险规制体制称为威慑模式并不意味着它不使用合规手段,双管齐下才是常态,但关键在于,合规体制与威慑体制在不同风险领域的设计与组合方案不同。

综上所述,正是由于不同风险自身的异质性塑造了与之相匹配的动态化规制体制,因此才有了规制理论的如下论断:"规制体制将反映出每一种风险的内在属性。"[1] 对于风险立法而言,一个重要的立法技术问题也随之浮现——究竟应当毕其功于一役地将环境、健康和安全风险整合进入同一部风险立法,还是要区分不同风险领域分门别类地设计单行立法?很显然,不同的风险类型塑造了形态各异的规制体制,不同的规制体制自然也需要在立法上做出区别对待。这正是风险立法呈现出"一个领域一个立法"的单行法外观的关键原因。面对形态各异的风险类型与动态化的规制体制,立法上将其纳入同一部法律文件不是不可以,而是意义不大,此举除了能够提供法律汇编之检索便利外,解释适用过程中仍须根据不同的风险类型,选择适用各自相匹配的规制体制和规制工具。因此,最佳的立法技术显然是根据风险类型的划分选择"一个领域一个立法"。

---

[1] Christopher Hood, Henry Rothstein and Robert Baldwin, *The Government of Risk: Understanding Risk Regulation Regimes*, Oxford University Press, 2001, p. 70.

三、风险规制的公共政策原理对单行法之塑造

风险类型的异质性固然是塑造多元规制体制和单行立法的内在机理，但绝非全部，它只能解释规制体制为何随风险领域的变化（即空间维度）而呈现出动态差异，但却无法解释为何"规制体制在时间维度上也呈现出动态差异"。[1]

问题的关键在于风险规制决策背后的公共政策原理，而这正是规制政治学理论的贡献所在。[2] 风险规制在现代自然科学领域属于纯粹技术性问题，但在社会科学视野中，却是一项兼具技术性和政策性的双重任务。既有研究表明，不同于传统农业社会的私人风险，现代工业社会的环境、健康和安全风险兼具积极与消极意义，人类拒绝风险的尝试往往隐含着另一种甚至更为严重的风险，风险的"双面性"使得规制决策不得不在"健康与健康之间权衡"。[3] 再加上风险自身的不确定性，这给科学上的因果关系判断带来了极大困难，同时也给规制决策和规制体制设计设置了技术障碍，纯粹的专业技术判断在多数情况下已无法提供完整的规制决策。在科学知识穷尽之处，规制决策的做出不得不依赖政策判断。

作为一项公共政策议题，风险规制议程的设置和规制体制的设

---

[1] See Joshua Newman & Michael Howlett, "Regulation and Time: Temporal Patterns in Regulatory Development", 80 *International Review of Administrative Sciences* 493, 493 (2014).

[2] 规制的政治学理论致力于通过解剖政府规制决策形成过程及其影响因素来解释"规制体制"，较具影响力的学说主要包括公共选择理论、新多元主义理论、公共利益理论和市民共和理论。相关梳理参见 Steven P. Croley, "Theories of Regulation: Incorporating the Administrative Process", 98 *Colum. L. Rev.* 1 (1998)。

[3] 参见[美]凯斯·桑斯坦：《风险与理性》，师帅译，中国政法大学出版社2005年版，第163—164页。

计，不再以纯粹的专业技术理性作为单一目标，而是一个融合了技术判断和政策考量的复杂决策过程，因而需要"通盘考虑"，即在恰当的时间、以恰当的方式来规制恰当的风险。至于何为恰当，这首先受到公众舆论的影响。既有研究认为，民主政府的规制必须回应公众关切，公众对各类风险的关注度差异，影响了政府规制议程的设置和规制体制的设计。例如，当公众对致癌物的恐惧远胜于神经毒素时，前者自然会优先进入政府的规制议程，并呈现出宽严有别的规制体制设计。同理，核电规制体制严于煤电规制体制，主要不是因为核电风险更大，而是因为公众对核电风险表现出更为恐惧的态度和更强的民意诉求。[1] 因此，社会公众在不同时期对不同风险的关注，以及公众对各类风险态度的表达方式，已成为影响规制议程设置和规制体制设计的关键因素。这在中国当下也有突出表现，例如，我国食品安全规制体制之所以在"三鹿奶粉事件"后发生重大转型，很大程度上旨在回应社会舆论的关切，这背后并非风险规制的科学主义逻辑，而是政策判断的逻辑。同理，公众近十年前对雾霾的全新认知以及喷涌而出的舆论压力，无疑是推动 PM2.5 在当时优先进入政府规制议程的动力源泉；随着中国经济增速放缓，进入"新常态"后的经济发展压力，又促使 PM2.5 在规制议程中的顺位逐渐后移。一切都随着时空的转移而变化。诚如学者所言："公众对风险所带来的健康与环境问题的担忧及其社会、经济和政治后果的关切，直接促成风险问题在当代的政治化。"[2]

其次是利益集团的游说。西方规制的政治学理论认为，利益集团

---

[1] See Christopher Hood, Henry Rothstein and Robert Baldwin, *The Government of Risk: Understanding Risk Regulation Regimes*, Oxford University Press, 2001, p. 64.

[2] 劳东燕：《公共政策与风险社会的刑法》，《中国社会科学》2007 年第 3 期。

的游说能力差异和游说时机选择,也是推动规制体制变化的重要因素。① 在中国,无论学界能在多大程度上接受上述西方理论,只要关注中国的规制实践就会发现,任何风险领域的规制体制设计,一定会有利于某些群体,同时不利于另一些,利益相关者为此表达诉求甚至积极游说的现象不可避免。在此问题上,任何国家都不能免俗,只是游说方式与影响力不同而已。譬如,为何同属强致癌物质,而烟草和食品农药残留的规制标准在中国却宽严有别,因为烟草规制始终摆脱不了垄断性烟草企业的游说压力。② 对于农药残留而言,中国的小农经济与散落天涯的农户显然无法形成强有力的利益集团表达诉求。但若是在英国,有组织的集团化农业生产模式,使得农药残留的规制体制同样面临大企业的游说压力。③

面对公众舆论压力和利益集团的游说,立法者和行政规制机关在何时对何种风险(规制议程设置)做出何种程度的回应(规制体制设计),都需要结合特定时空背景,采取"一事一议"的方式进行恰当的公共政策权衡。学者正是从这个意义上说:"规制机构的优先次序和议程设定,并非由环境专家审慎创设,其最直接反映的可能是公众的排序、政治、历史或偶然。"④ 当今的风险立法也因此被称为"政

---

① See Christopher Hood, Henry Rothstein and Robert Baldwin, *The Government of Risk: Understanding Risk Regulation Regimes*, Oxford University Press, 2001, p. 65.

② 以 2015 年的烟草广告立法为例,中国 2003 年签署的《世界卫生组织烟草控制框架公约》第四章第七项要求"广泛禁止所有烟草广告、促销和赞助",但立法者在履行国际条约的过程中,受到垄断性烟草专卖企业的影响,最终修改颁布的《广告法》未能按照国际公约的要求"广泛禁止所有烟草广告"。

③ 相较于中国,农药残留在英国主要源于大型农业跨国企业、地方垄断企业和商业国际组织,相应的规制体制设计自然面临多方利益集团博弈的局面。See Christopher Hood, Henry Rothstein and Robert Baldwin, *The Government of Risk: Understanding Risk Regulation Regimes*, Oxford University Press, 2001, pp. 44–45.

④ [美]史蒂芬·布雷耶:《打破恶性循环:政府如何有效规制风险》,宋华琳译,法律出版社 2009 年版,第 27 页。

策性立法"。同时，也只有通过"一事一议"的方式才能在区分不同风险类型的基础上，根据舆论关注焦点的时空转移和利益相关者的诉求表达，适时调整政府规制议程的设置和规制体制的设计，以此回应动态变化中的舆论诉求。这也正是立法上采取"成熟一个制定一个"政策的重要原因，由此陆续推出的风险立法不可避免地呈现出"一个领域一个立法"的单行法趋势。

四、行政与司法的双轨制对拼盘式立法之塑造

对风险规制体制的认识还有一个重要视角，即以何种方式将规制体制的三大核心要素（即信息获取、标准设定和行为矫正）组织起来，使静态的规制要素走向动态化的运转。这属于法律实施层面的问题，它主要涉及规制主体选择、规制权限配置、规制程序启动、利益相关者的参与和规制权的运行等方面。从这些要素的组织运转方式来看，环境、健康和安全风险领域的规制体制基本都呈现出双轨制运转的局面：一方面通过行政机关的主动介入来搜集信息、评估风险、设定标准或行为规范、启动并掌控规制程序，最终以命令-控制手段或其他替代性规制工具来矫正风险行为；另一方面还借助市场主体或公众的力量来揭露风险信息，启动法律实施（诉讼）程序，并通过法庭的逐案审理来执行规制标准或行为规范，从而以具有强制执行力的司法裁判来威慑并矫正风险行为。根据惯例，前者可称为风险立法的行政实施或公共实施，后者可称为司法实施或私人实施。

风险立法之所以呈现出双轨制运转的局面，其根源仍在于规制对象自身的特殊性，这也正是学界区分经济性规制和社会性规制的主要原因（后者主要指风险规制）。其中，经济性规制重在管控能源、电

信、交通等自然垄断行业的市场结构、规模和费率,可资适用的规制工具主要是市场准入、退出机制以及产量和费率管制,此类规制工具的设定与执行只能依赖行政机关自上而下的主动执法,即"行政实施",除了必要的司法审查外,作为中立的纠纷解决机构,法院在其中难有用武之地。例如不管是能源行业的市场准入,还是出租车总量的管制,抑或电信费率的设定,都只能依赖行政规制机关自上而下的主动执法。

然而,作为社会性规制核心范畴的风险规制却截然不同,风险规制重在管控风险行为而非市场结构,规制目标的实现除了可借助行政执法手段外,受风险行为影响或因缺陷产品致害的消费者或利益相关者也可发挥重要作用,他们不仅掌握风险信息,而且以风险致害事实为纽带,与风险行为实施者建立起直接的权利义务关系,在个人利益驱动下,曾被视为规制对象的市场主体也能够以"私人二阶规制协议"①,通过私人之间的监控与诉讼来发挥公共规制效果。面对风险行为引发的诉讼,法院也不得不在风险规制舞台上扮演重要角色,不管其是否意识到这一点,市场主体的内在经济利益驱动都将催化出源源不断的司法案件,从而将法院推向风险规制的核心舞台。经验研究表明:"在很多情况下,法院创造的激励要大于由管制机构创造的激励,法院对于石棉业的赔偿判决金额是如此之大,以至于美国的石棉业几乎由于过大的财务负担而消失。"② 回顾风险规制法的发展史,通过司法手段来管控风险在两大法系均具有悠久的历史,甚至是早期

---

① 关于"私人二阶规制协议"(private second-order regulatory agreements),称其为"私人"是因为协议主体并非政府机构;所谓"二阶"是因为私人所发挥的公共规制功能并非基于政府的"一阶"规制命令或要求。See Michael P. Vandenbergh, "The Private Life of Public Law", 105 *Colum. L. Rev.* 2029, 2030 - 2031 (2005).

② [美]吉普·维斯库斯等:《反垄断与管制经济学》,陈甬军等译,中国人民大学出版社2010年版,第8页。

风险管控的主要手段,尤其是在美国,"基于对大政府和干预性国家的不信任,美国公众一直(或许比其他国家更加)依赖通过私人的民事诉讼而不是由国家控制的诉讼来实现公共价值"[1]。行政规制在美国的出现反而是相对晚近之事,"规制国兴起"描述的正是这一现象。[2] 正是基于这样的原因,风险规制体制才呈现出行政和司法双轨实施的局面,这可进一步分解到信息获取、标准设定和行为矫正三个层面。

第一,在信息获取方面,不同规制体制在信息获取模式上虽有侧重,但多数规制体制都致力于构建多元化的信息获取渠道。其核心途径有二:一是加强行政机关的主动巡查来获取风险信息并做风险评估,简称"巡查模式";二是通过公众揭发和私人诉讼程序来揭露并处理风险信息,简称"报警模式"。这两种信息获取模式分别对应风险立法的行政实施机制与司法实施机制。

第二,在标准设定和执行方面,不管是纯粹技术标准(如污染物排放标准和食品添加剂使用标准),还是非技术性的行为规范(如排污企业信息公开和缺陷产品召回),在实施层面均呈现出双轨制运转的局面。基于专业性和效率性之考虑,技术标准的制定虽由行政机关负责,但在实施层面仍属双轨制,如排污标准和食品安全标准既通过自上而下的行政执法加以实施,又借助诉讼程序通过司法禁令、损害赔偿甚至刑罚措施加以实施。至于非技术性的行为规范,行政和司法双轨实施的情况更是常见,不仅一定级别的行政和司法机关可制定相

---

[1] [美]史蒂文·苏本等:《美国民事诉讼的真谛》,蔡彦敏、徐卉译,法律出版社2002年版,第44页。

[2] 在行政规制兴起之前,普通法是维持社会秩序的主要工具,它发挥着大部分的社会规制功能。See Edward L. Glaeser & Andrei Shleifer, "The Rise of Regulatory State", 41 *Journal of Economic Literature* 401 (2003).

应的实施细则,而且违反该行为规范的风险致害行为往往同时进入行政和司法的双重程序。

第三,在行为矫正方面,分别由行政实施的"合规体制"和司法实施的"威慑体制"是两种最基本的行为矫正手段,前者由行政机关启动并主动实施,后者由个人或相关组织启动诉讼程序并在法院主导下实施。正是由于行为矫正的双轨制才使得同一风险行为往往同时面临民事、行政和刑事三大责任的适用。

风险规制体制的双轨运转对于风险立法的内部构造具有重要意义。鉴于两种法律实施路径既涉及公私法的交叉重叠问题,又涉及实体法和程序法的协调衔接问题,立法者在制度设计上,不得不穿梭于公法和私法之间,并在实体法和程序法之间"往返"。尤其是面临行政和司法重叠适用的情形时,立法者不得不在多个部门法之间做出统筹安排。譬如,违反行政管制标准的风险致害行为是否可直接判定侵权责任的成立?遵守行政规制标准的致害行为是否可以阻却侵权责任的成就?惩罚性赔偿责任的履行是否可以减少行政罚款的数额?侵权法上的排除侵害与行政禁令能否共用一套责任构成要件?诸如此类,只有理顺这些公私法交叉问题,才能充分发挥行政与司法的协同力量来管控风险。这也是为什么说公共规制领域"一项重要的政策任务是协调这两种不同形式的社会制度,并认识到它们不同的优势和功能"[1]。对于立法者而言,当一部单行立法不得不就特定风险领域的行政实施机制和司法实施机制做出统筹安排时(涉及规制机构、权限配置、权利义务、程序设置、民事责任、行政责任、刑事责任以及不同责任形式的协调机制等),风险立法的内部构造自然会呈现出公法

---

[1] W. Kip Viscusi, *Regulation Through Litigation*, Brookings Institution Press, 2002, p. 1.

与私法规范、实体法与程序法规范交叉融合的局面，因此塑造了风险领域的"拼盘式"立法现象。

20世纪末期以来的风险规制实践也充分表明，面对复杂多样的环境、健康和安全风险，单一的行政规制手段已不敷使用，[①] 完全依赖司法体制发挥私人监控和制衡作用更是不切实际的幻想。公私法二元分离的传统与各自为政的风险管控思路，已无法回应现代问题的复杂性。作为应对之策，风险立法不得不转向功能主义和实用主义进路。好在大陆法系成熟的部门法体系也已探索出一个相对完备的"工具箱"和一套双管齐下的法律实施机制。面对快速涌现的各类风险与迫在眉睫的风险规制需要，大陆法系一贯坚持的公私法二分、实体法与程序法分离的立法结构与体系构造，在风险规制领域已落后于社会基础的变迁，终将让位于立法实用主义和公私融合的制度设计理念。在新的规制理念之下，立法者不必过多考虑规制工具的性质及其法域归属，只要有助于实现既定规制目标，任何性质的法律规范都可被整合进入同一部单行立法，必要时还可搭建部门法之间的沟通与合作桥梁，甚至创造出兼具公私法双重属性的创新性制度安排。立法技术上只需选择恰当的规制工具并辅之以高效的实施机制即可，而不必考虑是否以及如何被既有部门法体系所吸纳。也许正是基于此种实用主义思路，中国立法者才开始综合运用各部门法的制度工具来管控风险，原本分属不同部门法的制度经过初步切割改造便被"和盘托出"，并经重新加工编排形成"拼盘式"立法构造。由此形成的风险立法自然呈现出公法与私法规范拼盘、实体法与程序法规范混合的局面。

[①] See Richard B. Stewart, "Administrative Law in the Twenty-First Century", 78 *N. Y. U. L. Rev.* 437, 446 (2003).

五、风险立法的"结构论"重塑

面对公私法规范交叉重叠的拼盘式立法构造,"结构论"上该如何认识风险立法的内在制度结构?是坚持公私法二分框架下的部门法分立格局,还是超越部门法的理论范式重新认识风险立法的结构与体系?从既有研究来看,学界大多立足于部门法分立格局,路径依赖地将拼盘式单行立法视为部门法分立格局在风险领域的延伸,并根据单个法律规范的性质将其归类为各部门法的"特别法"。解释适用中也习惯于将不同性质的法律规范做切割处理,以相应部门法的逻辑各自展开,至于法律规范背后的行业属性,则非关注重点。但这样的"结构论"认识割裂了风险规制的整体主义视角与公私合作的规制理念。作为一种"结构论"上的例外和创新,近年来也有学者开始强调拼盘式单行立法背后的行业属性,并提出了"行业法"概念,认为行业法与部门法存在重大差异,"部门法强调社会关系的性质,行业法强调社会关系的空间领域"[①],两者对社会关系的调整思路和方式也显著不同。"行业法"概念的提出为风险立法的"结构论"认知提供了新的思路和可能。在此情况下,理论上该如何认识风险立法的内在制度结构?

1."部门法分立格局的行业延伸论"之弊

将拼盘式单行立法视为部门法分立格局在行业领域延伸,实际上是历史的惯性使然。大陆法系延续上百年的部门法分立格局,不仅构

---

① 孙笑侠:《论行业法》,《中国法学》2013年第1期。

成了我国法律体系的基本骨架,而且在法律规范的体系化整合上,仍具有相当的解释力,它通过区分法律调整的行为或社会关系的性质,将繁杂的法律规范进行归类整合,并形成民法、刑法、行政法彼此分立的基本格局。部门法分立格局的长期存在,逐步塑造了部门法区分的理论范式。当面对公私法规范交叉重叠的风险立法时,人们习惯性地套用部门法的理论范式,将不同性质的法律规范做切割处理,分别归入相对应的部门法,风险立法因此被视为部门法分立格局的行业延伸。

若据此推论,不同性质的部门法规范虽然同时出现在某个单行立法中,但它们却保持彼此独立的规范逻辑、行为评价体系、归责原理和责任承担方式,相互之间并无"结构论"上的必然联系。换言之,不同性质的法律规范之所以出现在同一部风险立法中,纯粹是立法技术问题,若将其打散分布也无关大局,法律实施层面仍将保持彼此独立甚至互不干涉的格局。这一解释思路在我国现行法中也多有体现。例如《食品安全法》第147条:"违反本法规定,造成人身、财产或者其他损害的,依法承担赔偿责任。生产经营者财产不足以同时承担民事赔偿责任和缴纳罚款、罚金时,先承担民事赔偿责任。"《特种设备安全法》第97条和《产品质量法》第64条的规定与之如出一辙。行业单行立法中的类似规定首先肯定了三大部门法上的财产责任共存的立场,至于它们相互之间的关系,除了当事人无力赔偿情形下的民事责任优先外,不同部门法上的财产责任总体上保持彼此独立和并行不悖的格局。这正是《民法典》"侵权责任编"的规定在具体行业领域的延伸,《民法典》第187条专门规定:"民事主体因同一行为应当承担民事责任、行政责任和刑事责任的,承担行政责任或者刑事责任不影响承担民事责任;民事主体的财产不足以支付的,优先用于承担民事责任。"法律责任制度只是一面镜子,类似情况在我国风险立法中屡见不鲜。

但问题在于,风险立法中的各部门法规范虽然性质不同,但却作用于同一规制对象,并指向共同的风险规制目标——防控特定风险并减少事故成本。在功能主义视角下,面对相同的规制对象和共同的规制目标,若仍以部门法分立格局来解读风险立法的制度结构,不可避免地会割裂风险规制的整体主义视角与实用主义的制度安排,这无助于协调运用各部门法上的规制工具共同防控风险。要知道,区分法律规范的性质及其法域归属,旨在更加准确地理解和适用法律,一旦这种区分割裂了法律规范之间的天然联系和立法上的功能主义目标,这样的解释论立场也终将被实践所抛弃。因此,有关风险立法的"结构论"认识,若长期束缚于部门法分立格局,必将忽视风险规制法的整体主义视角与功能主义逻辑,进而影响总体上的风险规制效果,这样的认识论实乃本末倒置。

上述担忧并非空穴来风,此类问题在理论和立法上随处可见。例如,侵权责任和行政管制在部门法分立格局中一直被视为两种彼此独立且互不干涉的法律制度,法律实施中更是呈现出各自为政的局面。但若从风险管控的功能主义视角来看,侵权责任与行政管制在风险规制领域具有功能上的相似性,只是前者致力于通过事后威慑来激励行为人采取风险防控措施,后者直接以事前管控手段确保风险行为的合规,二者实质上殊途同归。法经济学甚至分解出侵权责任与行政管制工具之间的"对等性"法律规则。[①] 解释论上之所以会出现上述截然不同的立场,完全是由于部门法分立格局的束缚,这将无助于协调运

---

① See Kyle D. Logue,"Coordinating Sanctions in Tort", 31 *Cardozo L. Rev.* 2313, 2326 (2010).

用各部门法上的规制工具来共同防控风险。再如，当面对日益严峻的食品和环境风险时，立法者习惯于同时加大惩罚性赔偿和行政罚款力度，两种法律责任罕见有协调的迹象。这种多管齐下的威慑手段极易导致威慑过度，对于兼具积极和消极意义的环境与食品风险而言，威慑过度甚至比威慑不足更可怕。威慑过度可能迫使工厂关停，这固然消除了污染，但同时也将现代工业文明拒之门外，其实是本末倒置。

出现此类问题的理论根源在于，人们对于工业化时代的环境、健康和安全风险的复杂性以及风险立法的特殊性缺乏充分认识，并过分信任部门法分立格局对现代社会的驾驭能力以及对风险立法的解释力，进而导致法律"结构论"上的认识误区。这样的结构主义认知直接影响规制工具的体系化设计，进而影响规制工具与规制目标的匹配性选择。随着拼盘式立法日益增多，体系化问题已成为风险规制法的核心议题。对于极具政策性和实用主义价值的风险规制法而言，失去了融贯性的结构安排，必然会导致风险立法内在价值体系的冲突和外在制度体系的紊乱，最终影响风险规制目标的实现。因此，"结构论"上应寻求新的解释思路和体系整合技术，重整风险立法的杂糅局面。① 正是基于此种"结构-功能主义"考虑，本书认为，现代风险立法绝非松散的部门法拼盘，部门法划分的理论范式已无法满足风险规制的整体主义视角与公私法合作理念下的制度安排。

2. "跨部门的行业法论"之解释力

在结构论层面，"行业法"所强调的法律调整对象的行业属性和

---

① 甚至在美国这个判例法国家，风险规制法同样存在公私法规范之间缺乏协调的问题。例如，"除个别州在合规抗辩问题上存在些许协调外，风险规制领域扮演不同作用的司法诉讼和行政规制缺乏正式或非正式的协调机制"。See W. Kip Viscusi, *Regulation Through Litigation*, Brookings Institution Press, 2002, p. 3.

第六章　风险领域的立法结构塑造　　　　　　　　　　133

跨部门法结构为我们认识风险立法提供了新视角，其所强调的跨部门法结构以及规制对象的行业属性，为风险规制的整体主义与功能主义逻辑提供了恰当的解释基础。

首先是体系设计和体系解释上的融贯性。"行业法论"所持的跨部门法立场使立法者在制度设计上不必束缚于规制工具的公私法属性与部门法归属，摆脱了这一历史包袱，立法者便可专注于规制工具自身的功能特点，并坚持纯粹实用主义思路进行立法设计。只要有助于实现规制目标，任何性质的风险规制工具均可被整合进入同一部单行立法，必要时还可搭建部门法之间的合作桥梁。而且，行业法还区分了法律调整对象的行业属性，立法者可聚焦于特定行业需求，坚持目标与手段相匹配的原则进行制度设计，针对特定风险，立法上综合运用多个部门法的规制工具也自在情理之中。这正是现代风险立法所崇尚的合作规制理念。这同时也从解释论层面，融贯性地解释了风险立法为何呈现出公私法规范堆叠的拼盘式构造——这是一种典型的目标与手段相匹配的立法实用主义。

其次，行业法的跨部门法结构还为风险规制工具的创新提供了宽松的场域和解释空间。如果说公私法规范堆叠的立法"拼盘"尚可被切割处理，勉强以"部门法分立格局的延伸论"加以解读的话，那么对于那些兼具公私法双重属性的新型规制工具而言，则很难融贯性地被纳入任何一个部门法当中。在此问题上，除了在大陆法系不受欢迎的惩罚性赔偿制度外，[①]《食品安全法》中兼具行政管制和民事责

[①] 惩罚性赔偿制度很难在大陆法系的立法结构中做恰当的体系定位，其特殊性在于，"惩罚性赔偿实质上是公私法二分体制下以私法机制执行由公法担当的惩罚与威慑功能的特殊惩罚制度"。参见朱广新：《惩罚性赔偿制度的演进与适用》，《中国社会科学》2014 年第 3 期。

任双重属性的"责令召回"[1],《电力法》和《产品质量法》中兼具民事和行政责任双重属性的"责令承担民事责任"[2],均面临性质争议和体系归属难题。解释论上除非借助"行业法论"这样全新的思路,否则,此种功能导向型的制度创新很难在传统部门法分立格局中找到恰当位置。失去了体系安排上的融贯性,不仅可能影响此种创新性法律制度的解释适用,而且风险控制效果也将受到影响。此种解释论优势还将进一步传递到立法层面,对于立法者而言,由于摆脱了部门法分立格局的束缚,任何有助于管控特定风险的新型规制工具都可拿来应用,而不必考虑这样的制度创新在既定部门法分立格局中如何妥善安置。这实际上也解释了为何大多数创新性制度设计都出自规制性单行立法。

最后,"跨部门的行业法论"之所以具有解释力上的显著优势,更关键的原因在于,行业法的划界标准和体系构造有助于挖掘行业内部的规律和不同行业之间的规制原理差异。诚如"行业法"概念的倡导者所言:"虽然部门法基本上涵盖了大多数的社会关系,但是部门法的本身特点决定了它只能是对社会关系作粗线条的对待而不是深耕细作式的调整。"[3] 相较之下,"行业法内部不仅有法律的规律,更重要的是它具有行业的规律,所以它是部门法无可替代的,……如果过分强调部门法,会使得一个有机的行业法整体受到割裂,以至不能看清其整体面貌,简单地把某个行业法的问题理解为某个部门法的问

---

[1] 关于召回制度的性质与体系归属争议,参见李友根:《论产品召回制度的法律责任属性》,《法商研究》2011年第6期;王利明:《关于完善我国缺陷产品召回制度的若干问题》,《法学家》2008年第2期。

[2] 参见胡建淼、吴恩玉:《行政主体责令承担民事责任的法律属性》,《中国法学》2009年第1期。

[3] 孙笑侠:《论行业法》,《中国法学》2013年第1期。

题是有害的"①。具体到风险规制领域，由于不同风险类型的致害原理不同，风险立法若忽视了规制对象的内在行业规律，显然无法提供恰当的风险规制思路和实施工具。风险立法所承载的行业内部的独特规律和规制原理，无疑是构建行业法体系的社会基础。

譬如，食品行业的多环节加工特点及其风险的"人源性"特征，决定了食品产业链上任何一个环节的不当操作，都可能导致一系列后续致害事故，这对于以确定风险源为核心的信息追溯系统提出了极高的要求；相较之下，环境污染基本来自相对独立的排污单位，不存在类似食品风险那样的产业链传递效应，但却存在同一地域或水域内的污染物累积效应，这对规制工具的选择提出了截然不同的要求——基于总量控制而需要的排污许可和强制信息披露（污染物类型、浓度和总量）显得尤为关键。这正是所谓"行业内部的规律"，立足于特定行业领域的风险立法若不回应本行业的内在规律，将难以实现风险规制目标。这再次生动演绎了"对策与问题相匹配"的风险规制原理。从这个意义上来看，对于风险立法的内在结构的理解，"跨部门的行业法论"具有更强的解释力。

综上所述，面对风险领域的独特立法现象，既然"结构论"上不宜将风险立法视为部门法分立格局的行业延伸，那么，在体系构造上更不能以纯粹的私法自治或者公法管制原则来理解并整合风险立法的规范体系，理论上必须超越管制与自治的二元对立格局，从风险管控的功能主义视角和整体主义逻辑来重新认识风险立法的制度结构。从"拼盘式单行立法"的塑造原理来看，以单行法面貌呈现的风险立法总体上旨在回应不同风险领域的规制体制差异，那些看似随意

---

① 孙笑侠：《论行业法》，《中国法学》2013年第1期。

堆砌的公私法拼盘实际上均指向共同的风险管控目标，这是风险立法超越传统部门法分立格局的基础所在。正是基于这样的理论关怀，本书提倡并致力于构建一种超越传统部门法分立格局的独特法律结构，即所谓"跨部门的行业法"。这种新的法律结构的塑造除了需要进行"结构论"层面的学理论证外，还需要回到立法现实，结合实证法来解决公法与私法规范合流之下的体系重建问题。

第七章
风险立法的双重体系构建

在公共风险领域，风险类型的区分和风险领域的分化催生出大量分门别类的单行立法，如果说这只是形式意义上的变化，那么，风险领域内部的公私交融则具有更深刻的实质性意涵，它从根本上改变了近代以来社会关系的公私二元结构，塑造出一系列公私融合的"中间领域"。作为回应，传统公法和私法体系也纷纷进行适应性改造，将这一"中间领域"纳入各自的调整范围，曾经彼此分离甚至互不干涉的公法和私法由此呈现出"合流之势"。面对这一局面，风险规制法越来越困扰于不同性质法律规范之间的价值冲突与体系紊乱问题，这根本上源自公法管制与私法自治原则的对立。为维护大陆法系成文法备受推崇的逻辑性和体系化之品格，制度上需要重塑风险立法的规范体系。在大陆法系的法律发展史上，任何一部逻辑严密、体系融贯的成文法都离不开内在价值体系和外在制度体系的构建以及二者的良性互动，以下简称"双重体系的构建"。根据这一标准，如何使风险立法也达致这一体系化的品格将是本章关注的问题。

一、风险领域的公私法合流之势

1. 走出政治国家领域的公法

公法与私法的划分可追溯至罗马法。在罗马法学家看来,"公法是关于罗马的国家制度的法,私法是关于个人利益的法"[①]。这一极具创始意义的公私法划分思想,曾被长期埋没在神权笼罩下的中世纪,是近代资本主义商品经济的曙光将市民社会与政治国家一分为二,以此为基础,公法与私法划分的主张重新登上历史舞台。在刚刚挣脱皇权和神权压制的自由资本主义社会,公法被限制在极小的范围内,它仅限于建立统一民族国家的政治需要。直至19世纪,伴随着现代工业化而出现的经济危机、环境公害和工业灾害等社会公共性问题,迫使私法自治越来越难以应对市民社会的规范需求,尤其是公共风险问题已成为影响社会秩序和公共安全的重要因素,对此熟视无睹的国家公权力必将受到合法性的质疑。在这种情况下,国家公权力对市民社会的干预逐渐成为大势所趋。

正是在这样的背景下,公法开始走出政治国家领域,大举进入市民社会,运用国家公权力对私主体之间的社会关系施加干预。有学者曾这样描述:"火车头的第一声轰鸣宣告了一场法律革命的开始,不仅如此,它还宣告了经济放任主义和法律达尔文主义已经不适合蓓蕾初绽的工业经济,亚当·斯密的'无形的手'不仅看不见,而且对

[①] [日]美浓部达吉:《公法与私法》,黄冯明译,中国政法大学出版社2003年版,第29页。

于依靠铁路运走其粮食的农民来说也是不存在的。"① 这场法律革命的突出特点表现为规制性立法的增多和行政规制机构的繁衍增殖。其中，表现最为突出的是英美法系国家，"行政规制兴起之前，普通法是维持社会秩序的主要工具，它发挥着大部分的社会规制功能"②，然而，以"罗斯福新政"为标志，国家公权力对市民社会的干预在以美国为代表的西方国家迅速扩大，美国联邦政府仅从1930年到1940年之间就建立了不少于17个独立规制机构；至20世纪六七十年代，行政规制机构的扩张达到了第二个高潮，国家干预的范围广泛扩展到产品质量、消费者保护、环境保护、工作场所安全等风险领域。③

相较于英美法系国家，大陆法国家普遍具有"行政国"的特点，通过扩展政府的公共职能来应对新兴社会问题，被认为是政府存在的正当性基础。正是由于社会公共性问题的复杂性和多变性，才导致近现代以来政府公共规制职能及其边界的不断扩大。④ 进入20世纪中后期以来，随着现代社会问题的复杂化和社会子系统的多元分化，大陆法系国家开始按照不同的社会领域构建国家干预体系和规制性立法体系。这一立法目标借助欧盟一体化进程，在欧洲得到快速推进。中国也不例外，改革开放后的中国在借鉴西方立法经验时，一方面在法律结构的选择上全盘接受大陆法系的部门法分立格局，另一方面又在部

---

① ［美］伯纳德·施瓦茨：《美国法律史》，王军等译，法律出版社2007年版，第148页。

② Edward L. Glaeser & Andrei Shleifer, "The Rise of Regulatory State", 41 *Journal of Economic Literature* 401 (2003).

③ 参见［美］凯斯·桑斯坦：《权利革命之后》，钟瑞华译，中国人民大学出版社2008年版，第26—30页。

④ 参见［法］莱昂·狄骥：《公法的变迁》，郑戈、冷静译，辽海出版社、春风文艺出版社1999年版，第50页。

门法分立格局的夹缝中针对环境、健康和安全风险，分门别类地构建中国的规制性立法体系。

2. 作为辅助规制工具的私法

在政治国家与市民社会相分离的公私二元社会结构中，立基于市民社会中的私法长期保持"政治中立"和"政策无涉"的传统。直至进入现代工业化社会以来，私人领域社会关系的公共性异化，逐渐动摇了私法自治的社会基础，完全依赖私主体之间的意思自治和风险自负原则，已无法维持市民社会的有序运转，处于不平等地位的经营者与消费者、用人单位与劳动者、排污企业与受害者，在谈判能力、信息能力和自我保护能力上存在极大悬殊，此时若继续坚守私法自治原则，无异于纵容不同社会群体之间的压制现象。为此，大陆法系展开了一场"从近代民法到现代民法"的转型运动，作为现代民法转型的主要成果，具象化的法律人格、所有权和契约自由的限制、侵权责任的无过错归责原则、超越合同相对性抗辩的产品责任等纷纷进入大陆法系国家的私法体系。私法自治原则的现代转型使私法越来越多地承担起社会规制职能，即所谓"私法的社会任务"[①]。私法的社会化改造使得私法的地位和角色也发生了显著变化。诚如学者的总结："让平等主体间的民事规范，主要地或附带地承担辅助管制政策，在现代立法已经是常见现象，这类民事规范一方面实现了私法的公平正义，另一方面也借私人利益实现的诱因，减轻国家管制的执行负担，

[①] 参见德国著名法学家基尔克的《私法的社会任务》(Die soziale Aufgabe des Privatrechts)，英译版参见 Otto von Gierke, "The Social Role of Private Law", Translated by Ewan McGaughey, 19 *German Law Journal* 1018, 1036 (2018)。

提高管制的效率。"①

逐步完成现代化转型的私法，如今也开始与公法一道，成为一种辅助性的规制工具。曾经被视为规制对象的私人组织或个人，如今也开始借助私人之间的激励机制和潜在监控手段，发挥越来越重要的公共规制职能。这一趋势肇始于20世纪60年代。由于行政规制在越来越多的领域呈现出低效率、无效果、不连贯和不民主等问题，② 理论和实务界开始对"规制国"进行全面反思，目的在于改造单一的行政规制体制。正是在这样的背景下，私法作为辅助规制工具的观点逐渐得到理论界和立法上的认可。尤其是新自由主义法学和法律经济学的兴起，更是将这一社会规制观念推向高潮。例如，新自由主义法学的代表性观点认为："政府存在着比市场更为严重的缺陷，政府干预往往非但不能弥补市场缺陷，反而带来更多更大的问题。"③ 在这样的认识论基础上，一条崭新的社会规制思路逐渐形成——通过私法对个人自由的保障可以塑造出自发型社会秩序。④ 相继兴起的法律经济学理论，从理性人假设和效率标准出发，通过成本-收益分析揭示出私法的激励机制和损害赔偿责任的威慑功能，其结论认为：只要在制度上适用恰当的民事责任规则和预期责任数额，并由私人启动诉讼程序，私法将被塑造成高效率的替代性规制路径。其核心原理可总结为：借助私人的经济激励实现公共规制效果。我国环境、健康和安全领域单行立法中日益增多的惩罚性赔偿、无过错责任和举证责任倒置

---

① 苏永钦：《民事立法与公私法的接轨》，北京大学出版社2005年版，第9—10页。
② See Jody Freeman, "Collaborative Governance in the Administrative State", 45 *UCLA L. Rev.* 1, 3 (1997).
③ 张文显：《二十世纪西方法哲学思潮研究》，法律出版社2006年版，第206页。
④ 参见[英]弗里德里希·哈耶克：《法律、立法与自由》，邓正来译，中国大百科全书出版社2000年版，第74页。

制度，正以同样的逻辑践行私法的"辅助规制"职能。

二、公私法合流之下的体系重建思路

现代公法和私法体系均以各自独特的逻辑来回应当今社会结构的变迁，时至今日，公法和私法均已超越了其诞生之初的制度定位和社会角色。其中，走出政治国家领域的公法开始以各种直接或间接的方式对私主体之间的社会关系实施干预，作为辅助规制工具的私法也越来越多地承担起辅助规制职能。学界日益关注的"公法私法化""私法公法化"和"公私法相互工具化"现象，一定程度上也已揭示出现代公法和私法体系的适应性改造。其结果是，原本坚守私人自治的领域，逐渐成为公法和私法共同作用的领地。同时也正是在这一领域，两大法系逐渐走向融合与趋同。具体到立法层面，各国立法者基于共同的规制目标，将不同性质的公法和私法规范整合进入同一部单行立法。例如我国《食品安全法》为防控食品安全风险，不仅规定了公法上的风险监测、风险评估、行政许可、食品安全标准、食品检验、食品认证、强制信息披露、强制召回、行政处罚等行政规制工具，同时也规定了私法上的产品责任、惩罚性赔偿以及多元市场参与者（如食品生产者、销售者、交易场所提供者、集中交易市场的开办者、柜台出租者、网络平台、食品检验机构、认证机构等）的连带责任等辅助性规制工具。

当今法律体系中日益增多的拼盘式单行立法，对大陆法系的部门法分立格局带来了极大的冲击，同时也提出了重要的理论问题：站在公法与私法规范汇流的闸口，体系上该如何整合单行法中"分立"而又"共在"的公法和私法规范？是保持公法与私法规范泾渭分明的立场，还是构建全新的规范体系？若沿用部门法的理论范式进行推导，风险立法的规范体系将被视为各部门法的"拼盘"，不同部门法规范在运行中仍将保持彼此独立的格局。但问题在于，面对同一种风险行为和共同的风险管控目标，公法与私法规范各行其是的运行逻辑，将会割裂风险规制的整体主义视角。结合《食品安全法》来看，食品安全风险的潜伏性、扩散性、群体性、技术性和双面性特征，使得该法所调整的私主体之间的社会关系不仅复杂多元，而且呈现出公私交叉融合的现象，理论上不管将《食品安全法》视为民法的特别法、行政法的特别法抑或兼具二者性质的特别法，都不能全面反映该法应有的特殊性，更无助于综合运用多元规制工具来管控食品安全风险。这一问题在当今中国的法律体系中具有一定的普遍性，诚如学者所言："随着法的内在价值冲突加剧，规范数量日益增多，体系问题已成为法学研究中的核心问题。一方面，必须在逻辑技术层面应对日益增多的规范，防止因法的素材纷繁复杂导致法的外在体系陷入毫无头绪的困境；另一方面，规范背后的利益乃至价值导向也存在冲突，失去了体系化的安排将直接影响到法的内在价值的统一。"①

如何重构公法与私法规范合流之下的风险立法体系？这离不开风险立法的内在价值体系和外在制度体系的双重构建。回顾大陆法系的法律发展史，任何一部堪称经典的成文法，都离不开两个层面的体系构建：一是法的内在价值体系的构建；二是法的外在制度体系的构建。其中，法的内在价值体系是指法律内部各要素在关联性论证上的价值取向；法的外在制度体系是指"以一定的逻辑方式对各种生活事实层面抽象所得的法的概念、制度加以建构的体系"②。与此同时，

---

① 朱岩：《社会基础变迁与民法双重体系建构》，《中国社会科学》2010年第6期。
② 朱岩：《社会基础变迁与民法双重体系建构》，《中国社会科学》2010年第6期。

一个逻辑严密、体系完整的成文法，还离不开内在价值体系和外在制度体系之间的呼应与良性互动。二者的互动关系主要表现为：法的内在价值体系指引外在制度体系的构建，而外在制度体系则是落实内在价值体系的工具或载体，只有内、外双重体系彼此对接与呼应，才能设计出逻辑严密、体系协调的成文法。法的双重体系理论为中国风险立法的体系构建提供了基本思路和分析框架。

三、风险立法的内在价值体系统合

相较于体系化程度极高的民法与刑法，当今中国的风险立法虽已呈现出独特的立法趋势，但其内部的体系化程度不高，不同性质的公法与私法规范在价值层面仍存在一定的张力，在法律运行层面也存在"各自为政"之弊，这不仅影响了成文法的逻辑性与体系化之品格，而且影响了风险管控功能的发挥。根据法的体系化原理，风险立法的体系化之关键在于，解决单行立法中不同性质的公法与私法规范之间的内在价值张力，以及由此导致的外在制度体系的不协调。由此也决定了中国风险立法体系化构造的基本逻辑和任务：在理顺公法管制与私法自治原则之间的价值张力基础上，重整风险立法的外在制度体系。

1. 从矫正正义走向以风险预防为主的功利主义目标

在简单商品经济社会，私法自治及其衍生规则几乎可以应对市民社会的一切社会关系，追求自我决定的自由（行为自由）因此成为私法的核心价值取向，相应地，"行为人自负其责"且"仅为自己的行为负责"也随之成为私法分配风险的核心标准，它反映的是人类最朴素的正义观念——矫正正义。但在现代工业化社会，正义的内涵随着科技发展与社会基础的变迁而不断发生变化。试想,当社会资源的初始配置显著失衡,作为私法自治之基础的"平等性"与"互换性"几乎完全丧失的情况下,公法若仍消极待命于政治国家领域,私法若依旧坚持私权神圣、契约自由和自负责任的自治立场,这相当于为人类追求实质正义设置了"禁区",这样的法律不过是"掩盖残忍本性的道貌岸然的伪装"①。

作为一种社会科学,人类对"法"的认知始终在随着社会基础的变化而不断调整。就本书关注的风险领域而言,当下人类面临的关键问题已经从"伸张权利"转化为如何"解决问题"。② 历史上人类最为关心的诸如财产权的保护、自我决定的自由、行为人自负其责等核心诉求,正逐步让位于如何获得洁净的空气、安全的饮食和确保生命尊严的医疗卫生保障。建立在这样的社会基础和人类需求之上,真正称得上正义的法律,应当将重心从"矫正正义"转向"分配正义",尤其要针对社会资源配置的失衡问题进行再平衡,因而有哲学家呼吁,"正义主要关心的是分配问题,而不是保护已经分配的财产,或者维护天然的、神圣的社会秩序"③。正是在这一理念的驱动下,公法开始大举进入市民社会,致力于为分配正义奔走呼号;贯穿私法的正义观念也开始融入分配正义的理念,并以社会公共性为导向,强调稀缺资源在全社会的分配。有待分配的稀缺资源不只是财产,还包括健康、安全和清洁的环境。同时也正是在环境、健康和安全领域,私法完成了其现代转型,与曾经保持平行的公法形成了相互

---

① [美]塞缪尔·弗莱施哈克尔:《分配正义简史》,吴万伟译,译林出版社 2010 年版,第 143 页。
② See William H. Simon, "Solving Problems vs. Claiming Rights: The Pragmatist Challenge to Legal Liberalism", 46 *Wm. & Mary L. Rev.* 127 (2004).
③ [美]塞缪尔·弗莱施哈克尔:《分配正义简史》,吴万伟译,译林出版社 2010 年版,第 144 页。

交叉融合的局面。

在公法和私法的现代转型过程中,扮演重要角色的功利主义思想不仅塑造了正义的现代含义,而且为人类追寻分配正义的功利主义目标提供了科学的路径。功利主义者在"谋求大多数人的最大幸福"的过程中,"以实证的态度对待手段和目的","他们试图把道德哲学从花哨的没有建设性的价值探索领域转向科学和政治上的行动,以此来减轻或者消灭造成人类痛苦的根本原因"。[1] 在功利主义者看来,当现代社会中的环境、健康和安全风险源自个别大型企业时,重新分配风险几乎总能增加总体幸福和平均的社会幸福度。在这种情况下,不仅国家干预有了坚实的社会基础,而且,现代意义上的正义观念也要求突破"行为人自负其责"且"仅为自己的行为负责"的原则,并转向"合理照顾他人"的风险分配思想,这被誉为"责任原理脱离'意志自由理论'的第一步"[2],它不仅淡化了责任的个人非难色彩,而且符合"为大多数人谋最大幸福"的正义目标。

伴随着法律的现代转型,至少在环境、健康和安全风险领域,公法和私法的内在价值追求正逐步趋同。其中,私法的现代转型使之在矫正正义理念之外,又承担了追求分配正义的使命,从而开始扮演"隐蔽的公法"角色。[3] 所谓"隐蔽的公法"隐喻深刻,它隐含着公法和私法在价值取向方面走向统合的可能性。在功利主义思想影响下,不仅是私法,公法的功利主义改造显得更为彻底。众所周知,功利主义者是现代福利国家运动最坚定的支持者和倡导者,功利主义者坚信,当剥夺少数富人相对微小的幸福可以缓解绝大多数穷人的持久

---

[1] [美]塞缪尔·弗莱施哈克尔:《分配正义简史》,吴万伟,译林出版社2010年版,第143页。
[2] 周友军:《交往安全义务理论研究》,中国人民大学出版社2007年版,第63页。
[3] 参见张铁薇:《侵权责任法与社会法关系研究》,《中国法学》2011年第2期。

痛苦时，正义的原则支持这样的财富转移，风险的转移或分配同样如此。至于其手段，世界各国纷纷选择了国家干预，干预方式包括但不限于环境管制标准、产品质量检验、机动车驾驶许可、工业操作规范、强制信息披露以及各式各样的行政处罚和行政管制措施。至此，曾经保持彼此分离甚至互不干涉的公法与私法，在风险管控领域逐步统一于以风险预防为主的功利主义目标。只不过，公法更重以事前管制的方式预防风险事故的发生，而私法则主要以责任威慑的方式激励行为人于事前采取风险防范措施，它们二者的差异固然显著，但其价值取向却统一于以风险防控为主的功利主义目标，由此衍生出风险立法的首要原则——风险预防原则。

2. 跨越自治与管制的合作规制理念

在风险管控问题上，走出政治公共领域的公法固然发挥着重要作用，但若不调动私人的积极性，单纯的公法管制根本无法应对风险问题的复杂性。于是我们不得不重新审视古老的私法体系，但这绝非退回到"伸张权利"的时代，而是基于公共规制的需要，通过一定的激励机制充分调动私人的积极性，借助法律的私人实施机制以及司法裁判来发挥公共规制效果。私法的功利主义转型使之与单一的私法自治原则渐行渐远，并越来越多地融入弱者保护的社会化思想和风险防控的功利主义目标。与此同时，走出政治国家领域的公法也开始打破单一管制思想的束缚，并以刚柔相济的多元化手段加强与私主体之间的协同治理。[①] 在这一趋势之下，不管是规制领域的公法还是私法，

---

① 参与协同治理的私人主体包括但不限于个人、企业、金融机构、公益组织、国内外标准制定机构、专业协会、劳动者团体、商业网络、顾问机构、专家组织、自我规制组织和非营利机构。See Jody Freeman, "Private Parties, Public Functions and the New Administrative Law", 52 Admin. L. Rev. 813, 817 (2000).

均已超出了其诞生之初的制度定位和社会角色。历史的辩证发展再次显示，自治与管制在20世纪的法律发展史上虽然左右摆荡，但发生在规制领域的故事却朝着崭新的方向迈进："人类在兜了好多圈后，到了世纪末还是在寻找'第三条路'，20世纪80年代的西方国家集体右转，主题曲是解除管制，90年代又集体左转，但当然不再转回已经土崩瓦解的苏联社会主义，而是一种可以把政府改造得很小，还给市场最大的自由，但是又不免除政府维护生态环境、照顾弱势团体的责任。"[①] 这样的历史演化趋势使得规制领域的公法和私法正朝着共同的功利主义目标相向而行。

风险管控领域的公法与私法融合以及功能上的趋同化发展，逐步改变了公私法二分框架下的单一规制思路，取而代之的是公私法的合作规制体制。[②] 风险立法中看似随意摆放的公法与私法拼盘，实际上预示着重要的法律发展方向，在共同规制目标指引下，公法与私法规范正在走向一种协同合作的关系。风险领域的公私法合作具有坚实的理论基础。既有研究表明，公法和私法在风险管控问题上均具有各自难以克服的结构性缺陷，在路径选择上属于"两种不完善事物之间的选择"，但它们同时又具有功能上的互补性，这为公私法之间的合作奠定了基础。[③] 合作规制理念超越了传统公私法二元结构以及管制

[①] 苏永钦：《跨越自治与管制》，台湾五南图书出版有限公司1999年版，第3页。

[②] 行政法学界所指的"公私合作""合作行政""合作规制""协同治理"往往仅限于规制机关与被规制对象（或社会公众）之间的合作，参见 Jody Freeman, "Private Parties, Public Functions and the New Administrative Law", 52 *Admin. L. Rev.* 813 (2000)。但这是远远不够的，他们忽视了行政规制与私人诉讼之间的合作，有学者认识到这一问题，并指出："新规制理论的成功一定程度上取决于古老的私人诉讼机制。"See Jason M. Solomon, "Law and Governance in the 21st Century Regulatory State", 86 *Tex. L. Rev.* 819, 833-834 (2008).

[③] 公法与私法规制路径的互补性领域包括但不限于信息获取能力之互补、事前与事后之互补、防控机会主义倾向之互补等。详情请参见宋亚辉：《社会性规制的路径选择》，法律出版社2017年版，第202—207页。

与自治的二元对立格局,这种全新的规制理念不再是单一的管制或自治思维,而是融合了政府导向的自上而下的规制模式和市场导向的自由主义规制模式,进而在公共规制部门、社会中间层主体、私人主体以及市场机制之间实现优势互补和协同治理。有学者将这一新规制模式描述为超越自治与管制的"第三条道路"。[①] 这使得曾经彼此分离的公法和私法体系,如今超越了单边的管制和自治思维,以合作的姿态相向而行,风险领域的公法与私法将分享同一个承诺——私权的保障和风险规制的公共目标将走向融合。由此也衍生出风险规制法的第二项原则——合作规制原则。

四、风险立法的外在制度体系重构

一部逻辑严谨、体系完整的风险规制法,不仅需要公法与私法规范内在价值体系的统合,更需要外在制度体系的协调,只有内在价值体系和外在制度体系彼此呼应和良性互动才能构建一部逻辑严谨、体系融贯的成文法。如前所述,风险立法的内在价值体系统合,逐步衍生出两项基本原则——风险预防原则与合作规制原则,这两个原则将统领整个风险立法的外在制度体系,并将成为重整风险领域中公法与私法规范"泥沙俱下"场面的两条重要纲领。

1. 风险预防原则统领之下的公私法制度改造

在风险预防原则的统领之下,现代风险立法中的公法和私法规范共同朝着风险预防的功利主义目标迈进。其中,私法规范的改造首先

---

① See Orly Lobel, "The Renew Deal: The Fall of Regulation and the Rise of Governance in Contemporary Legal Thought", 89 Minn. L. Rev. 342, 343-344 (2004).

表现为法律主体的角色分化——从抽象平等之"人"分化为具体的、不平等之"人"(含拟制的团体人格),[1] 例如经营者与消费者、用人单位与劳动者、排污企业与受害者等差异化和角色化的主体。基于弱势群体保护的需要,私法又衍生出一系列指向明确的倾斜性权利配置方案,它们对传统私法的所有权神圣、契约自由和过错责任原则进行了大刀阔斧的改革。曾经神圣不可侵犯的所有权,基于环境保护的需要,已在相邻关系中受到越来越多的限制;合同法至高无上的意思自治原则,也因合理照顾他人的需要而受到各种源源不断的管制性规范的入侵;[2] 合同的相对性也因交易关系的公共性异化而在产品责任领域不断地进行"垂直"或"水平"延伸;[3] 侵权法在面对科技含量较高的风险行为时,也开始将注意义务标准、过错认定和产品缺陷的判定拱手让给具有专业优势的管制标准;[4] 甚至连统领整个侵权法的过错责任原则,也因风险防控的需要而逐步淹没在风险归责、无过错责任、组织责任、公平责任和过错客观化的洪流中,再加上日益增多的举证责任倒置、惩罚性赔偿以及不断拓展的连带责任制度,今天的侵权法已经在矫正正义的外衣下发生着质的改变,责任威慑功能及其风险防控效果已成为侵权责任制度在风险领域的立法宗旨,正是在这一趋势之下,有学者将侵权法称为"隐蔽的公法"。

其次,相较于私法规范的改造,公法规范基于风险管控的需要而进行的功利主义改造显得更为彻底。走出政治国家领域的公法,大大拓展了政府的公共规制职能,将国家干预的对象和范围扩展至环境保

---

[1] 参见[日]星野英一:《私法中的人》,王闯译,中国法制出版社2004年版,第50页。
[2] 参见解亘:《论违反强制性规定契约之效力》,《中外法学》2003年第1期。
[3] 参见[美]戴维·欧文:《产品责任法》,董春华译,中国政法大学出版社2012年版,第71—74页。
[4] 参见本书第九章和第十章。

护、工作场所安全、食品药品安全等私人生产和生活领域,逐步改变了公法的理念和范畴。① 曾经固守私人自治的商品交易关系和超越交易基础的外部性关系,如今也已被纳入行政规制的范畴,例如食品流通许可和排污许可等制度;行政执法所应遵循的"法无明文授权不可为"的授权原则,在越来越多的风险领域已被抽象的开放式授权所取代,例如食品安全监管高度依赖的"食品安全标准"在《食品安全法》中被概括授权给行政机关自行制定,这样的权力配置方案使行政机关将"立法者"和"执法者"身份融为一体;行政违法性和刑事违法性认定所依赖的确凿无疑的事实和证据基础,如今也开始放松要求,盖然性风险和风险致害的可能性也已成为公法管制的理由,《刑法修正案(八)》在食品、环境、醉驾风险领域增设的危险犯便是典型范例;公共风险的技术性、潜伏性、双面性和扩散性特征,促使行政规制体制开始改造单一的命令-控制模式,并日益重视专家角色、公众参与、技术标准和风险交流等新型规制工具的运用,② 有学者称之为"从管理主义模式到参与式治理模式"的转变。③ 所有这些极具功利主义和实用主义特征的制度改造都旨在践行风险防控原则,曾经二元对立的公法与私法,如今在风险规制领域走向"貌离神合"。

2. 合作规制原则统领之下的公私法合作框架

理顺了"拼盘式立法"的内在价值张力之后,风险领域的公法与私法规范可沿着共同的规制目标相向而行。其中,私法的功利主义

---

① 参见[法]莱昂·狄骥:《公法的变迁》,郑戈、冷静译,辽海出版社、春风文艺出版社1999年版,第50页。

② See Michael C. Dorf & Charles F. Sabel, "A Constitution of Democratic Experimentalism", 98 *Colum. L. Rev.* 267, 278, 323–336 (1998).

③ 参见王锡锌、章永乐:《我国行政决策模式之转型——从管理主义模式到参与式治理模式》,《法商研究》2010年第5期。

改造使之与纯粹的私法自治原则以及政策无涉的中立传统渐行渐远，取而代之的是"辅助规制"的角色；走出政治国家领域的公法也已打破单一管制思想的束缚，并以刚柔相济的理念加强与市场主体的协同治理。发生在风险规制领域的故事再次证明，单边主义的私人自治与国家管制选项是"两种不完善事物之间的选择"，历史的发展趋势将走向公私合作的规制体制。合作规制超越了传统的公私法二元结构以及管制与自治的二元对立格局，融合了政府导向的自上而下的规制模式和市场导向的自由主义治理模式，有助于实现自治与管制的优势互补。若从法律实施的角度来看，合作规制体制有助于弥补行政与司法这两种法律实施路径的结构性缺陷，使之以协同合作的方式共同应对现代工业化引发的公共风险。

关于司法实施机制，根据责任威慑原理，司法规制功能的发挥需要依赖诉讼程序和司法裁判作为实施工具，但这至少需要满足两个条件：一是诉讼程序的及时启动；二是司法裁判的有效执行。但在实践中，司法实施机制始终难以摆脱原告起诉激励不足和被告责任财产不足的制约。当原告起诉激励不足时将出现"被告消失难题"[1]，这将激发更多的风险行为。当被告责任财产不足时将出现"判决规避难题"[2]，这将导致行为人谨慎程度的降低。除此之外，司法实施机制还面临其他方面的功能问题，例如遇到专业技术问题时的识别能力欠缺、政策判断的灵活性欠缺以及多元主体重复诉讼的规模不经济问题

---

[1] See Gerrit De Geest & Giuseppe Dari-Mattiacci, "Soft Regulators, Tough Judges", 15 *Sup. Ct. Econ. Rev.* 119 (2007).

[2] 当加害人面临破产或责任财产不足以承担责任时，他们会认为其所需承担的责任取决于他们所拥有的财产，由此导致加害人预防事故的激励不足。See Steven Shavell, "The Judgment Proof Problem", 6 *International Review of Law and Economics* 45 (1986); Thomas J. Miceli & Kathleen Segerson, "A Note on Optimal Care by Wealth Constrained Injurers", 23 *Int'l Rev. L. & Econ.* 273, 273 – 284 (2003).

等等。

关于行政实施机制,其在运行过程中同样面临诸多结构性缺陷,首先是行政规制程序的启动障碍,"不管公共规制机构的人员多么有能力、多么具有奉献精神,也不管我们全社会付出多少的执法资源,现行的公共执法体制总是缺乏一种必不可少的有效发现并阻止潜在违法行为的资源——信息"[1]。而风险信息大都掌握在市场主体手中,行政规制机关除非雇佣大量"市场警察"跟踪生产交易过程(但成本高昂),否则将难以及时准确地获取信息并启动规制程序。不仅如此,信息壁垒使行政规制机关难以在事前准确鉴别规制对象,不得已设置的"一刀切"规制标准又缺乏必要的灵活性,再加上行政机关内部的委托-代理问题所引发的执法人员的机会主义倾向,都在制约行政规制的实施效果。

但令人欣慰的是,若将这两种实施机制置于功能主义视角下进行比较,则可发现,二者虽然存在各自的缺陷,但同时也存在优势互补性的特征——行政实施机制的某些缺陷能被司法实施机制的相应优势所弥补,反之亦然。譬如,行政实施机制所面临的信息获取和行为识别难题,使之不得不对同类规制对象设置"一刀切"的规制标准;但作为一种事后的规制手段,司法实施机制具有显著的信息获取和行为识别优势,法院可根据个案情形为风险行为实施者"量身定制"最佳的行为谨慎标准。这样一来,行政规制手段虽然缺乏标准设定上的灵活性,但事后的司法实施机制所具有的个案判断上的灵活性优势,可以弥补行政规制的相应不足。[2] 反过来,事后的司法实施机制

---

[1] Pamela H. Bucy, "Private Justice", 76 *S. Cal. L. Rev.* 1, 4 - 5 (2002).

[2] See Matthew C. Stephenson, "Legislative Allocation of Delegated Power: Uncertainty, Risk, and the Choice between Agencies and Courts", 119 *Harv. L. Rev.* 1035 (2006).

虽然具有行为识别和个案判断上的灵活性优势，但却无法摆脱事后威慑不足与反复诉讼的低效率问题，此时，行政规制所具有的事前预防和规模经济优势，恰好可弥补司法实施路径的不足。再如，损害赔偿、惩罚性赔偿、罚款或罚金、自由罚或自由刑在威慑程度上的递增趋势，决定了协调运用这些不同性质的责任威慑手段才是理性选择，这正是"规制金字塔理论"的核心要义。[1] 诸如此类，行政与司法还存在其他更多的优势互补性，这对于风险立法的体系整合至关重要，它为公私法的合作奠定了坚实的基础。[2]

在区分不同风险领域的基础上，笔者根据行政规制与司法规制之间的优势互补性特点，初步设计了风险规制领域的公私法合作框架。

第一，制度外合作，即根据行政和司法的优势互补性特点，在特定风险领域并行使用两种实施机制，并依据各自的比较优势进行有侧重的分工与合作。这里初步拟定了以下三种合作方案。（1）在风险分散且致害程度参差不齐的领域（如食品安全风险领域），为解决司法实施机制可能面临的诉讼程序启动障碍与责任财产不足问题，应当协调并用两种实施机制。[3] 其中，行政实施机制重点应对极端严重的灾难性风险和显著轻微无人起诉的风险，避免司法实施机制可能面临的事后威慑不足。（2）在风险行为"可标准化程度"相对较低的风险领

---

[1] 根据规制手段的严厉程度，可将规制工具从"宽"到"严"依次排序组合成金字塔结构，在规制工具选择时应当根据需要，从低到高依次选择金字塔上不同层级的规制工具。相关研究可参见 John Braithwaite, *Regulatory Capitalism*, Edward Elgar Publishing, 2008, pp. 89 – 94。

[2] 公共规制领域的公私合作以及多元规制工具的协调并用，已成为"规制国"向"后规制国"时代变迁的重要发展趋势。See Colin Scott, "Regulation in the Age of Governance: The Rise of The Post-Regulatory State", Jacint Jordana & David Levi-Faur (eds.), *The Politics of Regulation*, Edward Elgar Publishing, 2004, p. 150.

[3] See Kyle D. Logue, "Coordinating Sanctions in Tort", 31 *Cardozo L. Rev.* 2313, 2326 (2010).

域(如水污染风险领域),① 为解决行政规制的"一刀切"标准所存在的缺乏个案判断的灵活性问题,制度上应当协调并用两种实施机制,二者的总体合作方案如下:行政规制应当采用普适性的"门槛性"标准,以发挥其规模经济优势、事前预防优势和专业技术优势,从而一次性处理所有同类风险行为。在此基础上,司法规制应被视为一种"补缺机制",② 即在参照统一的行政规制标准基础上,根据个案需要适时提高行为谨慎标准,为特定风险行为量身定制最佳的规制标准。(3)考虑到损害赔偿、惩罚性赔偿、行政罚款、没收财产和刑事罚金在责任威慑理论上的同质性,风险立法的责任制度设计应当根据风险行为的致害程度,依次协调运用损害赔偿、惩罚性赔偿、罚款、罚金乃至自由罚(刑)来进行威慑补充。所谓"依次"是指,只有当前者出现威慑不足时,才选择后一种责任类型来增加威慑效果;所谓"协调"是指,后一种责任的课处数额应当根据前一种责任出现威慑不足的程度来设定,以此实现不同责任类型的协调与合作。

第二,制度内合作,即根据行政和司法实施机制的优势互补性特点,在行政规制过程中引入司法规制的某些优势元素,或者,在司法规制过程中引用行政规制的某些优势因素,从而实现行政与司法的合

---

① 所谓"可标准化程度"(the level of standardization)是指:"规制者能否以适当的成本来识别被规制行为的类型及其后果,以便规制者更有效地进行执法。"See Katharina Pistor & Chenggang Xu, "Incomplete Law", 35 *N. Y. U. J. Int'l L. & Pol.* 931, 952 (2003). 在具体适用过程中,若规制者很容易识别所有风险行为的类型及其程度,表明风险行为的可标准化程度较高,反之,则较低。据此可以将风险行为分为两大类:一类是可标准化程度较高的风险,如电磁辐射污染;另一类是可标准化程度较低的风险,如水污染。风险行为的可标准化程度越高,"一刀切"的行政规制就越有优势;反之,在可标准化程度较低的领域,行政规制只能采纳最低限度的"门槛性"标准,作为补充,司法规制基于其在个案判断上的灵活性优势将大有作为。

② 关于行政规制的"门槛性"标准设置,以及司法规制的"补缺"和"查漏"作用,参见本书第十章。

作规制。根据二者的互补性特点，笔者初步拟定了四个方面的制度合作框架：(1)在信息不对称问题相对严重的领域(如食品安全风险领域)，为充分利用广大市场主体(如职业打假人)所掌握的优势信息，应当在行政规制过程中完善知情者的信息揭露与配套性的激励和保护措施，最大限度地挖掘并利用民间碎片化分布的风险信息；与此同时，为充分利用法院在司法个案中所发现的风险信息，应当完善司法建议的制作、发送、处理和反馈制度，以缓解行政规制面临的信息获取难题。(2)在技术性较强的风险领域(如医药卫生风险领域)，为充分发挥行政规制机关的专业技术优势，制度上应当适度承认行政规制标准在私法上的效力，同时适度承认行政规制决定在司法裁判中的证据效力，从而在专业技术领域发挥两种实施机制的互补性优势。(3)在社会情势和公共政策频繁变动的风险领域(如环境风险领域)，制度上应当适度承认行政管制规范在私法上的效力，目的在于通过行政管制规范和技术标准，将行政规制过程中相对灵活的政策判断传递到私人诉讼程序和司法裁判中。(4)为充分发挥法院在风险规制问题上的中立性优势，借此制约行政规制者的机会主义倾向，立法上应当完善行政规制决定的司法审查制度，借此降低机会主义行为对行政规制效果的负面影响。

毋庸讳言，这里搭建的只是粗略的合作框架，甚至只是预判了公私法规范的合作方向。从理论上讲，风险规制领域的公私法合作框架不仅取决于两种法律实施机制的优势互补性，更取决于规制对象(风险行为)自身的特殊需求。面对不同的风险类型，风险立法不仅要采用单行立法，而且各领域单行立法中的公私法合作方案也必然存在制度设计上的差异。正是基于此，上述公私法合作方案才特别提到，要考虑风险致害程度、风险分散性、风险行为的可标准化程度、信息不对称的严重程度、风险行为的技术性、政策变动的频繁性等因素来准确识别不同的风险类型，从而有针对性地设计具体风险领域的公私法合作方案。

以上这些要素正是区分不同风险领域和风险类型的主要考量因素，同时也决定了公私法合作方案的不同。譬如，风险致害程度的高低，决定了行政规制的事前预防优势能够在多大程度上派上用场，这也正是核能源领域、儿童疫苗领域和传染病防治领域主要依赖行政规制的原因所在。再如，风险行为的可标准化程度高低决定了行政规制的"一刀切"标准与司法实施机制在个案判断上的灵活性优势能在多大程度上发挥作用，这也正是我国在水污染领域否认合规抗辩，但在噪声污染领域承认合规抗辩的关键原因。综上，这里提供的合作框架只是预判了风险领域的公私法合作方向，更详尽的合作方案设计仍需结合具体风险领域展开有针对性的制度设计，[①] 并在相应的单行立法中加以落实。

五、风险立法在宏观法体系中的定位

风险立法在当今中国法律体系中的数量虽然不断增长，但它毕竟属于法律家族中的新成员，其在大陆法系表现为部门法体系之外的单行立法，在英美法系表现为普通法体系之外的制定法。若要全面认识这一法律家族中的新成员，就必须将其置于宏观法律体系中进行整体性观察。一方面，只有将风险立法与传统部门法体系进行比较才能发现其是否具有独特的制度结构；另一方面，只有将风险立法置于整个

---

① 具体请参见本书第八章之后的内容。

法律体系中观察才能发现其在宏观法系统中扮演的角色。就前者而言，那些看似由多个部门法规范堆砌而成的"拼盘式"风险立法，实际上具有坚实的公私法合作的社会基础，它是基于现代社会子系统的多元分化以及社会子系统内部的公私融合趋势而衍生的新法域，它扎根于特定的行业或风险领域，在制度构造和规范体系上反映出特定行业内部的运行规律和特定风险领域内部的规制需求，这是风险立法独立于传统部门法体系的社会基础所在。

放眼整个宏观法律体系，传统部门法体系通过区分社会关系的性质而对所有行业或风险领域的社会关系进行一体化调整，部门法体系因此具有相当的稳定性和普适性特征；而风险立法则通过区分社会关系的空间领域而对发生在特定行业或风险领域的社会关系进行综合性调整，因而具有显著的灵活性和规制手段的综合性特征，并随着行业或风险领域的转移而不断发生变化。在"结构-功能主义"视角下，于传统部门法体系之外构建相对独立的风险规制法体系，一方面能够适应各行业或风险领域的特殊需要而分门别类地进行精准规制，另一方面能够保留一个相对纯粹的部门法体系，避免因风险规制的功利主义需求而对民法、刑法、行政法、诉讼法等部门法体系进行大规模的内部改造以及由此导致的臃肿变形。这使得整个宏观法律体系既可保持一定的稳定性，又能够对各风险领域的特殊问题加以区别对待，以适应不同行业及行业发展对风险规制的灵活性需求。由此形成的宏观法律体系能以动静结合的方式应对社会现实的发展变化。

第八章
食品风险的合作规制理念与制度

在完成基础理论构建的基础上,本书后半部分将转入具体风险领域,进一步验证并深化公私法的合作规制理论与合作性制度安排。作为关注具体风险领域的开篇之作,本章将聚焦于食品风险领域,首先挖掘食品风险自身的特殊性以及食品行业运作规律对风险规制体制的期待;在充分研究规制对象、明确规制需求的基础上,本章将回到实证法,评价我国现行规制体制的优劣得失;最后结合前文构建的公私法合作规制理论探讨食品风险规制体制的完善思路。作为公私法合作的两个典型范例,本章将重点对食品风险领域的"公益诉讼制度"和"三大法律责任制度"进行专题研究,从制度层面探讨食品风险领域的公私法合作方案。

一、食品风险的特殊性对规制体制的需求

在环境、健康、安全风险规制的家族谱系中,食品安全风险规制几乎是最复杂的规制领域之一,这不只是因为食品安全风险规制涉及众口难调的公众消费需求和丰富多彩的食品类型,更重要的原因在于,食品安全风险广泛分布于食品产业链"从农田到餐桌"的几乎每一个环节,任何一个环节的非法添加或不规范操作都可能通过食品

产业链的风险传递效应和风险叠加效应引发一系列后续致害事故。这样的风险特性与致害原理使得食品安全风险规制成为一个极为复杂的系统性工程。现代公法与私法体系若非通力合作，恐将难以胜任风险管控任务。反观当下，中国食品风险领域的规制体制与规制实践缺乏合作理念与体系性思维，自然也难以取得理想的风险规制效果。根据"规制体制与规制对象"相匹配的基本原理，食品风险的规制体制与规制对象之间必须保持高度匹配。理论上只有深刻认识食品风险本身的特殊性，才能准确评估并改进相应的规制体制。根据这一思路，良好规制体制的设计首先要充分认识规制对象及其所处的特定时空背景与社会环境，理论上称之为"规制场景"。[1] 食品风险领域独特的"规制场景"是规制体制设计的约束条件，因而必须深刻认识这一约束条件。

1. 食品风险的产业链传递效应与全流程一体化规制

食品产业从种植养殖、生产加工、运输配送、烹饪消费到餐余处理，存在众多环节。在漫长且复杂的食品产业链上，任何一个环节的不规范操作或非法添加都可能导致一系列后续的连锁反应，食品安全风险因此呈现出显著的产业链传递效应。例如，农户过量喷洒农药导致的药物残留风险，将通过产业链传递过程一步步走上餐桌。产业链传递效应的存在使得"从农田到餐桌"的整个规制体系中任何一个环节的规制失败都将导致整个规制体制功亏一篑，并将引发系统性风险。正如学者在回答"为何食品不像桥梁一样安全"的问题时所言："不同国家的食品供应链是不同的。追寻被污染食品的源头或是何时添加了

---

[1] See Christopher Hood, Henry Rothstein and Robert Baldwin, *The Government of Risk: Understanding Risk Regulation Regimes*, Oxford University Press, 2001, p. 21.

其他物质是非常困难的。在运输或分销的过程中食品往往会混同。一般一个型号的汽车只由少数几个工厂生产加工,但许多食品(例如牛奶)是由成百上千的工厂生产加工的,一瓶牛奶可能是不同的奶牛在不同日期所产牛奶混合灌装的。"[1] 这正是食品安全风险规制的难点所在。从中国正在构建的全产业链规制体系来看,目前的短板主要存在于食品产业链两端,即农田和餐饮两个环节。在农田种植养殖阶段,我国主要以小农家庭生产为主,农户对农药、化肥和添加剂的使用较为随意,且无法完全被纳入政府规制视野,这在源头上为食品安全埋下了隐患。在餐饮环节,遍布城乡各地的餐馆后厨缺乏透明度和公开性,成为政府规制的盲点。由于缺乏有效规制,烹饪环节的不规范操作已成为添加剂滥用和微生物超标的重要原因。若无法根除食品安全规制的"最后一公里难题",整个风险规制体系都将功亏一篑。

根据"对策与问题相匹配"的规制原理,食品安全风险规制体制的设计必须有效回应风险的产业链传递效应,确保各个规制环节之间无缝对接,构建"从农田到餐桌"的全流程一体化规制体系。从这个意义上来看,我国2013年构建的由食药监总局独家负责的食品产业链一体化监管体制改革具有里程碑意义,但在落实过程中,必须着力修复食品产业链两端的"短板"。其中,首要的短板是农产品生产源头的规制,风险源主要来自农药、化肥和添加剂的不当使用。实证研究表明,农户对农药、化肥和添加剂的使用情况受到众多因素的影响。有一定风险认知的农户、建立种植养殖记录的农户、产品销往大型批发市场的农户,更倾向于规范地使用农药、化肥和添加剂。[2]

---

[1] [美]索·莱弗莫:《为何食品不像桥梁一样安全》,姚遥译,《法律和社会科学》2015年第2期。
[2] 参见王志刚等:《食品安全规制下农户农药使用行为的影响机制分析》,《中国农业大学学报》2011年第3期。

这对于农田阶段的风险规制体制设计具有重要的参考价值，在规制工具的选择上可通过风险教育和风险交流增进广大农户的风险认知，规范农户生产记录制度，鼓励大型批发市场建设，在批发交易环节核验生产记录并加大"双随机"抽检力度来倒逼农户规范生产。另一个短板是烹饪环节的不规范操作，餐馆后厨烹饪过程的不透明是问题的症结所在。这一问题的解决除了加强常规性监管措施外，还要大力推行"明厨亮灶"行动，鼓励餐馆通过改善软（监控视频）、硬（玻璃房改造）件设施将烹饪过程全程向消费者和规制机关开放，借助公众的力量扫清规制盲点，在此基础上打通食品产业链各环节的规制体系，实现"从农田到餐桌"全流程规制体系的无缝对接。

2. 食品风险的产业链富集效应与一体化信息溯源系统

除了产业链传递效应外，食品安全风险还具有显著的产业链富集效应，例如在种植养殖阶段留下的药物残留，将与生产加工环节的非法添加物叠加，最后与烹饪环节产生的有害微生物一道走上餐桌。这些来自产业链不同环节的有害物质的富集，往往还会通过物理或化学反应将风险进一步放大，进而引发一系列致害事故。食品安全风险的产业链富集效应给食品安全规制带来了极大挑战。面对发生在消费终端的风险事故，人们往往难以确定风险源来自产业链的哪个环节。我国自 2013 年开始构建全产业链一体化监管体制以来，食品风险信息的溯源体系建设才逐步被提上日程。完整的信息溯源系统有助于准确识别风险源并针对关键节点加以管控，但我国正在建设中的信息溯源系统存在两个显著缺陷：一是信息溯源系统在食品产业链不同环节之间存在壁垒；二是信息溯源系统存在区域性和行业性壁垒，这相当于"分段式修筑铁路"，若要全程通车，尚需打通各个节点。

在风险规制体制的设计上,信息获取是首要前提,只有获取充分的风险信息才能进行准确的风险评估,进而有效规制风险。[①] 因此,中国食品安全风险规制体制的设计必须建立在完整的信息追溯系统之上。从我国正在推进的食品信息追溯体系建设情况来看,目前主要由各省市、重点食品企业以及第三方中介机构自行构建食品信息追溯系统。基于全产业链信息溯源的需要,未来必须打破信息追溯系统的壁垒,解决"信息孤岛"问题,拓展信息追溯渠道,构建一个来源可追溯、去向可查证、责任可追究的食品风险信息追溯系统。这首先要运用现代信息技术,打通种植、养殖、生产、加工、包装、运输、分销、烹饪、消费环节的壁垒,引导食品产业链上、下游企业将信息追溯系统与企业内部的食品检验检测体系、质量管理体系对接,打造全产业链的风险管控体系。其次要打通食品信息追溯系统的区域性和行业性壁垒,目前我国主要由各省市和大型食品企业针对乳制品、食用油、生鲜禽蛋、添加剂等重点产品和行业构建信息追溯系统,这种分地域、分行业的信息追溯系统不仅成本高昂,而且效果有限,未来需要统筹规划,整合各地区、各行业、各企业内部的信息追溯系统,搭建统一的信息存储系统和共享平台,实现信息追溯系统的无缝对接与互联互通,确保社会公众和规制机关可从任何一个端口全程追溯"从农田到餐桌"的整个食品产业链流程。

3. 食品风险源的碎片化分布与公私力量的共治需求

我国食品行业"多、小、散、乱"的碎片化状况短期内难有彻底改观,特别是小农户、小作坊、小摊贩、小餐饮企业量大面广,政

[①] See Christopher Hood, Henry Rothstein and Robert Baldwin, *The Government of Risk: Understanding Risk Regulation Regimes*, Oxford University Press, 2001, p. 24.

府规制机关有针对性地实施精准规制的难度极大,其中一个重要原因在于高昂的规制成本和人、财、物资源的约束。因此,如何在规制资源有限的条件下最大限度地提高规制资源的利用效率,无疑是我国食品安全规制面临的重要难题之一。作为应对措施,我国近年来全面推进的工商、质检、食药监的全面"三合一"改革,固然扩大了总体上的市场监管执法队伍,但就食品行业而言,"大一统"市场规制体制的构建是否会引发食品风险规制的去专业化风险,以及前期积累形成的"食药监"规制资源被淡化的问题,乃是此次"大部制"改革的潜在隐忧。由于这一改革刚刚完成不久,实际效果还有待时间检验。作为一种体制外的监管资源,充分调动社会力量参与治理"多、小、散、乱"的食品风险,可能是一条不容忽视的发展道路。

可资借用的"社会力量"主要包括行业自治组织、中介机构、媒体、广大消费者、职业打假人等社会群体,这些主体广泛参与食品生产、消费过程,掌握大量食品风险信息和私人监控资源,而这正是政府公共规制的短板所在。若能充分调动并合理引导民间力量,发挥市场主体之间的监控与制约作用,政府公共规制资源约束将得到有效缓解。这要求我国食品安全规制体制的设计,必须彻底改变政府自上而下的单一规制模式,以恰当的激励机制充分调动社会力量,通过公私合力构建社会共治格局。例如,在信息获取方面,政府规制机关可通过食品风险信息平台建设(与食品追溯系统对接),为广大消费者分享个人消费体验和风险信息提供便利。全面收集碎片化的风险信息不仅可以缓解政府规制机关的信息不对称问题,而且风险信息的流通本身也可辅助市场机制发挥优胜劣汰作用,将高风险的食品及其经营者淘汰出市场。除此之外,市场规制法要为自治组织、中介机构和大众传媒参与社会共治提供必要空间,让他们发挥自身信息和专业优势参与社会共治。譬如,近年来涌现的职业打假人虽然被指有敲诈、形式主义、恶意利用政府资源牟利之嫌,但这些都是易于解决的表层问题,真正值得重视的关键点在于,无处不在的职业打假人已成为制约不良商家违法经营的重要力量,若能合理引导职业打假人聚焦于食品掺杂掺假、微生物超标、添加剂滥用等风险,我国的食品安全规制难题有望得到显著改善。因此,包括职业打假人在内的各种民间力量如何"为我所用",将成为食品安全规制体制设计不可忽视的因素。但令人遗憾的是,规制机关在实践中对职业打假人的态度始终摇摆不定。

作为社会共治的体现,《食品安全法》还致力于通过连带责任的扩大适用将食品产业链各个环节的市场参与者"捆绑"在统一的责任威慑体系中,尝试通过连带责任倒逼多元市场主体共同参与社会共治格局。例如《食品安全法》第123条为经营场所提供者规定的连带责任,第130条为集中交易市场的开办者、柜台出租者、展销会的举办者规定的连带责任,第131条为第三方网络交易平台规定的连带责任,第138条为食品检验机构规定的连带责任,第139条为食品认证机构规定的连带责任,第140条为广告经营者、发布者、广告代言人规定的连带责任等,都旨在通过责任威慑机制实现多元市场参与者的社会共治。但值得注意的是,连带责任的运用并非无章可循,制度设计与制度实践都需要警惕市场主体的对策行为,否则容易出现过度威慑的后果。过度威慑可能将监管机关的潜在合作者推向监管的对立面,引发全产业链市场参与者之间的"共谋"——共同隐匿风险信息或者合谋规避政府监管措施,进而导致连带责任制度得不偿失。

4. 食品风险致害的特殊性对规制体制的挑战

食品安全风险之所以备受公众关注,一定程度上源于食品致害事故本身的特殊性。其首要特征表现为受害者的群体性,正如"阜阳奶粉事件"和"三鹿奶粉事件"那样,食品致害事故往往呈现出群体性、扩散性和多边分布的特点。① 在现代大规模工业生产条件下,食品企业的生产、加工、销售网络遍布全国乃至全球各地,如果某一批食品存在缺陷,相应的致害事故与受害者也将呈群体性分布,这是现代工业生产模式在提高生产力的同时必然伴随的"副产品"。受害者的群体性分布,将使传统的私人自治与私人诉讼面临规模不经济问题。

其次是致害程度的多样性。食品致害事故给消费者带来的损害呈现出多样化的特点,实践中既可能出现微不足道的轻微损害,如身体上的不适感;又可能导致极端严重的致害事故,如致人死亡或健康永久受损,甚至还可能出现"三鹿奶粉事件"那样数十万人受害的严重后果。在法律上,极度轻微的损害将导致消费者起诉激励不足和原告消失难题,进而激发更多的潜在违法行为;② 而极端严重的群体性损害又面临加害人责任财产不足,进而导致威慑程度不足的难题。③ 这两类问题给食品风险领域的私人自治与司法规制路径带来了极大挑战。

最后,除了致害事故外,食品领域的潜在致害风险也极为特殊,它具有极强的技术性、潜伏性、不可视性等特征。就技术性而言,随

---

① See Peter Huber, "Safety and the Second Best: The Hazards of Public Risk Management in the Courts", 85 *Colum. L. Rev.* 277, 277-278 (1985).
② See Steven Shavell, "Liability for Harm versus Regulation of Safety", 13 *Journal of Legal Studies* 357 (1984).
③ 加害人陷入破产或责任财产不足,将导致潜在加害人的预防激励不足,进而无助于风险管控和消费者权益保护。详细论证,参见 Steven Shavell, "The Judgment Proof Problem", 6 *International Review of Law and Economics* 45 (1986); Thomas J. Miceli & Kathleen Segerson, "A Note on Optimal Care by Wealth Constrained Injurers", 23 *Int'l Rev. L. & Econ.* 273, 273-284 (2003).

着现代科技成果在食品生产、加工、包装、运输等环节的大规模运用，再加上农药、兽药、化肥和食品添加剂的广泛使用，导致食品风险与消费者损害之间的因果关系判定面临一系列技术性难题，进而影响规制决策的准确性。与此同时，食品风险的技术性还将引发风险致害的潜伏性特征。在多数情况下，从单纯的食品风险到实际致害事故的发生，往往还存在一定的潜伏期，各类致癌物质和放射性污染物致害的潜伏期尤其漫长，从风险暴露到致害事故的发生可能需要数年甚至数十年时间。当存在较长的潜伏期时，不管是行政规制和司法规制都不可避免地面临证据消失和因果关系判断难题，这为精准、高效的规制决策带来了极大挑战。不仅如此，食品风险的技术性还导致食品致害事故的不可视性。不同于交通安全风险和火灾致害风险，食品致害风险往往难以用肉眼观测、识别和评估。根据原国家食品药品监督管理总局的监测结果，微生物超标、添加剂滥用和掺杂掺假是我国当下最主要的三种食品风险来源，这三种风险源具有一个共同特征，即难以用肉眼直接观测并准确识别。一些食品生产经营企业往往还穷尽一切手段隐藏其掺杂掺假行为和不规范的操作流程，这进一步加剧了食品致害风险的不可视性，给风险规制带来了极大挑战，规制体制的设计因此面临一系列难题。

二、缺乏合作理念与体系思维的制度表现

面对食品风险及其致害事故本身的特殊性，作为应对手段，食品风险规制体制的设计也必须秉承系统性和体系化思维，那种"将复杂问题简单化处理"，或者"头痛医头脚痛医脚"的应付办法，已无法满足工业化时代食品风险管控的现实需要。然而，反观当下中国的

食品安全规制体制，自 2003 年正式建立专门的食品药品监督管理部门以来，中国的食品安全风险规制体制历经了多轮重大体制改革，总体趋势向着好的方向发展，但其间也屡有波折和反复。在实践层面，通过此起彼伏的"运动式"治理策略，公众广泛关注的地沟油、三聚氰胺奶粉等重大食品安全风险得到了显著改善，但距离理论界期待的持久、稳定和高效的风险规制体制及其实施机制尚有一定的距离。尤其是在公私合作规制理念和体系性思维方面还存较大的改进空间，其主要问题表现如下：

1. 规制策略/规制工具的贫乏

任何规制目标的达成均无一成不变的套路，食品风险领域的风险规制若要实现预期规制目标可能面临多种选择，例如政府自上而下的命令-控制手段、公私协力的合作规制策略、市场导向型的激励机制、优胜劣汰的声誉机制、私人主导的自我规制、受政府监督的自我规制、连带责任威慑下的私人监控与惩罚等。[1] 在规制理论看来，每一种规制策略和规制工具都各有其优劣特点和适用领域，合理选择规制策略和规制工具能够达到事半功倍的效果，反之，规制策略和规制工具的不当运用，不仅影响规制效率，甚至可能适得其反。这给风险规制决策提出了极高的要求。同时也意味着，规制者需要在充分研究规制对象和规制工具之间的匹配性因素之后才能做出理性选择。这是"对策与问题相匹配"的规制原理之体现，也是现代自然科学与社会科学在风险规制领域交叉融合的结果。就食品安全风险而言，面对我国当前以掺杂掺假、添加剂滥用、微生物超标为主要风险来源的食品

---

[1] See Robert Baldwin, Martin Cave and Martin Lodge, *Understanding Regulation: Theory, Strategy and Practice*, second edition, Oxford University Press, 2012, pp. 105 – 164.

安全风险状况,实践中究竟应当选择哪些规制策略和规制工具?这是一个兼具理论和实践意义的重要课题。从实践情况来看,我国当前的食品安全风险规制策略选择和规制工具运用仍十分贫乏。

近年来中国的食品安全规制策略主要以政府自上而下的命令-控制手段为主,在具体规制工具的运用上尤其以"证照管理"和"以罚代管"作为核心规制手段。譬如:(1)针对大型工业化食品生产经营企业,制度上主要运用事前的市场准入机制,通过设定较高的市场准入门槛,以事前审核并颁发许可证作为主要规制手段,食品生产经营企业一旦获得合法资质,除了面临偶尔发生的运动式抽查抽检外,几乎进入政府规制的"安全港",在 2008 年之前甚至还可能被授予"免检证书"。① 这种规制策略的弊端显而易见,因为企业证照齐全显然不等于食品安全,近年来发生的"三鹿奶粉事件""双汇瘦肉精事件""福喜过期肉事件"无不来自证照齐全的大型食品生产经营企业。(2)对于无法达到市场准入标准的食品小作坊和小摊贩,当下的规制策略主要是以"运动式围堵"无照摊贩并施以行政处罚作为核心规制手段,甚至呈现出"以罚代管"的局面。有学者指出:"有限准入的市场理念使监管者将发证看作是监管的主要途径,同时,以大企业标准设立的过高准入标准下,监管者将大量精力投放于围堵无证生产经营活动,获得许可进入市场的厂商缺乏有效监管。"② 这种简单化的规制策略被实践证明是低效率的,难以应对食品风险的产业链传递和危险物富集效应,因而学者建议综合运用信息工具、信用档

---

① 因受到"三鹿奶粉事件"的影响,国务院于 2008 年 9 月 18 日废止了《国务院关于进一步加强产品质量工作若干问题的决定》(国发[1999] 24 号)中有关食品质量免检的内容。

② 刘亚平:《中国式"监管国家"的问题与反思:以食品安全为例》,《政治学研究》2011 年第 2 期。

案、信誉机制来优化当前过度贫乏和单一的规制策略。①

2. 技术标准的机械化适用

相较于传统农业社会的私人风险，以食品安全风险为代表的现代工业社会的公共风险具有极强的技术性，它与现代科技发展和工业生产相伴而生，"绝大多数风险都超出了私人的理解和控制能力"②。例如蔬菜是否有农药残留、牛奶是否含三聚氰胺、外卖快餐是否微生物超标等，均难以被人类感官直接识别，更无法通过行为谨慎程度的提高来防控食品安全风险，市场的优胜劣汰机制因此陷入瘫痪。作为替代性举措，国家干预和专家理性在食品安全规制中变得不可或缺。因此，中国的食品安全规制正在走向"标准至上"的时代，由行政机关主导并由技术专家参与制定的"食品安全标准"在食品安全规制领域扮演重要角色。在食品风险规制领域强调技术标准固然重要，但技术标准本身的设定及其在行政和司法上的效力还需要辩证地看待，一味地强调技术标准的至高无上地位和绝对效力，同样无助于发挥多元市场主体的协同作用去共同管控食品安全风险。

自 2009 年《食品安全法》第 22 条将食品领域的各类标准统合为强制性"食品安全标准"之后，有关食品安全规制的立法、执法和司法实践大都围绕食品安全标准展开，例如食品消费领域惩罚性赔偿责任的构成、食品缺陷的判定以及消费合同效力的判定，几乎完全取决

---

① 相关研究可参见吴元元：《信息基础、声誉机制与执法优化——食品安全治理的新视野》，《中国社会科学》2012 年第 6 期；应飞虎、涂永前：《公共规制中的信息工具》，《中国社会科学》2010 年 4 期。

② Peter Huber, "Safety and the Second Best: The Hazards of Public Risk Management in the Courts", 85 Colum. L. Rev. 277 (1985).

于食品安全标准及其被遵守的情况。① 这样的制度设计固然有助于缓解法律实施中面临的技术壁垒，但凡事过犹不及，因为食品安全标准也并非绝对规范化、精细化。除了人们担忧的标准"被绑架"之外，食品安全标准的僵化和一刀切问题也较为显著。面对纷繁复杂的消费需求和企业内控能力，到底该将标准设定在何种水平？零风险标准还是社会最优标准，抑或门槛性的阈值标准？上述不同性质的标准在法律实施中应具有不同的效力，但实践中却被机械化地适用，例如：(1)在高度依赖食品安全标准的规制体制中，标准缺失将导致法律上的规制工具陷入瘫痪，如《食品安全法》第148条以违反食品安全标准为法定要件的惩罚性赔偿制度。(2)食品安全标准不合理或标准滞后导致法律实施中的混乱，例如有些原本安全的食品可能因不符合某个滞后的标准而被迫承担法律责任，反之，有些不安全的食品反倒因遵守了滞后的标准而大行其道。② 类似问题的根源在于，技术标准本身并非无懈可击，符合食品安全标准的食品并非绝对安全，违反食品安全标准的食品也不等于不安全的食品，这取决于标准自身的科学性和准确性，司法上不宜机械化地适用食品安全标准。

3. 频繁拆分重组的行政规制体制

由于食品风险本身的专业性和难识别性，中国的食品安全规制始终高度依赖行政执法，如何设计高效率的行政执法体制，由此成为食品安全风险规制的关键问题。从风险规制的基本原理来看，行政规制体制的设计必须回应食品风险自身的特殊性，尤其要兼顾规制手段的

---

① 参见本书第九章。
② 参见本书第九章。

一体化和专业化的双重逻辑。譬如,对于"从农田到餐桌"的每一个环节都潜藏风险的食品行业而言,行政规制体制的设计既要重视全产业链的一体化规制,又要考虑风险识别和风险规制的专业需求。根据食品产业链的特征,将行政规制体制进行一体化整合,有助于规制理念的统合和执法价值取向的统一,避免"政出多门""九龙治水"和不同规制环节之间的体系冲突,[①]这对于提高规制效率、共享规制信息、打造统一的食品安全规制体制具有重要意义。但与此同时,食品风险的技术性、难识别性和双面性特征,使之又面临极高的专业化需求。之所以强调专业化,不只是因为食品安全风险本身所蕴含的技术含量,更重要的是,规制决策的做出离不开技术、法律和政策的权衡与专业判断,"决策者不得不考虑大量相互竞争的选项或价值,并且需要在不充分的信息和动态变化的情况中做出均衡性判断"[②]。规制体制的专业化有助于辨证施治,只有精准的诊断和专业化的处置才能有效管控风险。

反观中国食品风险规制领域近二十年的行政规制体制改革,平均五年做一次体制调整。改革方案中固然交织着"一体化"与"专业化"的双重逻辑,但频繁拆分重组的行政规制体制对食品规制的专业化带来了负面影响。回顾历史,1998年的医、药分家方案组建了独立的药品监督管理局,这是对医、药差异的尊重与回应。随着食品安全问题的日益严峻,2003年又在独立后不久的药品监管体制中增加食品监管职责,构建了食品药品监督管理局。这与美国的做法类似,在机构设置上强调食品和药品风险规制的专业性。然而,2008

[①] See Timothy M. Hammonds, "It Is Time to Designate a Single Food Safety Agency", 59 *Food & Drug L. J.* 427 (2004).

[②] Robert Baldwin, Martin Cave and Martin Lodge, *Understanding Regulation: Theory, Strategy and Practice*, second edition, Oxford University Press, 2012, p. 29.

年的"大部制"改革又将食品药品监督管理局作为"二级局"改由卫生部管理。此时的食品药品监督管理局实际上仅负责食品产业链终端的消费环节监管，而农业种植养殖、食品生产加工、食品流通等环节的风险管控，分别由农业部、质监局、工商局等部门分工负责，这无助于食品产业链的一体化监管。五年之后，2013年的改革将食药监局负责的食品消费环节的监管职责、质检局在生产环节的食品监管职责、工商局在流通环节的食品监管职责全面整合，组建了全新的食品药品监督管理总局。至此初步实现了"从农田到餐桌"的全产业链一体化监管体制，这是食药监管体制迈向专业化的一大步。然而，2018年的改革方案又将食药监总局、工商总局和质检总局进行"三合一"整合，组建史上规模最大的国家市场监督管理总局，同时将食品和药品监管职责分离，其中食品监管职责整体并入新组建的国家市场监督管理总局，药品监管职责留给相对独立的药品监管局，并作为"二级局"划归国家市场监督管理总局管理。这一名副其实的"大部制"改革方案虽有助于消费品市场规制体制的一体化，但问题是，如何回应食品风险规制的专业化需求？食品风险自身的特殊性决定了其规制体制的每一个环节都离不开专业判断，这是理论界主张食药规制体制保持独立的主要原因，也是评估规制体制优劣的重要标准之一。[①] 如何回应食品风险规制的专业化需求将成为规制体制设计中不可忽略的因素。

4. 左右摇摆不定的司法规制体制

以私人诉讼和责任威慑作为风险规制工具，在英美法系国家是一

[①] See Robert Baldwin, Martin Cave and Martin Lodge, *Understanding Regulation: Theory, Strategy and Practice*, second edition, Oxford University Press, 2012, p. 20.

种历史悠久的传统。对于风险行为的实施者而言，在私人诉讼中承担的财产责任（损害赔偿或惩罚性赔偿）和被政府管制机关处罚（罚款、罚金或没收财产）具有类似的规制功能，二者的责任威慑效果具有同质性并可简单加总处理。而且，私人诉讼作为法律实施机制还具有低成本的优势，这有助于减少政府规制机关的公共财政支出。大陆法系"从近代民法到现代民法的转变"也开始引入这一观念，致力于让平等主体间的民事规范承担起辅助管制的职能，同时借私人利益驱动下的私人诉讼机制，减轻国家管制的执行负担。[①] 正是基于"辅助管制"的理念，中国消费者权益保护法和食品安全法才引入惩罚性赔偿制度，借此激励广大消费者通过私人诉讼来监控和制约食品生产经营者的欺诈和掺杂掺假行为。

事实证明，通过惩罚性赔偿制度来激励私人诉讼并以此作为规制食品安全风险的手段，在实践中取得了显著效果。受到惩罚性赔偿的经济激励，由"职业打假人"提起的惩罚性赔偿诉讼大量涌现。[②] 食品领域的不法商家对于查处概率不高的运动式行政执法可能抱有机会主义幻想，但相较之下，无处不在的消费者和职业打假人则对不法商家构成了实实在在的威慑。这原本是补充行政执法力量不足的一种手段，但由于受到其他因素的影响（如司法案多人少的约束、打假对象的形式主义异化、对牟利动机的负面评价等），这种辅助性规制手段始终未得到准确的定位，全国法院系统对职业打假人的态度一直摇摆不定。2013—2014年最高人民法院分别通过司法解释和指导性案例，明确表

---

① 参见苏永钦：《民事立法与公私法的接轨》，北京大学出版社2005年版，第9—10页。
② 参见王佳：《食品安全维权，"职业打假人"占八成》，《中国食品报》2016年3月25日，第3版。

态支持职业打假人的惩罚性赔偿诉讼,[①] 但地方法院随后又陆续声明不支持职业打假行为,社会各界的反对声一度甚嚣尘上,甚至引起全国人大的关注。最高人民法院在回复全国人大的"建议函"时指出:"(职业打假)行为严重违背诚信原则,无视司法权威,浪费司法资源,我们不支持这种以恶惩恶,饮鸩止渴的治理模式。"[②] 时至今日,由职业打假人提起的惩罚性赔偿诉讼在食、药领域仍得到最高人民法院的认可,然而,在食、药领域以外的案件,全国各级法院的总体态度趋向于不支持职业打假人诉讼。这种摇摆不定的态度无助于治理当前严峻的食品安全风险,相较于职业打假人存在的问题,不良商家及其缺陷产品给社会带来的致害风险更为严重。而且,职业打假人存在的敲诈、形式主义和偏离规制对象等问题均可通过适当的制度引导加以解决,而不应当"因噎废食"。相较于中国,美国对于私人诉讼的公共规制作用给予高度认可,并致力于通过起诉资格的扩大和诉讼程序的便捷化改造,让更多的案件进入法院,以此规制日益严峻的公共风险。[③]

三、基于公私合作理念的规制体制设计

相较于传统部门法对"法治"之形式理性的重视,具有功利主

[①] 参见《最高人民法院关于审理食品药品纠纷案件适用法律若干问题的规定》(法释[2013]28号)第3条。2020年修订该司法解释时并未改变第3条的立场,仅优化了文字表达,修订后的司法解释(法释[2020]17号)第3条规定:"因食品、药品质量问题发生纠纷,购买者向生产者、销售者主张权利,生产者、销售者以购买者明知食品、药品存在质量问题而仍然购买为由进行抗辩的,人民法院不予支持。"关于"指导案例23号"的相同立场,参见《最高人民法院关于发布第六批指导性案例的通知》,法[2014]18号。

[②] 《最高人民法院对十二届全国人大五次会议第5990号建议的答复意见》,法办函[2017]181号。

[③] See Clayton P. Gillette & James E. Krier, "Risk, Court, and Agencies", 138 *U. Pa. L. Rev.* 1045 (1990).

义特征的风险规制法更加强调结果导向。规制结果的达成受到众多因素的影响，其中包括但不限于规制体制的设计、规制工具的运用、实施路径的选择以及执法者的忠诚与勤勉程度等。面对众多影响因素，食品风险规制必须遵循一个核心原理，即规制体制与规制对象之间必须保持高度匹配。这是一种典型的工具理性，也是风险规制理论的内核。既有研究表明，规制体制与规制对象之间的不匹配，是规制失败的重要原因，反之，规制成功的经验也离不开二者的高度匹配。因此，针对特定的风险领域，选择合适的规制体制是实现预期目标的必要条件。[1]

从食品风险的前述特征及其与规制体制之间的匹配性原理来看，中国当前的食品安全风险规制体制，需要在总结经验教训的基础上，做出进一步的精细化改革。回顾改革经验，2013年做出的"从农田到餐桌"的一体化行政监管体制改革顺应了食品风险的两大特征（产业链传递效应和产业链富集效应），有助于统筹协调并管控整个产业链不同环节上的食品风险，未来需要在此基础上打通产业链不同环节之间的壁垒，构建全流程的一体化规制体制。但在规制工具和规制体制的设计上，仍存在不少待决问题。首要的问题是规制工具的贫乏和单一化，例如过度依赖"证照管理"和"以罚代管"的问题，这种做法严重偏离食品风险规制目标。一个简单的道理是，食品企业证照齐全显然并不意味着其产出的食品就安全可靠。因此，中国未来的食品风险规制体制改革应当侧重于实质主义判断，强调"食品是否安全"而非"证照是否齐全"。

相较于中国的"证照管理"体制，包括食品风险规制在内的规

---

[1] 参见［美］史蒂芬·布雷耶：《规制及其改革》，李洪雷等译，北京大学出版社2008年版，第191页以下。

制体制在各国法律上的表现极为多元,理论上甚至无法找出两个完全一样的规制体制。从理论研究的角度,有学者根据不同的风险类型,总结了九种风险规制体制。[1] 还有学者基于规制重心的差异,总结了以下三种常见的规制体制:基于微观行为的规制体制(prescriptive regulation/action-based regime)、基于绩效的规制体制(performance-based regimes)、基于内控体系的规制体制(system-based regimes)。[2] 如果按照这三种典型的规制体制来看,中国的食品安全立法总体上可归入"基于微观行为的规制体制"(证照管理是实践中的表现),立法者从食品生产、加工、检验、进出口等环节制定了一系列行为规范和管制禁令,要求食品生产经营者必须照章行事,这是在行政管制思维影响下设计的规制体制。由于其将规制重心聚焦于食品生产经营者的微观行为,因而其始终无法摆脱规则僵化、滞后和被规避的问题,更无法充分调动食品企业的积极性来参与公私协同规制。

相较之下,基于绩效的规制体制将规制重心转向食品产业链的末端,以强调产出食品的安全性作为规制体制设计的重心,这是一种典型的结果导向。至于食品生产经营企业如何做到结果的安全性,则由企业自行做出安排,即所谓"自我规制"。相较于中国的证照管理体制和微观行为管控体制,绩效规制体制有助于充分调动广大市场主体的积极性,使之各显神通,发挥主观能动性以确保所产出食品的安全性。这是一种相对简约且低成本的规制体制。但在实践中可能因部分企业的机会主义倾向而导致不当后果,这与食品风险的特殊性密不可分。从风险致害程度来看,食品风险的致害性分布不均匀,高风险食

---

[1] See Christopher Hood, Henry Rothstein and Robert Baldwin, *The Government of Risk: Understanding Risk Regulation Regimes*, Oxford University Press, 2001, p. 37.

[2] See Peter J. May, "Regulatory Regimes and Accountability", 1 *Regulation & Governance* 8, 9 (2007).

品有时可能仅造成轻微的不适感(这与消费者个人体质有关),有时则可能造成难以逆转的灾难性后果,例如"三鹿奶粉事件"。食品风险的此种特性使得以结果为导向的绩效规制体制面临严重的滞后性问题,一旦遭遇食品企业的机会主义行为,可能造成全盘皆输的后果。尤其是在长期践行"证照管理"和"以罚代管"的制度环境下,食品生产经营企业的机会主义倾向明显,为避免可能导致的灾难性致害后果,食品风险规制体制的设计不能只强调结果,更要重视过程。

相较于结果导向的绩效规制体制,基于流程控制的规制体制将规制重心往前移,从食品生产经营过程入手,将食品产业链的各个环节都纳入管控范围,尤其是对容易引发风险的关键节点给予重点管控,尽可能从事前减少高风险食品的产出,避免因食品生产经营企业的机会主义倾向而导致灾难性后果。但食品产业链极为复杂,涉及众多企业的种植养殖、生产、加工、包装、储存、储存、烹饪制作等漫长的流程,如何有针对性地设计食品生产加工的内控流程,这将是个极具挑战性的工作。从一定意义上讲,中国食品安全规制的失败一定程度上也是风险规制体制设计的失败,在一个日益复杂的食品产业链中,风险必须被系统性地识别和评估,[1]而这些风险信息大都散落在农户和生产经营企业手中。由于信息不对称的问题,政府规制机关显然无法根据复杂多变的产业链状况为企业量身定制内控流程和生产规范体系,这样的努力实际上又回到了传统的"基于微观行为的规制体制",其弊端显而易见。尤其是面对当前的食品风险规制短板(例如农田种植养殖和烹饪环节的"最后一公里"难题),政府自上而下制定并实施的流程管控体系,将因缺乏充足的信息、技术和监控手段而

---

[1] See Guanqi Zhou, *The Regulatory Regime of Food Safety in China: Governance and Segmentation*, Springer Nature, 2017, p. 6.

效果不彰。因此，流程管控与绩效规制体制必须相互配合才能有效管控食品风险。美国 20 世纪 90 年代以来管控肉制品风险的经验表明，食品产业链的流程控制必须建立在市场主体积极参与的基础上，通过设计激励相容的内控流程与不同层次的问责机制，确保食品生产经营企业的内在商业动机与风险规制目标保持一致，这样才能激励企业积极采取内控措施并适时更新改进。[①] 这种新的规制体制具有以下两个显著特征。

第一，流程管控的主要任务将从政府规制部门转移到市场主体，即食品生产经营企业和专业的第三方认证机构，通过加强企业内控和专业认证来确保食品产业链的规范化运作，以此降低食品安全风险。企业和政府在这一规制体制中将扮演不同的角色，其中，"企业需要根据宏观的规制标准来制定合规计划，以促进既定社会目标的实现。为便于企业制定合规计划，规制标准应当列举出企业合规计划必须具备的内容，例如危险源的识别、风险防范措施、发现并纠正问题的程序、员工培训计划、旨在实现特定社会目标的公司管理措施的评估和改善等"[②]。政府的作用主要是设定宏观上的规制目标和绩效标准（结果导向），以此为企业的自我规制提供合规指引和自治框架，这实际上正是近年来学术研究中较为流行的"受政府监督的自我规制体制"，又称"后设规制"，它融合了政府自上而下的行政规制体制与企业自我实施的私人规制，是公私合作规制体制的典范。企业的自我规制在食品风险领域的运用主要表现为 HACCP 标准（危害分析和关

---

① See Peter J. May, "Regulatory Regimes and Accountability", 1 *Regulation & Governance* 8, 14–16 (2007).

② Cary Coglianese & Lazer David, "Management-Based Regulation: Prescribing Private Management to Achieve Public Goals", 37 *Law & Soc'y Rev.* 694 (2003).

键环节控制点)的实践,[①] 不同于政府自上而下的行政规制体制,HACCP 的核心是由企业和第三方检测机构在其生产流程中自行识别潜在风险源和关键控制点,通过管控关键节点将食品安全风险消化在企业内部。在此基础上,政府不直接规制风险本身,而是对企业的自我规制行为及其结果进行"后设规制"。这样的合作规制体制不仅缓解了政府的信息不对称和高昂的行政规制成本问题,而且有助于激励食品生产经营企业发挥各自的信息优势和技术优势主动管控食品安全风险。

第二,任何规制体制的设计都不能忽视一个基本原理,即规制任务的分配必须伴随着问责机制的合理设置。[②] 就食品风险领域而言,不管是企业基于内控流程的自我规制,还是政府以结果为导向的后设规制,都必须伴随着问责机制的合理设置。结合既有研究来看,规范、高效的问责制包括三个层面的内容:

(1)政府规制的决策者与执行者需要为其不当设定规制目标和怠于执行规制工具而负责。食品风险规制离不开政府"有形之手"的积极作用,但由于科层结构内部信息不对称问题的制约,多层级政府的科层体系始终面临"委托-代理"难题,这影响风险规制效果,因而需要引入恰当的"问责制"督促和激励规制机关及其执法人员依法勤勉履行职责。作为对传统"官僚问责"和"等级问责"的优化,新的问责机制必须建立在明确的法律依据和法定程序基础上。这种"合法性问责制"的精髓在于,被问责者在事前可准确预测责任之有

---

① HACCP 标准体系是国际食品法典委员会(CAC)1997 年修订《食品卫生通则》时增加的内容,主要用于食品安全风险内控和第三方评估,具体可参见《危害分析和关键控制点体系及其应用准则》。

② See Peter J. May, "Regulatory Regimes and Accountability", 1 *Regulation & Governance* 8, 9 (2007).

无,并将于事后得到验证。法治国家建设的经验表明,只有清晰确定的法律授权和职责分配,并辅之以严格的问责制约束,才能提高多层级官僚体系的运转效率。

(2)作为风险行为的实施者,食品生产经营者需要为其食品的安全性负责。只有通过精准的责任威慑和逐利动机的共同激励,才能约束食品生产经营者采用必要的流程控制标准加强企业内控和风险防范,企业一旦选择了某项标准作为内控机制,就要全面执行并接受政府和第三方的监督和问责。

(3)自我规制主体和专业的第三方认证机构需要为其专业判断和认证行为负责。由于技术壁垒的存在,食品风险规制需要本领域专家的参与并尊重专业理性,为确保专家的判断不至于违反职业伦理和最低限度的专业理性,制度上须针对专业判断设置相应的问责机制。否则,可能出现违反职业伦理或者被收买的问题。但对专业技术人员的问责须建立在专业理性可接受的范围内,不能像"官僚问责"和"等级问责"那样机械化、一刀切。因为专业技术问题有时并无唯一答案,不能因专家之间的分歧或者最后的结果不好便直接问责。换言之,问责的对象是针对违反职业伦理的行为,这同样依赖同行专家的评价。这种独特的问责制被学者称为专业性问责(professional accountability),"官僚性的问责主要是一种外部控制,而专业性的问责主要强调的是内在行业规范和同业竞争压力"[1]。专业问责的目的是防范专业判断中的"权力"滥用。

综上,这种由多层次问责制约束的规制体制,有助于充分激发政府、食品企业和第三方专业机构参与社会共治的积极性。

---

[1] Peter J. May, "Regulatory Regimes and Accountability", 1 *Regulation & Governance* 8, 12 (2007).

四、介于公私之间的食品公益诉讼制度

在行政管制传统源远流长的中国,包括食品风险在内的各类公共风险管控均以行政规制为主导。不过,面对食品风险"久治不愈"的窘境,近年来我国立法者也开始注重运用司法规制路径来应对食品风险,除了由惩罚性赔偿制度所激发的职业打假诉讼外,具有中国特色的消费公益诉讼制度也在此背景下应运而生。

作为一种介于"公"与"私"之间的创新型制度设计,消费公益诉讼制度蕴含着重要的公私合作规制理念,它本质上是借助诉讼维权的私人自治逻辑来解决风险规制的公共性问题,并且引发了规制法视野下的"行政"与"司法"之间的协调配合问题。消费公益诉讼制度在中国确立的时间不长,继 2012 年修订《民事诉讼法》第 55 条和 2013 年修订《消费者权益保护法》第 47 条创设中国公益诉讼制度的雏形后,2016 年《最高人民法院关于审理消费民事公益诉讼案件适用法律若干问题的解释》(以下简称《消费公益诉讼司法解释》)进一步细化了消费公益诉讼的规则体系。食品安全作为消费者保护的重要内容,无疑是消费公益诉讼制度的重点适用领域,以下简称"食品公益诉讼"。

1. 民事公益诉讼在食品风险规制中的功能定位

面对包括食品风险在内的各类社会公共性问题,立法者习惯于采取"双管齐下"的策略,通过行政规制和司法控制的双重路径发挥风险管控效果。[1] 在管制传统源远流长的中国,采用行政规制手段治

---

[1] 参见宋亚辉:《论公共规制中的路径选择》,《法商研究》2012 年第 3 期。

理食品风险问题自不待言。但实践经验表明，行政规制在越来越多的领域呈现出过度形式主义和运动式的选择性执法困境，这严重影响了行政规制的实施效果。于是人们开始对行政规制进行全面反思，目的在于改造单一的行政规制体制。在此背景下，司法作为一种辅助规制手段在理念和制度层面得到越来越多的认可。① 我国立法者也开始借鉴国外司法规制经验，致力于通过构建具有中国特色的公益诉讼制度来保护消费安全，同时发挥辅助规制效果。正是在这样的背景下，2012年修订的《民事诉讼法》第55条规定："对污染环境、侵害众多消费者合法权益等损害社会公共利益的行为，法律规定的机关和有关组织可以向人民法院提起诉讼。"这一条款极为简约，仅原则性地认可无直接利害关系的"机关和有关组织可以向人民法院提起诉讼"。至于哪些机关和组织在何种情形下可以起诉，则通过指引性规范交由其他法律加以细化。2013年修订的《消费者权益保护法》第47条规定："对侵害众多消费者合法权益的行为，中国消费者协会以及在省、自治区、直辖市设立的消费者协会，可以向人民法院提起诉讼。"这里明确了消费公益诉讼的起诉资格。但对于具体的起诉条件、程序、法律责任及其与私人诉讼的协调，均未做出规定。这显然无法将消费公益诉讼制度推向实践。全国人大常委会针对新修订的《消费者权益保护法》进行专项执法检查后，2015年10月建议最高人民法院尽快出台关于消费公益诉讼的司法解释。② 在此背景下，《消费公益诉讼司法解释》于2016年颁布，该司法解释构建了极具中国特

---

① See W. Kip Viscusi, *Regulation Through Litigation*, Brookings Institution Press, 2002, p. 3.
② 参见程新文等：《我国消费民事公益诉讼制度的新发展——〈最高人民法院关于审理消费民事公益诉讼案件适用法律若干问题的解释〉的理解与适用》，《法律适用》2016年第7期。

色的消费公益诉讼制度。

　　作为一项由全国人大常委会交办的任务,最高人民法院经过系统调研和论证后出台了《消费公益诉讼司法解释》。根据最高人民法院内部起草人员介绍,该司法解释的总体定位是"以问题为导向。发挥公益诉讼制度优势,着力解决消费领域突出问题,像商品、服务质量问题,食品、药品侵权行为,经营者利用优势地位制定不公平、不合理霸王条款等,予以规制"[①]。从这一说明性文字中可以看出,《消费公益诉讼司法解释》所要解决的问题主要有三个方面:一是潜在的致害风险,即上述引文中的"商品、服务质量问题";二是食品致害事故,即上述引文中的"食品、药品侵权行为";三是不当交易条件问题,即上述引文中的"不公平、不合理霸王条款"。在实践中,经营者常常通过食品掺杂掺假、不当使用添加剂、不卫生的烹饪条件、虚假或引人误解的推广信息、缔约中的不当诱导与欺诈、格式合同中的不当免责条款、强制使用预付卡、强制餐饮最低消费等方式损害广大消费者权益。在法律适用上,由于此类案件的多发性、群体性和同质性特征,导致私人诉讼面临规模不经济的问题,以公益诉讼的方式解决这类问题具有显著的规模经济优势。因此,在功能定位上,我国消费公益诉讼制度所要回应的问题恰恰是食品消费领域亟待解决的上述三大难题。

　　然而,精准的问题意识只是有效治理的前提,公益诉讼的具体制度设计能否恰当回应并解决食品消费领域的三大棘手问题,最终取决于制度和规则本身的设计是否恰当、高效。笔者通过对《消费公益诉

[①] 程新文等:《我国消费民事公益诉讼制度的新发展——〈最高人民法院关于审理消费民事公益诉讼案件适用法律若干问题的解释〉的理解与适用》,《法律适用》2016年第7期。

讼司法解释》的解读发现，除了应对食品消费领域的"不当交易条件"问题外，我国当前的消费公益诉讼制度对食品致害事故和潜在致害风险问题的应对，主要是基于公法上的风险管控的理念而展开。换言之，当前的消费公益诉讼制度实际上是借助民事诉讼程序来落实原本属于公法职责的风险管控任务，所谓"消费者权益保护"只是风险管控的反射利益和间接效果。这一功能定位源于《消费公益诉讼司法解释》的以下规定：

第一，在起诉对象方面，《消费公益诉讼司法解释》第1条和第2条以"侵害众多不特定消费者合法权益或者具有危及消费者人身、财产安全危险等损害社会公共利益"作为提起民事公益诉讼的实体要件。根据字面含义，若经营者的行为已造成某个或多个特定消费者的具体损害，则不在公益诉讼的起诉范围。我国当前的消费公益诉讼所应对的正是那些无人起诉的纯粹损害公共利益的行为和尚未导致实际损害的单纯风险行为。对于后者，在传统部门法的分工方案中，尚未导致损害后果的公共风险原本主要是公法管制的对象，而非民事诉讼的范畴。我国现行公益诉讼制度将其纳入民事公益诉讼范围，显然是基于风险管控的理念而做出的规定，实际上是借由民事诉讼程序来实现公法上的风险管控目的。

第二，在责任承担方面，《消费公益诉讼司法解释》第13条第1款规定了"停止侵害、排除妨碍、消除危险、赔礼道歉等民事责任"。这里刻意回避了"损害赔偿"这种最为常见的责任承担方式。司法解释的起草者曾解释道："快速及时地制止经营者的不正当经营行为是消费民事公益诉讼的目的之一。……停止侵害、排除妨碍、消除危险是为制止经营者不当经营行为而主张的请求权类型，时间点上面向起诉时和将来，具有禁止性和预防性。……赔礼道歉是人格性补偿责任,时间点上面向过去,具有恢复性。"① 由此可见,消费公益诉讼的功能定位主要是面向未来和当下情况的一种风险管控措施,是一种预防性举措。唯一面向过去具有恢复性的责任承担方式只有"赔礼道歉"。根据该司法解释起草者对"等"的释义,这一开放性规定是"为将来法律修订及司法实践进一步发展后,消费民事公益诉讼的请求权类型扩张预留空间"②。这意味着,在没有新法或新司法解释做出扩张之前,消费公益诉讼的责任承担方式仅限于明确列举的类型。司法解释的起草者进一步解释道:"至于赔偿损失责任,由于操作难度大,欠缺法律依据和配套制度,本司法解释没有规定,在司法实践中同样暂时不能适用,需待有明确的法律依据以后再行考虑。"③ 失去了损害赔偿功能的消费公益诉讼,显然已完全转变为风险管控工具,所谓"消费者权益保护"最多只是其反射效果。

第三,在与私人诉讼的关系方面,《消费公益诉讼司法解释》第9条规定了消费公益诉讼与私人诉讼并行不悖的原则,只是在事实认定、举证责任等方面扩张了消费公益诉讼的既判力范围,使消费者个人在提起损害赔偿之诉时,可享受公益诉讼带来的便利(《消费公益诉讼司法解释》第16条)。在体系上,这与前述起诉对象和责任承担方式之规定一脉相承,严格区分了消费者协会提起的消费公益诉讼与消费者个人提起的私人诉讼,并在程序上确保两种诉讼类型的明确分

---

① 程新文等:《我国消费民事公益诉讼制度的新发展——〈最高人民法院关于审理消费民事公益诉讼案件适用法律若干问题的解释〉的理解与适用》,《法律适用》2016年第7期。
② 程新文等:《我国消费民事公益诉讼制度的新发展——〈最高人民法院关于审理消费民事公益诉讼案件适用法律若干问题的解释〉的理解与适用》,《法律适用》2016年第7期。
③ 杜万华主编:《最高人民法院消费民事公益诉讼司法解释理解与适用》,人民法院出版社2016年版,第235页。

工与双轨制运行。其中,消费公益诉讼在食品消费领域除了应对一般性的"不当交易条件"问题外,其核心功能主要定位于风险管控,消费者保护只是风险管控的反射效果;相较之下,消费者私人诉讼的主要功能定位于消费者权益保护,并主要通过损害赔偿责任加以实现,而风险管控只是消费者私人诉讼的反射效果。

2. 食品公益诉讼对行政规制的"补充论"辨析

既然在功能上定位于一种风险管控工具,那么,食品风险领域的公益诉讼制度究竟能在多大程度上发挥风险管控效果呢?这需要将公益诉讼制度置于当前的法律体系中进行整体性考察。在大陆法系的部门法分立格局和分工方案中,食品领域的风险管控主要是行政法的职责。2015年修订的《食品安全法》借鉴西方的集中监管经验,[1] 构建了由食品药品监督管理总局主导下的行政规制体制和多元化的行政规制工具。在此制度背景下,《民事诉讼法》《消费者权益保护法》和《消费公益诉讼司法解释》又增设了功能相似的消费公益诉讼制度。理论上若要全面评估消费公益诉讼制度的功效,首先需要明确其与行政规制体制之间的关系。对此,司法解释的起草者曾指出:"消费公益诉讼主要是在受到侵害的消费者人数众多且不确定的情况下,保护消费者合法权益、维护社会公共利益的制度,是为了弥补司法救济和行政救济制度的不足而设立的,是加强消费者权益保护的一种补充手段,不是一种常态救济方式,更不宜取代其他救济方式。"[2] 为表述上的便

---

[1] See Timothy M. Hammonds, "It's Time to Designate a Single Food Safety Agency", 59 *Food & Drug L. J.* 427 (2004).

[2] 程新文等:《我国消费民事公益诉讼制度的新发展——〈最高人民法院关于审理消费民事公益诉讼案件适用法律若干问题的解释〉的理解与适用》,《法律适用》2016年第7期。

利,笔者将制度设计者的这一论断简称为"补充论"。

所谓"补充",究竟旨在弥补"司法救济和行政救济制度"的何种不足,司法解释的起草者并未释明。若结合我国现行法及其实施情况来看,"补充论"背后的逻辑基础总体清晰。所谓"弥补司法救济和行政救济制度的不足",实际上是建立在前文所述私人诉讼与公益诉讼的分工与双轨制基础上的,其中,私人诉讼定位于消费者私权保护,而公益诉讼定位于风险管控和公共利益保护。同时也正是在风险管控(及公共利益保护,下同)的意义上,公益诉讼与"行政救济制度"产生了关联性。至于这种关联是否确如制度设计者所言之"补充论",则有待澄清。

针对食品安全风险以及群体性致害事故,《食品安全法》及相关法律法规构建了相对完整的行政规制体制和实施工具,并集中体现为行政机关主导下的食品风险监测、风险评估、风险交流、信息追溯、食品安全标准、食品检验、食品召回、致害事故处置以及多元的行政管制手段和行政处罚方式。在行政机关主导下的风险管控体制中,任何群体性致害事故和超出食品安全标准之外的食品安全风险均已被纳入行政规制的范围。根据《消费公益诉讼司法解释》第 1 条规定的起诉条件和第 2 条细化的五类起诉对象,[①] 除了"不当交易条件"案件

---

① 参见《最高人民法院关于审理消费民事公益诉讼案件适用法律若干问题的解释》(法释[2020]20 号)第 2 条:"经营者提供的商品或者服务具有下列情形之一的,适用消费者权益保护法第四十七条规定:(一)提供的商品或者服务存在缺陷,侵害众多不特定消费者合法权益的;(二)提供的商品或者服务可能危及消费者人身、财产安全,未作出真实的说明和明确的警示,未标明正确使用商品或者接受服务的方法以及防止危害发生方法的;对提供的商品或者服务质量、性能、用途、有效期限等信息作虚假或引人误解宣传的;(三)宾馆、商场、餐馆、银行、机场、车站、港口、影剧院、景区、体育场馆、娱乐场所等经营场所存在危及消费者人身、财产安全风险的;(四)以格式条款、通知、声明、店堂告示等方式,作出排除或者限制消费者权利、减轻或者免除经营者责任、加重消费者责任等对消费者不公平、不合理规定的;(五)其他侵害众多不特定消费者合法权益或者具有危及消费者人身、财产安全风险等损害社会公共利益的行为。"

外，几乎所有可提起消费公益诉讼的"群体性致害事故"和"潜在致害风险"都已被纳入行政规制体制的管控范围。而且，在责任承担方式上，通过消费公益诉讼可实现的法律效果，除了"赔礼道歉"这个与风险管控关联度不高的责任承担方式外，其他诸如"停止侵害、排除妨碍、消除危险等民事责任"在行政规制体制中均可找到对等性制度安排。譬如，"停止侵害"在风险管控功能上对应于行政规制体制中的"责令停止违法行为"，"排除妨碍"在功能上对应于行政规制体制中的"责令整改"，"消除危险"对应于行政规制体制中的"消除隐患和责令召回"。

既然消费公益诉讼制度所承载的风险管控功能在既有的行政规制体制中均有对等性制度安排，那么，何来"补充"！从这个意义上看，至少在食品安全风险管控领域，当前的消费公益诉讼制度实际上是一种功能重叠的制度安排，并非制度设计者所期待的"补充论"。唯一可能存在"补充"的情形，只能是在行政机关偷懒和行政不作为的条件下，可借助消费公益诉讼来"补充"行政规制体制在实施层面的缺位，准确来讲，即实施机制的补充。在法经济学看来，理性经济人总是在约束条件下追求私益的最大化，行政规制机关的科层制结构、信息不对称以及有限监督之问题，[1] 使得行政执法人员不可避免地存在偷懒、被俘获等机会主义倾向。[2] 中国当前的食品风险规制领域更是如此，例如曾导致近 30 万婴儿受害的"三鹿奶粉事件"，在该事件被全面披露前 3 个月，已有多地消费者及收治病人的医院陆续向当时的国家质检部门和卫生行政部门反映婴幼儿食用三鹿奶粉后

---

[1] 参见[美]理查德·斯图尔特：《美国行政法的重构》，沈岿译，商务印书馆2002年版，第24—26页。

[2] See Matthew D. Zinn, "Policing Environmental Regulatory Enforcement: Cooperation, Capture, and Citizen Suits", 21 *Stan. Envtl. L. J.* 81, 133–134 (2002).

出现肾衰竭的情况,① 但执法部门并没有依法及时采取相应的食品风险交流、风险评估、监督检查和缺陷食品召回等应对措施,直至事件全面爆发后,行政规制机关才根据河北省委相关领导2008年9月10日作出的批示,陆续启动行政规制程序。行政规制机关在这一事件中的机会主义倾向明显。也许正是在此类行政不作为的意义上,消费公益诉讼制度才可能作为行政规制体制的一种"补充机制"。于是就不难理解《消费公益诉讼司法解释》第4条第3项为何要设置提起消费公益诉讼的"前置程序",并要求提交如下材料:"消费者组织就涉诉事项已按照消费者权益保护法第三十七条第四项或者第五项的规定履行公益性职责的证明材料",而《消费者权益保护法》第37条第4项之规定正是"向有关部门反映、查询,提出建议"。这样的规定意味着,只有当行政规制机关对于消费者协会反映的问题置之不理时,消费者协会才可以持相关证明材料向法院提起消费公益诉讼。这样的诉讼前置程序设计,已经暗示了消费公益诉讼制度在食品风险规制领域的功能定位——针对行政不作为的"补充实施机制"。

3. 公益诉讼在食品风险管控领域的功效评估

作为行政规制机关不作为情形下的"补充实施机制",食品公益诉讼究竟能在多大程度上发挥期待中的风险管控作用?这需要展开实证研究。鉴于《消费公益诉讼司法解释》生效时间不长,相关案例极为罕见,这里只能结合此前的案例素材和经验现象展开研究。根据消费公益诉讼的起诉条件,食品消费领域符合起诉条件的案例主要包括三类:一是侵害或可能侵害众多不特定消费者公共利益的不当交易条

---

① 参见《"三鹿奶粉事件"始末》,http://news.cctv.com/society/20090115/107648.shtml,最后访问日期:2016年9月6日。

件案件，如格式合同中的霸王条款；二是导致众多不特定消费者公共利益受损的缺陷食品致害案件，如"三鹿奶粉事件"；三是可能导致众多不特定消费者公共利益受损的食品致害风险案件，如"福喜过期肉事件"。由于第一类案例并不涉及食品安全及风险管控问题，这里仅就后两类案件展开讨论。

第一，群体性食品致害事故与公益诉讼制度的功效评估。结合相关案例素材来看，2008年的"三鹿奶粉事件"是符合当前消费公益诉讼起诉条件的最具代表性的案例之一。该案不仅存在众多且不特定受害者的事实（据不完全统计受害人已接近30万），而且给社会公共利益带来了极大的损害；不仅大量婴幼儿的身体受到永久性或潜伏性伤害，而且导致广大消费者对国产奶粉产生严重的不信任感。如果此事件发生在今天，在符合其他诸如"向有关部门反映"这样的程序性要件后，中国消费者协会或者省级消费者协会有权向有管辖权的法院提起消费公益诉讼，并可通过民事诉讼程序要求三鹿奶粉集团及其相关责任人"承担停止侵害、排除妨碍、消除危险、赔礼道歉等民事责任"。从功能上来看，这几种责任承担方式的效果主要是为了管控风险，防止损害的扩大化。

然而，结合实际情况来看，试图通过民事诉讼完成这样一个相对于行政规制而言较为简单的任务，不可避免地要面临一系列难题：(1)滞后性难题，相较于行政规制机关的管控手段（如责令停止违法行为、消除隐患、责令整改、责令召回、吊销营业执照等），通过消费公益诉讼这种司法程序实现"停止侵害、排除妨碍、消除危险"的目标，通常要经历较长的诉讼期间（一审、二审甚至再审），这不利于及时有效地管控迫在眉睫的食品安全风险。(2)诉讼成本问题，相较于行政规制机关相对便捷且多元化的执法资源和手段（如现场检查、监测设备与技术、遍布城乡的网格化执法队伍等），无执法权限的消费者协会在诉讼过程中通常要面临诸多取证难题。（3）缺少了"损害赔偿"这一核心激励，广大消费者参与公益诉讼程序并提供所掌握证据的动力将受到影响，这将进一步延缓诉讼时间并增加诉讼成本。（4）司法执行的固有难题，从经验来看，由于缺乏像行政规制机关那样遍布城乡各地的网格化执法队伍和执法资源，由法院来执行"停止侵害、排除妨碍、消除危险"这样的禁令判决往往会在执行效果上打折扣。

第二，扩散性食品致害风险与公益诉讼制度的功效评估。相较于已经出现致害事实的群体性致害案件而言，试图通过公益诉讼制度来管控潜在致害风险将更为困难。结合实际案例来看，"福喜过期肉事件"是符合消费公益诉讼起诉条件的最具代表性的潜在致害风险案例之一。作为具有全球影响力的大型冷冻肉供应商，福喜公司近10多年来向国内大型食品连锁企业提供了大量过期冷冻肉作为食品原料。① 由于食品致害原理的复杂性和潜伏期的存在，该案虽并未出现"三鹿奶粉事件"那样的群体性致害后果，但潜在致害风险不可排除。

众所周知，食品保质期是影响食品风险高低的重要因素之一，食用超过保质期的食品并非一定会造成可视性损害，但毋庸置疑的是，已届保质期的食品所隐含的安全风险将显著提高，这在相关食品安全标准制定过程中通常已做过风险评估，因而禁止过期食品上市销售。"福喜过期肉事件"虽未发现致害人群，且无法准确统计潜在受害人数，但从福喜公司过期肉的总销量来看，直接食用或经过深加工后食

---

① 参见徐维维：《福喜问题冷冻肉10余年来一直存在》，《21世纪经济报道》2014年7月24日。

用这些高风险过期食品的消费者不计其数。因此,该案完全符合《消费公益诉讼司法解释》所规定的存在危及众多不特定消费者公共利益的潜在风险之起诉要件。若事件发生在今天,在符合其他程序性要件后,省级以上消费者协会完全可向有管辖权的法院提起消费公益诉讼,要求经营者"停止侵害、排除妨碍、消除危险、赔礼道歉",以此管控食品致害风险。但问题是,由于尚未出现可视化的致害后果,针对潜在致害风险所提起的食品公益诉讼,首先要面临违法信息获取不足和诉讼程序的启动难题。作为原告的消费者协会若要获知此类"内幕信息"显然极为困难。事实表明,"福喜过期肉事件"实际上是由当地的电视台记者"潜伏"于涉事企业内部两个多月才获知相关信息。① 中国当今的消费者协会显然缺乏这种"卧底"资源和信息获取渠道。

"福喜过期肉事件"只是典型个案,食品的生产、加工、储存、销售遍布全国各地,且流动性极强,违法信息的获取成本普遍较高,被刻意隐蔽的"地下黑工厂"更是如此。获取风险信息之难题将直接影响公益诉讼的风险管控效果。除此之外,借由诉讼程序来管控诸如"福喜过期肉事件"这样的潜在致害风险,将面临比管控群体性致害事故更为严重的滞后性难题、诉讼成本问题、受害者参与诉讼动力不足和司法执行难题。这些问题严重制约了消费公益诉讼制度的风险管控效果。类似情况也存在于"地沟油"、添加剂滥用、掺杂掺假、微生物超标等重大食品风险领域。因此,不管是针对群体性致害事故还是潜在致害风险,中国当前的消费公益诉讼制度在食品风险管控问题上均乏善可陈,更谈不上制度设计者所言之"发挥公益诉讼

---

① 参见魏永征:《"福喜事件"和"卧底采访"的限度》,《新闻界》2014 年第 16 期。

制度优势"①。唯一可能的优势也许仅在于应对所有消费领域普遍存在的"不当交易条件",但这与食品安全风险管控无甚关联。

4. 消费公益诉讼的风险管控功能反思与定位

综上分析可以看出,我国当前的消费公益诉讼制度设计,除了能够应对消费领域一般性的"不当交易条件"问题外,在食品安全风险管控领域基本无法发挥制度设计者所期待的"补充"行政规制体制之功效,更谈不上所谓"制度优势"。具有中国特色的消费公益诉讼制度未来会走向何方,也许有两种可能:

一种方案是维持当前的消费公益诉讼制度不变,将其主要功能定位于解决消费领域普遍存在的"不当交易条件"问题,不对其风险管控功效有过高的期待。至于制度设计者所关心的"弥补行政救济制度的不足"之任务,②制度上有更便捷的方案可供选择。正如前文所言,作为"补充机制"的消费公益诉讼所要弥补的主要是行政规制机关的偷懒和机会主义问题。就此而言,对策上与其另起炉灶地设置公益诉讼制度作为补充机制,不如就事论事地对行政不作为本身进行管控。我国当前的市场规制法已经探索出制约行政不作为的有效手段,即"有奖举报+限期处理并告知+追究行政不作为的责任或渎职责任",例如《消费者权益保护法》第 46 条和 61 条、《食品安全法》第 115 条、《广告法》第 53 条和 73 条均旨在构建这一制度体系,只是严

---

① 程新文等:《我国消费民事公益诉讼制度的新发展——〈最高人民法院关于审理消费民事公益诉讼案件适用法律若干问题的解释〉的理解与适用》,《法律适用》2016 年第 7 期。

② 参见程新文等:《我国消费民事公益诉讼制度的新发展——〈最高人民法院关于审理消费民事公益诉讼案件适用法律若干问题的解释〉的理解与适用》,《法律适用》2016 年第 7 期。

第八章　食品风险的合作规制理念与制度

谨性和执行力有待加强。① 未来只需完善并严格执行该制度即可发挥公众的信息优势来揭露违法行为，并通过行政问责制来督促行政机关依法勤勉履职。法院只需在行政诉讼中保留最后的司法审查权即可。在这样的制度体系中，消费公益诉讼将主要用于解决"不当交易条件"问题，群体性致害事故和潜在致害风险的管控任务，将由更高效的行政规制体制加以应对。

另一种方案是借鉴诉讼信托理论全面改造当前的消费公益诉讼制度，允许有条件的消费者协会受让一定数量消费者的损害赔偿请求权和程序上的诉权，以自己的名义代表消费者提起包括损害赔偿请求权在内的公益诉讼。② 建议增加"损害赔偿"这一责任承担方式，是因为损害赔偿是激励消费者参与或启动诉讼程序的关键，借此可以调动广大消费者的积极性，解决现行公益诉讼面临的信息获取难题、程序启动障碍、消费者参与不足和滞后性难题，同时还可以解决消费者单独起诉所存在的规模不经济问题。但需要进一步说明的是，依据诉讼信托理论来改造我国当前的消费公益诉讼制度，首先需要扫清诉讼信托在我国的合法性障碍。现行《信托法》第 11 条规定："专以诉讼为目的设立的信托无效。"在比较法上，不承认诉讼信托的法律效力虽然是中国、日本、韩国等亚洲国家的常见做法，但对于涉及公共利益的诉讼信托，域外法往往又设置例外规定，比如我国台湾地区"消费者保护法"第 50 条规定："消费者保护团体对于同一之原因事件，致使众多消费者受害时，得受让二十人以上消费者损害赔偿请求权后，以自己名义，提起诉讼。"这样的制度设计有助于发挥公益诉讼

---

① 参见应飞虎：《食品安全有奖举报制度研究》，《社会科学》2013 年第 3 期。
② 参见宋亚辉：《消协在大规模侵权案件中的诉讼信托研究》，《甘肃政法学院学报》2010 年第 1 期。

制度所具有的消费者权益保护与风险管控之双重功能。台湾地区的消费公益诉讼制度值得借鉴，但制度上的障碍在于大陆的立法不承认诉讼信托的法律效力。

近年来，随着大规模风险致害事故的频繁发生，我国理论和实务界也开始讨论诉讼信托现象。诉讼信托是由实体法上的信托概念演变而来的，本质上是程序性诉权与实体权利在主体方面相分离的诉讼形式。由于《信托法》第11条明确否认诉讼信托的法律效力，因而我国现行法几乎不涉及这一制度。目前仅有部分学者从学理层面探讨诉讼信托的可行性。[①] 然而，近几年来频繁发生的重大食品安全事故、环境污染事故、缺陷产品致害事故，暴露了我国现行群体性诉讼制度的弊端。以"三鹿奶粉事件"为例，全国累计报告因食用三鹿奶粉导致泌尿系统出现异常的患儿近30万人，分布在甘肃、河南、江西、湖北、山东、安徽、湖南等众多省份。面对可能发生的大规模侵权诉讼，现行法上的普通个人诉讼、代表人诉讼和刑事附带民事诉讼在实践中都困难重重。有学者在上海、江苏、河南、陕西、广东等地进行了实证调研，共收集了34个群体性诉讼案件样本，其中只有9件成功采用代表人诉讼模式，不到1/4。从学者提供的数据来看，受访法院几乎每年都会受理若干群体性纠纷案件，实践中除了推选代表人诉讼外，更多的还是采用单独立案单独审理、合并立案分别审理、分别立案合并审理、示范性诉讼等方式处理，有62.7%的受访法官认为，"维稳"因素影响了案件的受理。[②] 类似于"三鹿奶粉事件"这样的

---

① 参见汤维建、刘静：《为谁诉讼，何以信托》，《现代法学》2007年第1期；徐卫：《论诉讼信托》，《河北法学》2006年第9期；齐树洁、苏婷婷：《公益诉讼与当事人适格之扩张》，《现代法学》2005年第5期；陈雪萍：《从信托的角度谈检察机关提起民事诉讼的正当性基础》，《法学杂志》2005年第4期；肖建华：《诉权与实体权利主体相分离的类型化分析》，《法学评论》2002年第1期。

② 参见吴英姿：《代表人诉讼制度设计缺陷》，《法学家》2009年第2期。

第八章 食品风险的合作规制理念与制度

群体性食品致害案件更是如此。"目前在我国群体纠纷的处理中,许多法院拒绝适用代表人诉讼,甚至普通共同诉讼在我国民事案件的审理中都'难觅踪影',而使我国的消费者不得不处于'单打独斗'的被动局面。正如南方周末网站 2004 年 6 月 10 日发表的'高尔宝事件'受害者提起共同诉讼被法院认为'不适合',涉案 1300 多人个个打官司又不现实,"高尔宝事件"受害者维权艰难的评论。类似情况在我国比较普遍。"① 面对这样的窘境,诉讼信托制度就显得尤为必要。消费者协会作为消费者整体利益的代表者,在欧盟、印度以及我国台湾地区,均可以自己的名义为消费者的利益向法院提起诉讼,尤其以我国台湾地区的立法最为典型,其"信托法"第 5 条原则上禁止诉讼信托,但是基于消费者诉讼的特殊性,又在其"消费者保护法"第 50 条中规定了诉讼信托制度,这样的态度值得大陆借鉴。

实际上,通过考察信托制度的起源可以发现,信托在英国的诞生是先有实践而后才被衡平法所承认的,之后才建立了正式的信托制度,它是英国人为规避法律而创造的一种财产所有权与财产受益权相分离的制度。当时的信托财产不包括程序法上的诉权,仅指那些可被占有、使用、收益的传统财产类型。在德国,随着司法实践的探索,遗产管理人诉讼和破产管理人诉讼领域也出现了权利主体与诉讼实施主体相分离的现象,学界后来将其总结为诉讼实施权理论,即"不代表自己的利益,以自己的名义进行诉讼,诉讼结果及于实体权利义务主体的这类代理人,应当有资格作为当事人向法院起诉。这种情形即是拥有诉讼实施权"②。这突破了德国法将诉讼当事人局限为实体权利义务人的传统观念,拓展了诉讼主体的范围,在诉讼法上被称为

---

① 章武生:《论群体性纠纷的解决机制》,《中国法学》2007 年第 3 期。
② 王锡三:《民事诉讼法研究》,重庆大学出版 1996 年版,第 117 页。

"诉讼担当",也有学者称之为诉讼信托。

制度变迁的经验表明,法律制度的创新不可忽视实践的需要。正像信托制度最早在英国诞生的历史那样,先有实践然后才有理论和制度的情况并不罕见,理论是对实践的总结和抽象。"就像律师的想象力一样,信托的目的是无限的。委托人只要不违反公共政策、不违法、不违反受益人原则,就可以为任何目的设立信托。"① 在中国,类似于诉讼信托的现象实际上早在1999年就曾得到司法机关的认可,最高人民法院曾对一个环境侵权案件做出批复,认定区政府在环境侵权诉讼中具有原告资格。② 这一批复具有开创意义,它突破了民事诉讼法所持的直接利害关系人理论,将适格的原告资格扩展到区政府,这是实践推动制度创新的重要表现,也为中国当前的环境公益诉讼和消费公益诉讼做了铺垫。除了诉讼信托这一法律障碍外,消费公益诉讼制度的设计不仅要处理好与私人诉讼的协调问题,还要处理好与行政规制体制之间的互补与合作问题,只有这样才能发挥行政与司法的比较优势,以公私合作的理念共同管控日益严峻的食品安全风险。

综上可以看出,我国的消费公益诉讼制度主要围绕三大问题而创设,即不当交易条件、群体性致害事故和潜在致害风险。透过公益诉讼的起诉条件、责任承担方式及其与私人诉讼的协调方案可以看出,我国当前的消费公益诉讼制度秉承风险管控的理念和功能定位,致力于通过民事诉讼程序实现公法上的风险管控目标,这是一种典型的公私合作规制的体现。作为一种风险管控工具,食品公益诉讼与行政规制手段之间的关系,被制度设计者定位为一种"补充机制",但实际

---

① [英]D. J. 海顿:《信托法》(第4版),周翼、王昊译,法律出版社2004年版,第75页。

② 参见《最高人民法院关于黑龙江省鸡西市梨树区人民政府与鸡西市化工局、沈阳冶炼厂环境污染纠纷案的复函》,[1999]民他字第31号。

上却是一种功能重叠的制度安排。食品安全风险及致害事故自身的特殊性，决定了我国当前的公益诉讼制度难以发挥期待中的"补充"效果。未来要么降低食品公益诉讼在风险管控问题上的功能预期（将规制体制改革的重点聚焦于完善当前运行效率不高的行政规制体制)，要么基于诉讼信托理论全面改造我国当前的公益诉讼制度，允许有条件的消费者协会（甚至更广泛的社会组织）受让一定数量消费者的损害赔偿请求权和程序性诉权，以自己的名义代表消费者提起包括损害赔偿请求权在内的公益诉讼，进而使公益诉讼在风险规制领域发挥比较优势，以公私合作的理念补充或辅助行政规制体制发挥风险管控作用。

五、三大部门法责任在食品领域的联动

从功能主义视角来看，法律责任制度也是一种风险规制工具，它们通过责任威慑机制来激励风险行为的实施者于事前采取措施防控风险。然而，受到大陆法系公私法二元结构以及部门法理论范式的影响，我国食品风险领域的法律责任制度呈现出民法、刑法、行政法彼此分立的格局，实践中也总体保持三大部门法责任并行不悖的局面。但对于兼具积极与消极意义的食品风险而言，三大部门法责任并行不悖的局面不利于维持最佳的责任威慑效果。在功能主义视角下，食品风险领域的法治绝非公私法二元对立和部门法互不干扰的法治，而是公私法合作与部门法联动的法治，如此才能避免威慑不足或威慑过度的双重风险。

1. 食品风险领域三大部门法责任并行不悖的格局

我国《食品安全法》第 147 条规定："违反本法规定，造成人身、

财产或者其他损害的,依法承担赔偿责任。生产经营者财产不足以同时承担民事赔偿责任和缴纳罚款、罚金时,先承担民事赔偿责任。"该条款在规定"民事赔偿责任优先原则"的同时,重申了我国法律体系中根深蒂固的民事、行政、刑事三大部门法责任并行不悖的格局。对此,全国人大常委会法制工作委员会出版的权威法律释义也解释道:"食品生产经营企业出现违反本法规定的违法行为,依据本章法律责任的规定,可能会出现财产责任方面的竞合,即:一方面因为给他人的人身和财产造成损害而需要对受害者承担民事赔偿责任,另一方面还需要接受监管部门罚款的行政处罚;如果构成犯罪的,还要承担罚金的刑事责任。"[1] 关于三大部门法责任之间的关系,除现行《行政处罚法》第35条规定了罚款与罚金之间的折抵以及拘留与自由刑之间的折抵规则外,制度上总体保持并行不悖的格局。

食品风险领域的民事、行政、刑事责任并行不悖的格局,乃是大陆法系部门法理论范式在法律责任层面的集中体现。在法律演化史上,大陆法系国家根据法律调整对象(行为或社会关系)的性质差异,区分了民法、行政法、刑法、诉讼法等不同的部门法体系,它们相互之间分工明确,以不同的方法调整不同性质的社会关系。由此决定了各部门法在调整对象、法律主体、权利、义务和责任等核心范畴上的差异,经过上百年的适用,逐步塑造了部门法的理论范式。这一理论范式强化了民事、行政、刑事责任并行不悖的格局。具体到食品风险领域,面对近年来频繁发生的重大食品致害事件,立法者为管控食品风险,分别从民法、行政法、刑法三个部门法视角,对三大部门法责任制度进行了分类改革。

---

[1] 全国人大常委会法制工作委员会行政法室编著:《中华人民共和国食品安全法解读》,中国法制出版社2015年版,第390页。

第一，民法的改革包括无过错责任的运用和惩罚性赔偿数额的扩大。例如《民法典》侵权责任编第4章专门规定了缺陷产品致害的无过错责任原则和惩罚性赔偿制度，《食品安全法》第148条进一步细化了惩罚性赔偿责任的承担方式与数额，详细规定了以食品价款为基数的十倍赔偿制度和以实际损害为基数的三倍赔偿制度，若增加赔偿的数额不足一千元的，补足一千元。在功能上，无过错责任原则的适用可以提高民事损害赔偿责任的追责概率，而惩罚性赔偿倍数的提高则可以增加责任数额，在二者的合力之下，责任威慑的程度也将随之提高。

第二，行政法为管控食品安全风险，不仅取消了施行多年的"食品免检制度"，而且在历次修法中不断提高《食品安全法》的行政处罚力度。例如2015年修订后的《食品安全法》第122条，将无照经营的行政罚款起算点，从2009年规定的两千元提高至五万元，增加了二十五倍之多；同时，以货值倍数作为计算方法的罚款幅度，从修订前的"五倍以上十倍以下"，提高至修订后的"十倍以上二十倍以下"。该法第123条对非法添加行为的罚款幅度，提高至"货值金额十五倍以上三十倍以下"。对于规模化生产的大型食品企业而言，实践中若处以货值数十倍的罚款，很容易出现所谓天价罚款案件。

第三，刑法为管控食品安全风险，早在1997年《刑法》中就规定了两个危险犯罪——"生产、销售不符合卫生标准的食品罪"和"生产、销售有毒、有害食品罪"。面对群体性食品致害事故频发的状况，2011年《刑法修正案（八）》将前者修改为"生产、销售不符合安全标准的食品罪"，并在"对人体健康造成严重危害"的量刑标准之外，又增加了"或者有其他严重情节的"规定，从而扩大了食品风险领域具体危险犯的适用范围。食品生产经营者一旦成立"生产、销售不符合安全标准的食品罪",根据《刑法》第 143 条的规定,"足以造成严重食物中毒事故或者其他严重食源性疾病的,处三年以下有期徒刑或者拘役,并处罚金;对人体健康造成严重危害或者有其他严重情节的,处三年以上七年以下有期徒刑,并处罚金;后果特别严重的,处七年以上有期徒刑或者无期徒刑,并处罚金或者没收财产"。这一修法取向清晰地显示,立法者不惜动用中国法律体系中最为严厉的刑事责任来管控日益严重的食品安全风险。

中国的做法在国际上并非特例。美国早在 20 世纪初期便推动了一系列食品安全立法和司法判例规则的发展。时至今日,美国在食品风险领域不仅存在极为严厉的惩罚性赔偿制度(惩罚倍数无上限)和严格的刑事责任制度,而且在联邦层面成立了十多个与食品有关的行政监管机构(例如美国联邦农业部、食品药品管理局等),致力于对食品安全风险实施分类监管。[1] 特别是近年来,随着食品安全风险事故的频发,越来越多的学者呼吁成立集中、权威的监管机构,加强对食品安全风险的行政管制力度。[2] 这与中国法的发展趋势类似。中美两国都在尝试利用多元化的法律手段来管控日益严重的食品安全风险。

2. 三大部门法责任不联动的潜在风险

受到大陆法系根深蒂固的部门法理论范式的影响,我国食品风险领域的三大部门法责任在适用过程中,总体保持并行不悖的格局。作为社会事实,三大部门法责任的适用对象可能是同一个食品经营者的

---

[1] See U. S. Gen. Accounting Office, *Food Safety and Security: Fundamental Changes Needed to Ensure Safe Food*, 18 – 19 (2001) [GAO-02-47T, Food Safety and Security].

[2] See Timothy M. Hammonds, "It Is Time to Designate a Single Food Safety Agency", 59 *Food & Drug L. J.* 427 (2004).

行为；但在法律逻辑上，民法、行政法、刑法对同一个致害行为做出了截然不同的三重法律评价，即是否构成民事侵权，是否构成行政违法，是否构成刑事犯罪。若三者同时成立，则分别承担民事责任、行政责任和刑事责任。这样的部门法分立格局在全国人大法工委的法律释义中表现得淋漓尽致："民事赔偿和缴纳罚款、罚金，都是一种财产责任，需要违法者通过支付一定数额的金钱来承担其违法行为的后果。但三者在性质上是完全不同的：民事赔偿属于民事责任的一种，目的是赔偿受害人所受到的人身和财产的损失，具有补偿性质；罚款是一种行政处罚，是一种行政责任，是行政机关对违反行政管理秩序的当事人所给予的一种处罚手段；而罚金则是一种刑事责任，是审判机关对于触犯刑法，构成犯罪的当事人所给予的刑事制裁。从这三种法律责任的决定主体上说，民事赔偿和罚金都是由国家的审判机关决定的；而罚款是由行政机关决定的。从这三种法律责任的性质上说，民事赔偿体现的是平等主体之间的补偿，而罚款和罚金则体现的是国家对违法者的惩罚。"①

法律逻辑上虽然是三种性质完全不同的责任，但对于责任承担者来说，民事损害赔偿、惩罚性赔偿、行政罚款、没收违法所得、刑事罚金和没收财产等财产责任都是"掏钱"，它们在食品经营者眼中只有量的差异，没有质的区别。若不考虑追责概率和实施程序上的差异，这三种不同性质的法律责任在威慑效果和规制功能上是无差异的。对于责任承担者来说，各类财产责任之间是可以彼此通约的，一元钱的赔偿与一元钱的罚款对于责任承担者来说是完全等价的。建立在理性经济人的假设条件下，任何一种性质的财产责任都是通过剥夺

---

① 全国人大常委会法制工作委员会行政法室编著：《中华人民共和国食品安全法解读》，中国法制出版社2015年版，第390页。

行为人一定数量的财产来改变其行为的成本-收益结构和预期收益，当理性经济人知其行为无利可图时，将会主动放弃实施相应的行为，食品风险管控的目的由此得以实现。这正是法律责任制度的威慑原理所在。这意味着，三大部门法上的责任制度之间只有彼此协调才能恰到好处地改变行为人的成本-收益结构，进而维持最佳的责任威慑效果。反之，若法律责任之间不协调，则可能产生两方面的风险：

第一，威慑不足的风险。在理性人假设的条件下，对于食品经营者来说，如果预期法律责任的数额小于其实施风险行为的潜在收益，则追求自身利益最大化的食品经营者将继续实施有利可图的风险行为，进而激发更多难以承受的食品安全风险，"三鹿奶粉事件"便是前车之鉴，这是威慑不足的惨痛教训。立法者近年来不断加大食品安全风险行为的追责力度，实际上也是以威慑不足作为其正当性基础。法律上不管是提升追责概率，还是增加责任数额，都旨在加重食品经营者的预期法律责任，进而扭转风险行为的成本-收益结构。理论和实务界对于威慑不足带来的风险及其应对措施已有较多关注，这里不再赘述。

第二，威慑过度的风险。相较于威慑不足的风险，不同部门法责任不协调所引发的威慑过度的风险更值得理论和实务界的关注，因为威慑过度可能比威慑不足更加危险。尤其是对于兼具积极与消极意义的食品风险而言，更严格的法律责任显然并不等于更安全的食品。原因在于，法律责任的数额与风险行为的数量之间并非简单的线性关系，当责任程度达到社会最优水平之后，继续提高责任程度（提高责任数额或者提高追责概率）不仅不会减少风险行为，反而可能激发更多的对策行为和法律规避行为，由此引发两个层面的系统性效应。

当食品经营者的预期责任数额超过其自身的财产能力时，理性的经营者只会根据自己的财产能力来确定其注意义务和谨慎程度，这可能引发两个方向的机会主义倾向。一方面，对于风险中性的行为人而言，责任财产不足的窘境将导致食品经营者缺乏足够的激励来预防食品安全事故。[1] 既有研究认为，当实际损害超过加害人自身的财产能力时，加害人会认为其所需承担的责任等于他拥有的财产，由此导致预防风险的激励不足。[2] 例如在"三鹿奶粉事件"中，加害人的责任财产显然不足以承担所有赔偿责任，这不仅影响矫正正义的实现，而且导致食品生产者防范风险的激励不足。另一方面，对于偏好风险的机会主义者而言，当预见到其将要承担的责任超过其财产能力时，可能会更加疯狂地实施更多的风险行为来补贴自己，因为超过责任财产临界点后再多实施风险行为对于责任承担者来说是无成本的，这将触发食品经营者更加疯狂的举动。

当食品经营者的预期法律责任数额超过其自身的财产能力时，无利可图的局面可能会促使理性的经营者直接放弃食品生产活动，这将触发食品供给不足和粮食短缺的系统性风险。这并非空穴来风，以"三鹿奶粉事件"引发社会关注的"三聚氰胺残留风险"为例，若法律上追求绝对安全，采用极为严苛的"零残留"标准，则牛奶经营者不仅会放弃人为添加三聚氰胺的非法行为，而且还不得不放弃含有三聚氰胺的塑料包装材料（这是现有技术条件下牛奶的常用包装材料），[3] 这将急剧提高牛奶的储存和运输成本，高额的成本将逼迫部

---

[1] See Steven Shavell, "Liability for Harm versus Regulation of Safety", 13 *Journal of Legal Studies* 357 (1984).

[2] See Steven Shavell, "The Judgement Proof Problem", 6 *International Review of Law and Economics* 45 (1986).

[3] 三聚氰胺并非食品原料，也不属于食品添加剂，但它是当前常用的塑料包装材料的重要成分，可通过环境和包装材料少量浸入食品中，这意味着，只要使用塑料包装，食品中都可能浸入少量的三聚氰胺。

分经营者放弃牛奶的生产经营活动,进而导致奶制品的供给不足和价格上涨。再譬如农药残留风险,若追求绝对安全,执行"零残留"标准,法律责任的过度威慑可能导致农药工厂关停,由此带来的结果是,害虫开始与人类争抢食物,人类将因此面临更为严重的粮食短缺风险。这属于典型的威慑过度。应当吸取的教训是,法律责任的设定并非多多益善,目前我国食品风险领域三大部门法责任不联动的状况,容易引发过度威慑的风险,这在理论和实务界并未得到足够的关注和研究。

3. 食品风险领域法律责任制度价值目标的统一

法的内在价值目标是外在制度体系设计的基准和灵魂,食品风险领域的三大部门法责任的分立格局,从根本上源于三个部门法之间价值目标的分野。这一逻辑在全国人大法工委的法律释义中表现得尤其明显。如其所言:民事赔偿的"目的是赔偿受害人所受到的人身和财产的损失,具有补偿性质";罚款是"行政机关对违反行政管理秩序的当事人所给予的一种处罚手段";而罚金是对"构成犯罪的当事人所给予的刑事制裁","三者在性质上是完全不同的"。[①] 正是因为三大部门法责任的性质不同,分别指向不同的价值目标,才证成了民事、行政、刑事责任并行不悖的格局,这是大陆法系传承上百年的法律内在价值体系。

然而,若立足于现代功能分化的社会则可发现,面对社会子系统的多元分化格局,法律上已无法用管制与自治的二分框架,以及惩罚与补偿的二分逻辑来应对多元分化社会的理性法则。本章研究的食品

[①] 全国人大常委会法制工作委员会行政法室编著:《中华人民共和国食品安全法解读》,中国法制出版社2015年版,第390页。

风险领域便是其例，这是一个相对独立且自成体系的社会子系统，食品风险的治理也必须要遵循本行业的内在规律和理性法则。这意味着，《食品安全法》的价值目标既不能单纯以"补偿损害的矫正正义"来理解，也不能以"惩罚加害行为的报应观念"来理解。该法应对的食品安全风险兼具积极与消极意义，它具有"双面性"的特征，每个参与其中的人既是风险发生的原因，也是风险致害的结果。只要生活于现代社会之中，任何人既受益于现代食品生产的工业化进程，也受害于食品工业化所带来的系统性风险。换言之，所有人既是受益者，也是受害者。面对如此独特的逻辑关系，若仍然单纯地以"补偿损害"或者"惩罚加害人"的公私法二分逻辑来理解《食品安全法》，显然过于教条和简单化了，这样的观念严重偏离了食品风险本身的复杂性和特殊性。这里需要再次重申："法之'理'源于社会，面对现代社会子系统的分化与公私融合趋势，曾经坚守私人自治的领域，如今已成为公私法协同共治的领地。"① 因此，不管是对于《食品安全法》的内在价值体系还是外在制度构造，都必须超越公私法二分体系，以公私融合的功能主义逻辑来理解，而不是单方面地关注民法是否填补了受害人的损害，行政法是否处罚了加害人的行政违法，刑法是否制裁了犯罪行为，这种部门法"各自为政"的思路偏离了《食品安全法》的真正价值。

若聚焦于《食品安全法》的功能主义目标，理论上真正应关注的核心问题是，如何将食品安全风险控制在社会可接受的最佳水平，而非泾渭分明地区分补偿与惩罚的二元逻辑，更不能人为割裂食品风险领域的私法与公法体系。倘若将"补偿损害"和"惩罚加害人"作

---

① 宋亚辉：《社会基础变迁与部门法分立格局的现代发展》，《法学家》2021年第1期。

为《食品安全法》的两个并行不悖的价值目标,这不仅偏离了《食品安全法》的内在价值,而且朝着"零风险"的目标迈进。对于兼具积极与消极意义的食品安全风险而言,追求"零风险"的做法甚至可能意味着更多、更严重的风险,这相当于以关停农药工厂的方式来防控食物的农药残留风险,其结果必然是粮食减产和食物短缺,这样的后果较之于承受少量的农药残留,显然更不可取。因此,在食品风险领域,不管是民事损害赔偿责任,还是行政处罚,抑或刑事制裁,其目标应当是协调统一的,而非"各自为政"。为正本清源,《食品安全法》统一的价值目标应当从"矫正正义"或者"惩罚与报应",走向风险防控的功利主义。更精确地说,《食品安全法》的目标应当是通过多种责任形式的协同作用,将食品安全风险控制在社会可接受的最佳水平。所谓"最佳",既非绝对安全的"零风险"目标,也非放任不管的高风险水平。

4. 以功能主义视角重新认识食品安全法上的责任

在食品风险领域,将行政处罚视为"风险规制工具"的观念,在大陆法系的理论和实务界越来越成为主流,但民事和刑事责任却不然。尽管近年来的法律经济学研究深刻揭示了民事损害赔偿责任的一般威慑效果及其预防功能,但民法学的主流观点仍视民事损害赔偿责任为一种补偿机制。与之类似,近年来的风险刑法理论对罪刑规范的功利主义改造虽然引发学界的广泛关注,但刑事责任的惩罚与报应观念依然根深蒂固。相较之下,在英美法系,由于法律社会学和法律经济学在20世纪后半叶以来的广泛影响,理论界对包括损害赔偿在内的各类法律责任的风险预防功能展开了越来越深入的研究。不少学者从规范和实证两个层面对各类法律责任的风险控制功能进行研究,例如，有学者通过实证研究发现，侵权法上的损害赔偿责任在交通事故领域的威慑效果和风险控制功能尤其明显;[1] 而刑事责任的风险控制功能在多种风险领域都有显著的作用空间。[2] 正是在这个意义上，民事责任和刑事责任可与行政责任等量齐观，以功能主义的逻辑可将它们纳入统一的分析框架，只不过在不同的风险领域三者各有所长。

在中国，介于"补偿"与"惩罚"之间的"惩罚性赔偿责任"，从1993年《消费者权益保护法》的首次引入，到今天的扩大化适用，尤其是《食品安全法》确立的以价款为基数的十倍赔偿制度、以损害为基数的三倍赔偿制度和定额惩罚性赔偿制度，促使国内法学界以更为开放的心态和多元的观念来看待不同部门法上的责任制度，并对法律责任制度的风险管控功能给予更多的关注。

若以《食品安全法》上的惩罚性赔偿责任作为观察的切入点，这种本质上为了激励私人诉讼，[3] 进而发挥私人监控作用与社会共治效果的独特责任变体，能帮助我们从认识论的角度，打通不同性质法律责任之间的思维禁锢，尤其是能够打破私法上的赔偿与公法上的惩罚之间的楚河汉界。这种不被传统大陆法系国家所接纳的惩罚性赔偿责任，被中国学者总结为"利用私法机制，达成公法目的的一种特殊法律责任制度"[4]。该表述一针见血，生动揭示了不同性质法律责任之间的内在联系，表明不同性质的法律责任之间存在某种共通的本质。功利主义理论的奠基人边沁以极为简洁的语言生动而又不失深刻

---

[1] See G. T. Schwartz, "Does Tort Law Deter?", 42 *UCLA Law Review* 377, 377–444 (1994).

[2] See Kennth Wolpin, "An Economic Analysis of Crime and Punishment in England and Wales 1894–1967", 86 *Journal of Political Economy* 815, 815–840 (1978).

[3] 参见李友根:《惩罚性赔偿制度的中国模式研究》,《法制与社会发展》2015年第6期。

[4] 金福海:《惩罚性赔偿制度研究》,法律出版社2008年版,第57页。

地表达了这一本质:"痛苦和快乐是激发人类行为的源泉,当一个人感受到或推断某个行为将会导致痛苦的结果时,在一种力量驱动下,他们倾向于放弃实施此类行为。如果有证据表明,这一痛苦的程度超过了该行为可能带来的预期收益,此人将会完全拒绝实施该行为。该行为所可能导致的痛苦也将因此得到避免。"① 根据人类行为趋利避害的自然法则,法律责任的设置正是为了调控行为人所感受到的"痛苦"程度,不管是民事赔偿责任、还是行政罚款与刑事罚金,抑或自由刑与死刑,它们所带来的不同形式的"痛苦",主要表现为"度"的差异。这揭示了所有法律责任制度设计的共通原理,即通过课加法律责任来调整风险行为的成本-收益结构,进而改变行为人的预期收益和行动安排。对于生产不安全食品的经营者来说,处以何种形式的法律责任,主要取决于法律对其进行责任威慑的"度"的需求。

如果说财产责任的一体化处理相对容易理解并易于被接纳的话,那么,以多种形式存在的非财产性责任,将更加难以被统合并做一体化的处理。我国现行法上的民事、行政、刑事三大法律责任类型中,都不同程度地存在非财产性的责任承担方式,例如民事责任中的停止侵害、排除妨碍、消除危险等;刑事责任中的拘役、管制、自由刑等;以及行政责任中的行为罚、资格罚等,如责令召回、责令停产停业、暂扣或者吊销许可证、暂扣或吊销执照等等。我国立法者虽然称之为责任承担方式,但在功能上,非财产性责任除了能够引发"痛苦"而产生责任威慑效果外,由于其直接作用于风险行为本身或者行为人的身体,因而还具有与行政许可、行政强制等行政管制工具类

---

① Jeremy Bentham, *The Rationale of Punishment*, Nabu Press, 2010, pp. 19-20.

似的效果。因此，食品风险领域的非财产性责任往往兼具责任威慑与行为管制的双重效果。

若以行为管制的视角来看，非财产性责任还是一种事前和过程控制手段。根据管制时机的不同，有学者将行为管制分为"输入控制"（input control）和"输出控制"（output control），[1] 前者是限制行为人必须实施或者不得实施特定的风险行为，例如停止侵害、排除妨碍、责令停产停业等；后者限制行为或产品必须符合特定的质量或安全标准，从"输出"环节管控风险，例如缺陷食品的责令召回。虽然输出控制是从行为结果着手管控风险，但若以事故是否发生为标准，输出控制仍表现为一种事前的管制工具。相比之下，财产责任所发挥的威慑功能则是一种典型的事后控制工具。在效果上，事前与事后的手段各有优劣，不同性质法律责任（规制工具）之间的联动，也包括事前与事后手段之间的联动。

5. 民事、行政、刑事责任承担方式的体系重构

责任威慑的基本原理表明，在食品风险领域，责任承担方式的选择主要取决于责任威慑之"度"的需求，为确保最佳的威慑程度，各类不同性质的法律责任之间必须保持协调与合作，具体需要从以下几个方面展开：

第一，不同性质的财产责任之间应保持联动，确保财产责任叠加适用带来的威慑程度符合最佳威慑标准的要求。[2] 例如，针对同一风险行为，(1)若损害赔偿责任的承担足以激励行为人防控风险事故的

---

[1] 参见[美]理查德·波斯纳：《法律的经济分析》，蒋兆康译，法律出版社2012年版，第550—551页。

[2] 关于最佳威慑标准的设定原理与方法，请参见本书第四章。

发生,[①]则行政处罚和刑事制裁便是多余的,因为对"双面性"风险的过度威慑有时候比威慑不足更可怕;(2)惩罚性赔偿倍数的设定应当考虑威慑程度的需要,不宜一刀切地规定食品价款的十倍或者损害的三倍,制度上应当给法官预留必要的自由裁量权;(3)除了行政罚款与刑事罚金之间的折抵规则外,应当在食品风险领域扩大财产责任之间折抵规则的适用范围,将损害赔偿、惩罚性赔偿、罚款、罚金、没收财产、没收违法所得等财产责任,整体性地纳入责任联动体系,在个案中根据总体威慑程度的需要,统筹适用各类财产责任承担方式,确保叠加适用的效果符合最佳威慑标准。

第二,财产责任与非财产责任之间也应保持适度的联动,确保以更低的成本落实食品风险管控目标。根据责任威慑理论,我国食品风险领域的责任承担方式总体上可分为三类:剥夺财产、剥夺自由和自由刑(罚)以外的行为/资格管制。根据最佳威慑原理,这三种责任承担方式之间也要保持适度的联动。(1)相较于剥夺财产,剥夺自由需要支付额外的执行成本,因此,以法律经济学的视角观之,在财产责任尚可继续提升威慑程度之前,径行使用自由罚(刑)是不划算的,换言之,剥夺财产相较于剥夺自由应当优先适用。(2)当剥夺财产不足以发挥威慑效果时,才需要通过剥夺自由来增加威慑程度,甚至,剥夺财产和剥夺自由之间也存在"折抵"的可能性。经验研究表明,在犯罪人看来,特定数额的罚金与一定长度的刑期在"痛苦"程度

---

① 在法律经济学看来,"损害赔偿的目标不是为了强制人们遵守法律,而是强制违法者支付相当于违法机会成本的代价(即外部性的内部化)。如果这种代价低于他从不法行为所取得的价值,那么只有违法才能使效率最大化,而法律制度在实际上也鼓励他这么做;如果相反,效率就要求他不违法,而且损害赔偿为之提供了恰当的激励"。参见[美]理查德·波斯纳:《法律的经济分析》,蒋兆康译,法律出版社2012年版,第20—21页。

上是相当的,这样的认知基础为财产刑与自由刑之间的威慑程度折抵奠定了基础。①(3)相较于责任威慑,形式多样的行为/资格管制可直接作用于风险行为本身,在食品风险管控问题上通常效率更高,因而可作为责任威慑机制的辅助性或替代性手段加以运用,例如《食品安全法》上的强制召回,可作为辅助手段发挥高效止损的效果,而责令停产停业和吊销营业执照可直接替代责任威慑机制,终局性地解决缺陷食品致害问题。

第三,既然不同的责任承担方式之间存在"折抵"或者"通约"的可能性,那么,对于功能相似但法域归属不同的责任承担方式而言,其责任构成要件也有协调或统一的可能。在这个问题上,现行《食品安全法》和《产品质量法》已有先例可循,现行法在产品缺陷的民事责任认定、惩罚性赔偿责任的构成以及行政处罚责任的认定中,均引入了公法上的"食品安全标准"作为上述责任成立的核心要件,借助"食品安全标准"打破部门法之间的壁垒,将民事损害赔偿、惩罚性赔偿、行政处罚这三种不同性质的法律责任串联起来。这一做法虽然对私法内在体系的融贯性带来了一定的干扰,②但同时也为不同部门法责任构成要件的体系化提供了一个值得研究的样本。除此之外,民事责任承担方式中的"停止侵害"与行政责任承担方式中的"责令停止违法行为"之间,以及民事责任中的"消除危险"与行政责任中的"责令召回"及其他"行政禁令"之间,均具有功能上的相似性,其责任构成要件是否也有协调的必要和可能,尚待研究。

---

① See R. Barry Ruback et al., "Perception and Payment of Economic Sanctions: A Survey of Offenders", 70 *Fed. Probation* 26 (2006).

② 参见本书第九章。

6. 程序法视角下三大部门法责任的联动机制

在食品风险领域，民事、行政、刑事三大部门法责任之间的联动虽然具有风险控制功能上的优势，但在制度改革与实践过程中却面临巨大障碍，原因主要有两个方面：一是在法的理念层面，大陆法系根深蒂固的部门法理论范式塑造了强大的路径依赖力量，学者和立法者均不自觉地以部门法分立格局来看待民事、行政与刑事责任，无条件地认可部门法理论范式的严谨性和正确性，由此导致部门法责任之间的联动被视为一种僭越甚至异端。二是在法律实施的技术层面，民事责任、行政责任、刑事责任各有其独特且固定的实施路径，任何旨在打通三大部门法责任的尝试，都将"牵一发而动全身"，必然遭遇法律责任实施程序上的各种冲突与难题。面对这两个巨大障碍，观念的革新需要一个漫长的过程，而法律实施程序方面的技术性障碍，则可通过深入研究来逐步解决。

在实施程序上，民事损害赔偿和惩罚性赔偿责任采用的是一种市场化的实施机制，由当事人自行决定是否以及何时向法院提起私人诉讼，并借助法院的司法裁判加以实施；行政责任在中国几乎完全由行政机关自行启动实施程序并作出处罚决定；刑事责任则主要由国家公诉机关向法院提起公诉程序，最终通过法院的司法裁决加以实施。这三种责任实施机制各自独立运行，除了偶有发生的程序交叉外（如刑事附带民事诉讼），三套程序总体上并行不悖，且遵循各不相同的程序法理和规范逻辑。在这样的情况下，若要实现实体法上的责任联动，首先要打通上述三套法律程序之间的壁垒，而这将是一个庞大的系统工程。而且，这三套法律程序启动的时机和顺序并无固定的规则，这导致三大部门法责任的联动缺乏稳定的协调机制。例如，既有研究已经认识到惩罚性赔偿与行政罚款、刑事罚金之间协调的必要性，诚如学者所言："为避免惩罚过度，在行使自由确定惩罚性赔偿金的权力时，法官应兼顾经营者的同一不当行为被有关行政部门处以多少罚款，或被刑事法庭判处多少罚金。如果处以较重的罚款或罚金，应相应地判处较低的惩罚性赔偿金；如罚款或罚金较轻，可判处较高的惩罚性赔偿金。"① 但问题是，在实施过程中，惩罚性赔偿与行政罚款何者在先，实践中并无固定的模式，两者的决定分别由不同的机关依据不同的程序各自独立作出。若要实现联动，必须查明当事人是否已经受到过相应的财产罚（以及未来被处罚的可能性）。谁应当承担查明之义务？尤其是当遇到两个或两个以上的财产责任实施程序同时进行时，是否需要暂停其一，以便根据在先判处的财产罚数额来决定另外一个法律责任的课处金额？以及这样的联动机制如何解决同类案件横向比较中的"同案同判（罚）"问题？诸如此类，在根深蒂固的部门法分立格局中，若要实现三大部门法责任之间的联动，势必要解决一系列程序法上的障碍和难题。

从现行法的规定及其实践情况来看，能够实现责任联动的领域基本都建立在相对成熟的程序法协调机制的基础上，常见的情况主要有二：（1）在行政刑罚领域，行政机关与司法机关之间的案件移送制度，为行政罚款与刑事罚金（以及行政拘留与自由刑）之间的联动与折抵提供了程序上的便利和信息传递机制，接受移送的审查起诉机关和司法裁判机关有足够的信息和机会来考虑财产责任之间的联动与折抵方案。（2）刑事附带民事诉讼制度的确立，为民事责任与刑事责任之间的彼此联动提供了程序上的机会和便利。我国《刑事诉讼法》第

---

① 朱广新：《惩罚性赔偿制度的演进与适用》，《中国社会科学》2014年第3期。

101 条规定："被害人由于被告人的犯罪行为而遭受物质损失的，在刑事诉讼过程中，有权提起附带民事诉讼。被害人死亡或者丧失行为能力的，被害人的法定代理人、近亲属有权提起附带民事诉讼。如果是国家财产、集体财产遭受损失的，人民检察院在提起公诉的时候，可以提起附带民事诉讼。"在这一程序法的轨道上，我国在交通肇事领域率先开展民事责任与刑事责任之间的联动实施机制，目前主要包括"威慑补充"和"赔钱减刑"两种方式。对于前者，《最高人民法院关于审理交通肇事刑事案件具体应用法律若干问题的解释》（法释［2000］33 号）第 2 条将交通肇事案件的加害人"无能力赔偿数额在三十万元以上"的情节，作为刑事案件入罪的考量标准之一，[①] 致力于通过刑事责任来弥补民事损害赔偿责任的威慑不足。除此之外，在包括食品安全犯罪在内的更广泛的风险领域，《最高人民法院关于刑事附带民事诉讼范围问题的规定》（法释［2000］47 号）第 4 条规定："被告人已经赔偿被害人物质损失的，人民法院可以作为量刑情节予以考虑。"这一规定已于 2012 年被《最高人民法院关于适用〈中华人民共和国刑事诉讼法〉的解释》（法释［2012］21 号）第 157 条所取代。[②] 在此基础上，《人民法院量刑指导意见试行》（法发［2010］36 号）还作了细化规定："对于积极赔偿被害人经济损失的，综合考虑犯罪性质、赔偿数额、赔偿能力等情况，可以减少基准刑的 30%以下。"2017 年

[①] 参见《最高人民法院关于审理交通肇事刑事案件具体应用法律若干问题的解释》（法释［2000］33 号）第 2 条："交通肇事具有下列情形之一的，处三年以下有期徒刑或者拘役：（一）死亡一人或者重伤三人以上，负事故全部或者主要责任的；（二）死亡三人以上，负事故同等责任的；（三）造成公共财产或者他人财产直接损失，负事故全部或者主要责任，无能力赔偿数额在三十万元以上的。"

[②] 参见《最高人民法院关于适用〈中华人民共和国刑事诉讼法〉的解释》（法释［2012］21 号）第 157 条："审理刑事附带民事诉讼案件，人民法院应当结合被告人赔偿被害人物质损失的情况认定其悔罪表现，并在量刑时予以考虑。"

修订《最高人民法院关于常见犯罪的量刑指导意见》(法发[2017]7号)时,根据加害人不同的退赔情节和获得受害人谅解的程度,将减少基准刑的幅度细化为20%、30%、40%、50%直至免除处罚。[①] 这种被理论界称为"赔钱减刑"的规定,虽然时常遭遇社会公平性的质疑,但在风险规制层面也带来了诸多正面效应。此举不仅有助于激励刑事案件的加害人积极赔偿受害人的损失并缓解社会矛盾,而且为避免食品风险规制中的"过度威慑"问题提供了制度上的裁量依据,是刑事责任与民事责任保持联动的有益尝试。

综上可以看出,不同部门法的责任承担方式之间的联动,不仅面临实体法上的观念障碍与部门法学者的正当性疑问,同时还高度依赖程序法上的协调机制与时机。尤其是对发生在交通肇事领域的部门法责任联动机制已经进行了二十余年的实践探索,未来应当对其实施效果进行深入调查研究,吸取经验和教训,逐步探索包括食品风险领域在内的更广泛领域的部门法责任联动机制,努力通过责任联动来避免威慑过度和威慑不足的双重风险。作为最棘手的问题,行政处罚与民事损害赔偿及惩罚性赔偿之间的联动,目前尚无任何程序法上的沟通平台与互动机制,未来需要从程序法和实体法两个视角探索民事与行政责任之间联动的可能。从理想意义上讲,若损害赔偿和惩罚性赔偿

---

① 参见《最高人民法院关于常见犯罪的量刑指导意见》(法发[2017]7号)第三部分"常见量刑情节的适用"第8条:"对于退赃、退赔的,综合考虑犯罪性质、退赃、退赔行为对损害结果所能弥补的程度、退赃、退赔的数额及主动程度等情况,可以减少基准刑的30%以下;其中抢劫等严重危害社会治安犯罪的应从严掌握。"第9条:"对于积极赔偿被害人经济损失并取得谅解的,综合考虑犯罪性质、赔偿数额、赔偿能力以及认罪、悔罪程度等情况,可以减少基准刑的40%以下;积极赔偿但没有取得谅解的,可以减少基准刑的30%以下;尽管没有赔偿,但取得谅解的,可以减少基准刑的20%以下。其中抢劫、强奸等严重危害社会治安犯罪的应从严掌握。"第10条:"对于当事人根据刑事诉讼法第二百七十七条达成刑事和解协议的,综合考虑犯罪性质、赔偿数额、赔礼道歉以及真诚悔罪等情况,可以减少基准刑的50%以下;犯罪较轻的,可以减少基准刑的50%以上或者依法免除处罚。"

责任能够得到优先实施，行政机关在行政处罚程序中将有机会把当事人因同一行为已承担民事责任的情况作为行政处罚的考量因素，发挥行政处罚的威慑补充作用。但问题是，相较于行政处罚，损害赔偿与惩罚性赔偿的实施和执行程序更为繁杂、耗时，在实践中，面对同一食品致害行为，作为威慑补充机制的行政处罚往往得到优先执行。这不仅影响《食品安全法》第147条"民事损害赔偿责任优先原则"的实现，而且为责任联动和威慑补充机制的实施提出了实践难题，问题的解决有待进一步研究。

第九章
由食品安全标准搭建的公私法合作框架

由行政机关制定的食品安全标准，不管是在食品风险的行政规制还是司法规制过程中，都扮演着关键作用，堪称"标准至上"的治理模式之典范。尤其是惩罚性赔偿责任的构成、食品缺陷和产品责任的判定，几乎完全取决于食品安全标准及其被遵守的情况。因此，研究食品风险的法律规制问题绝不可忽视食品安全标准的作用。而且，更重要的是，我国现行法上的食品安全标准还发挥着沟通公法与私法的桥梁作用，乃公法与私法合作规制体制的黏合剂。本章将以公法上的食品安全标准在私法上的效力问题为切入点，从公法与私法合作规制的视角，专题研究由食品安全标准所搭建的公私法之间的合作框架。

面对"标准至上"的立法取向，理论上有必要反思：作为一种技术性的公法规则，食品安全标准究竟应当在公私法规范杂糅的《食品安全法》中扮演怎样的角色？若以大陆法系的公私法二元结构来看，作为一种公法规则，食品安全标准的效力范围及于行政执法领域自无疑问，但其在私法（或民事司法）上是否也具有相应的法律效力，理论和实践中颇具争议，这涉及两个层面的问题：一是违反食品安全标准的事实，对民事责任的构成将产生何种影响？二是遵守食品安全标准的事实，能否成为免除民事责任的抗辩事由？从既有研究来看，学界总体认可食品安全标准作为实质性"法规范"之效力，但其效力来源、等级和范围仍不清晰。就其在私法上的效力而言，现行法在关键位置为食品安全标准嵌入私法设置了三条管道，并照单全收完全认可食品安全标准的私法效力。此举固然有风险管控功能上的考虑，但其将私法上的弹性概念完全置换为公法上已实现标准化甚至数字化的食品安全标准，严重掏空了私法自治的精神内核，相应的风险规制效果也不理想。公法上的食品安全标准在私法上的效力问题，本质上是食品安全风险领域的公私法合作框架在私法一侧的投影。准确判断食品安全标准的私法效力，必须回归问题的本源，从食品风险规制的公私法合作理论中寻找答案。

一、作为公法规则的食品安全标准

1. 食品安全标准及其法律性质争议

本章所言之"食品安全标准"是《食品安全法》首次确立的法定概念，它是由国务院（或省级）卫生行政部门会同其他相关部门，就食品安全相关事项所制定的可反复适用且被直接命名为"食品安全标准"的强制性技术规范。食品安全标准全面统合了我国2009年之前存在的"食用农产品质量安全标准、食品卫生标准、食品质量标准和有关食品的行业标准中强制执行的标准"（2009年《食品安全法》第22条），从立法上彻底改变了此前多种标准并存的局面。至于食品安全标准的法律效力，现行《食品安全法》（2015年修订版，下同）第25条规定："食品安全标准是强制执行的标准。除食品安全标准外，不得制定其他食品强制性标准。"具有强制执行力的食品安标准包括国家标准和地方标准①，后者仅在国家标准缺失的条件下，由省级卫生行政部门制定并在本辖区内执行。

理论上该如何认识食品安全标准的"强制执行力"？其法律性质和效力如何确定？从既有研究来看，理论界主要是从形式主义标准出发（如制定主体、授权依据、制定程序、公布方法和外在形式），认定包括食品安全标准在内的强制性技术标准不具有形式意义上的"法"的外观，因而也并非正式法律渊源体系当中的"法"。②公法学界将这些无名分的规范称为"行政规定或行政规则"。③这样的性质定位自然也决定了食品安全标准的适用范围仅限于行政机关内部，不直接产生"外部效果"。④然而，在实践中，食品安全标准的适用范围早已从行政执法扩展到民事司法、行政司法和刑事司法领域。现行《食品安全法》第4条第2款直接将"食品安全标准"列于"法律、法规"之后，作为食品生产经营活动中必须遵循的规范依据之一。由此引发的问题是：一个由行政机关制定的非立法性规则⑤，为何能对法院及私人行为产生规范效果？对此，理论上存在三种学说：

第一，实质法规范说。由于考虑到强制性技术标准在我国《立法

---

① 现行《食品安全法》第30条还规定了食品安全"企业标准"，但若将其视为本法第25条意义上的"食品安全标准"，则其当然具有强制执行力，而这将面临诸多理论和实践障碍，本书暂不讨论"企业标准"。

② 参见宋华琳：《论技术标准的法律性质》，《行政法学研究》2008年第3期。

③ 参见朱芒：《论行政规定的性质》，《中国法学》2003年第1期；宋华琳：《论行政规则对司法的规范效应》，《中国法学》2006年第6期。

④ 大陆法系将行政机关所制定的行为规范区分为法规命令和行政规则两类。其中，前者是关于行政主体和私人关系的一般性规范，后者不与私人主体发生直接的权利义务关系，仅适用于行政机关内部，不具有所谓外部效果。参见[日]盐野宏：《行政法》，杨建顺译，法律出版社1999年版，第67页；[德]哈特穆特·毛雷尔：《行政法学总论》，高家伟译，法律出版社2000年版，第313、591页。

⑤ 立法性规则和非立法性规则是英美法系的区分，前者对法院有约束力，后者则没有约束力。相关评价参见 David L. Franklin, "Legislative Rules, Nonlegislative Rules, and the Perils of the Short Cut", 120 *Yale L. J.* 276 (2010)。

法》上没有明确的定位,但从实际作用和外部效果这一实质主义判定标准来看,[1] 包括食品安全标准在内的强制性技术标准,不仅对私人主体具有约束力,而且对司法也具有显著的"规范效应",[2] 因而被视为实质意义上的"法规范"。[3] 理论上承认食品安全标准作为一种法规范的基础性地位,虽然解决了其作为行政执法乃至司法裁判依据的理论障碍,但遗留问题在于,作为"实质法规范",食品安全标准究竟应当在何种程度上、多大范围内具有"法规范"之效力?

第二,技术法规说。[4] 1979 年《标准化管理条例》(已失效)第 18 条规定:"标准一经批准发布,就是技术法规。"但这一概念在随后确立的法源体系中并未得到确认。1988 年《标准化法》也删除了这一规定,"技术法规"之说也一度销声匿迹。但在中国加入 WTO 期间,问题再次浮现。我国政府将"强制性标准"等同于 WTO 文件中的"技术法规"。[5] 这一概念完全抛开《立法法》,另起炉灶地创设了全新的规范类型,但却并未澄清其在法源体系中的定位。因此,"技术法规说"与"实质法规范说"的贡献相当,但缺陷也类似,它们笼统地承认强制性标准的法规范地位,但也仅此而已,其效力来源、等级和范围均未被澄清。

---

[1] 实质主义标准的介绍,参见朱芒:《论行政规定的性质》,《中国法学》2003 年第 1 期。

[2] 参见宋华琳:《论行政规则对司法的规范效应》,《中国法学》2006 年第 6 期。

[3] 参见宋华琳:《论技术标准的法律性质》,《行政法学研究》2008 年第 3 期。

[4] 参见欧元军、史全增:《关于我国食品安全标准的规范分析》,《法律适用》2012 年第 10 期。

[5] 根据 WTO《技术性贸易壁垒协议》(简称"WTO/TBT")的定义,"标准"是自愿性的,"技术法规"才具有强制力,但这与我国《标准化法》第 25 条有关强制性标准的立场相悖,基于国际接轨的需要,中国的入世文件将"强制性标准"等同于 WTO/TBT 的"technical regulations",翻译为"技术法规"。国家质量技术监督局曾明确指出:"强制性标准在我国具有强制约束力,相当于技术法规。"参见《〈关于对强制性标准实行条文强制的若干规定〉的编制说明》,《中国标准导报》1999 年第 4 期。

第三，法律事实或证据说。在承认强制性标准不属于"法"且不能作为裁判依据的前提下，有学者为强制性标准的效力提供了别样的论证思路："强制性标准可以在裁判理由中被引用和评述，符合强制性标准可以作为一种法律事实或证据加以援引。"[1] 在笔者看来，这一观点本身是不言而喻的，这是强制性标准在司法实践中最低限度的效力体现，遵守或者违反任何一种规范性文件，均可作为司法证据使用，只是其证明力强弱不同而已。但食品安全标准在法治实践中通常具有更强的效力，绝非法律事实和司法证据所能充分体现的。而且，法律上的"规范"与"事实"是两回事，通过赋予特定事实以证据效力一定程度上可反推该事实所遵循之"规范"的效力，但这从根本上回避了问题本身。

2. 食品安全标准的效力重述

第一，效力来源。关于"实质法规范说"所主张的实质意义上的法律效力来源问题，既有研究只是以实证描述加以回应，背后的理论基础仍未充分展开。食品安全标准之所以具有实质意义上的法效力，原因还要从技术性标准在现代社会所扮演的角色谈起。在社会分工日益精细化和专业化的今天，专业壁垒造就了专业人群的技术权威，包括食品安全标准在内的强制性技术标准，正是在专业壁垒森严的背景下走向社会治理的核心舞台。作为行为规范之一种，食品安全标准与行政法规、部门规章等形式意义上的法律规范之间的差异，不只是表面上的授权主体、程序和公布方法的差异，更具实质意义的差异在于：其所处理的全部都是专业技术问题（如添加剂含量、农药残

---

[1] 何鹰：《强制性标准的法律地位》，《政法论坛》2010年第2期。

留量及其监测方法等),无论是制定主体的选择(由国务院卫生行政部门主导)还是制定程序的设计(由多学科专家组成的食品安全标准审评委员会审查通过),一切都围绕"技术性"这一核心要素展开。行政和司法机关在实践中给予食品安全标准极高的尊重,主要不是基于其在法律渊源体系中的等级序列,而是源于技术权威。[①] 恰似患者对医生的药方给予极高的尊重一样,食品安全标准的效力与其说来自其作为规范性文件的等级效力,不如说是来自技术权威所生之尊重效力。[②] 这也正是法律效力概念在理论上出现形式意义与实质意义之分野的关键原因。正是基于此,有学者将规范性文件的效力区分为"来源于规范内容的效力和来源于制定权威的效力"[③]。

第二,效力等级。在认可实质意义上的法效力基础上,理论界关于食品安全标准的效力争议,很大程度上是关于效力等级之争——属于"规章"还是规章以下的"其他规范性文件"?[④] 这需要区分行政与司法分别加以说明:(1)在行政执法领域,准确界定规范性文件的效力等级,除了立法层面的授权和限权之意义外,实践中主要是为了依"上位法优先原则"来解决规范冲突问题,但就食品安全标准而言,这样的问题意识缺乏实践基础。虽然同属行为规范,但食品安全

[①] 这实际上也正是拉宾教授主张在专业技术领域承认合规抗辩的主要理由,因为相较于法院对注意义务或谨慎标准的判断,食品药品监督管理部门在其所规制的领域内具有显著的专业性优势。参见 Robert L. Rabin, "Reassessing Regulatory Compliance", 88 *Geo. L. J.* 2049, 2074 – 2075 (2000)。

[②] 与之相类似,美国关于"司法遵从"(Judicial Deference,即司法对行政机关所定之规则或制定法解释的尊重)的争论和实践,除了政策判断上的连贯性和可问责性之影响因素外,很大程度上是基于行政机关的技术权威来论证司法遵从的必要性。参见 Shruti Rana, "Chevron Without the Courts?: The Supreme Court's Recent Chevron Jurisprudence Through an Immigration Lens", 26 *Geo. Immigr. L. J.* 313, 324 (2012)。

[③] 俞祺:《正确性抑或权威性:论规范效力的不同维度》,《中外法学》2014 年第 4 期。

[④] 参见何鹰:《强制性标准的法律地位》,《政法论坛》2010 年第 2 期。

标准与形式意义上的法律渊源体系所回应的问题截然不同，前者纯粹属于技术性问题，后者则极少涉及专业技术问题，二者通常没有交集，也不太会发生冲突。既如此，对二者进行效力等级排序自然也失去了现实意义。(2)问题的关键在于司法上的效力等级。有学者比照形式意义上的法律渊源体系，将强制性技术标准视为规章或其他规范性文件，进而为司法能否"参照"适用提供逻辑前提。但在实践中，食品安全标准的司法效力绝非"参照"所能简单概括，其效力等级有时候远高于规章，甚至被直接作为裁判依据适用。在立法技术上，食品安全标准在民事、行政和刑事司法上的效力，通常是通过设置在各部门法或单行立法中的空白要件或转致条款，以特别设置的转接管道将食品安全标准嵌入各个部门法，并产生相应的司法效力。由于各部门法上的转接管道设计各不相同，因而食品安全标准在民事、行政和刑事司法上的效力状况也存在差异。因此，简单比照行政规章来认识食品安全标准的司法效力，显然是以偏概全，正确的思路应当从具体的转致条款入手，结合特定部门法进行具体分析。

第三，效力范围或适用范围。食品安全标准可在多大范围内成为行政执法和司法裁判的依据？作为公法规则，其效力范围及于行政执法领域自无疑问，但在司法上具有何种"规范效应"？这需要区分民事、行政和刑事司法分别展开。(1)强制性技术标准在行政司法上的效力是老生常谈的话题，若在宪法框架下依行政与司法分权的逻辑进行推演，结果必然是否认食品安全标准的司法效力，[①] 但实践情况恰恰相反，法院在司法实践中给予强制性标准极高的尊重，并被作为行

[①] 根据中国的宪制，法院向人大负责，食品安全标准作为行政机关制定的行政规则，只具有行政管理上的效力，而不能约束法院的司法审判工作。这一立场在行政诉讼法制定中有集中体现。参见《〈中华人民共和国行政诉讼法〉讲话》，中国民主法制出版社1989年版，第176—177页。

政审判中事实认定的基准和规范层面的构成要件。①尤其是食品安全标准,它是国务院卫生行政部门依据《食品安全法》明确授权所制定的行政规则,法院比照规章将其作为"参照"依据适用于行政司法领域已得到广泛认可。②(2)食品安全标准在刑事司法上的效力主要存在于行政刑法领域,立法技术上主要是通过"空白要件"或"空白刑法规范"③,在刑法相关罪名中直接将违反食品安全标准作为犯罪构成要件嵌入刑法体系。《刑法》第143条"生产、销售不符合安全标准的食品罪"便是其例。由于同属公法范畴,在行政规则和刑法之间协调互动的做法不至于引发太大争议。(3)问题在于食品安全标准在民事司法上的效力,技术上虽然也是借助转致条款进行牵线搭桥,但所连接的是公法和私法两大体系,大陆法系根深蒂固的公私法二元结构以及管制与自治的对立格局,使得公法规则在私法上的效力始终面临诸多价值障碍和部门法壁垒,这正是本书关注的重点。

二、食品安全标准嵌入私法的技术与效果

作为一种公法规则,食品安全标准若要产生私法上的效力,必须

---

① 参见宋华琳:《论行政规则对司法的规范效应》,《中国法学》2006年第6期。
② 最高人民法院《关于审理行政案件适用法律规范问题的座谈会纪要》(法[2004]第96号)指出:"这些具体应用解释和规范性文件不是正式的法律渊源,对人民法院不具有法律规范意义上的约束力。但是,人民法院经审查认为被诉具体行政行为依据的具体应用解释和其他规范性文件合法、有效并合理、适当的,在认定被诉具体行政行为合法性时应承认其效力。"
③ 所谓"空白要件"或"空白刑法规范"主要是指:"刑法只规定了罪名或部分构成要件及法定刑,而将犯罪构成要件的一部或全部委诸给行政管理法规;被委托指明参照的行政管理法规由于对犯罪构成要件起补充说明作用,故被称为补充规范。刑法条文中'违反……规定'等表述,即为空白刑法的法条表现形式。"参见刘艳红:《空白刑法规范的罪刑法定机能》,《中国法学》2004年第4期。

首先打破公私法二元结构这一体系性壁垒。大陆法系根深蒂固的公私法二元格局，使得公法和私法分别沿着不同的逻辑和方向各自进化，并形成了两套截然不同的价值体系和规范体系。其中，公法和私法价值体系的分野集中体现在管制与自治原则之间的对立。在二元价值体系的引领下，公法和私法分别衍生出两套彼此独立的概念体系和规范体系，甚至相同或近似概念在公法和私法上也呈现出截然不同的内涵。微观上的概念体系和规范体系之间的壁垒，进一步固化了公法和私法的二元价值体系。在这样的法律结构中，作为公法规则的食品安全标准若要产生私法上的效力，显然需要做特别的技术化处理。

所谓"特别的技术化处理"，实际上是借助具有沟通公私法二元结构之功能的引致条款或转介条款（以下统称"转致条款"）[1]，在公法和私法体系之间牵线搭桥，借此将公法上的食品安全标准注入私法体系中。为实现这一目标，我国现行法在关键位置为食品安全标准进入私法设置了三个独立的通道，其立法技艺大致相当——都是通过转致条款将私法凿开一个"窗口"，借此将公法上的食品安全标准导入私法体系，古老而又稳定的私法由此被不断地注入新鲜的规范因素。但在体系定位和法律效果上，三个转致条款形态各异，需分别加以说明。

---

[1] 二者的区别在于，"引致条款"是对其他部门法或单行法中既有规定的概括性引致，法官在审理民事案件时，可根据引致条款的指引，直接适用其所链接的具体法律规范即可，无须做个案斟酌，引致的对象既可以是私法规范，也可以是公法规范。"转介条款"是指法官在审理民事案件时，通过民法中的管道性条款的授权，斟酌管制规范。需要斟酌而不是直接适用，是因为在多数情况下，立法者在制定管制规范时只是从公法的角度衡量，无暇也无力仔细考量其民事效果。转介条款只是概括地转介某个社会伦理或公法规定，对于其在私法领域的具体适用，如何与私法自治的价值适度调和，都尚未做出考量。更详细的分析请参见解亘：《论管制规范在侵权行为法上的意义》，《中国法学》2009年第2期；苏永钦：《民事立法与公私法的接轨》，北京大学出版社2005年版，第83—87页。

1.《食品安全法》第148条第2款的转致效果

现行《食品安全法》第148条的两款都涉及"食品安全标准",但具有沟通公私法效果的主要是第2款:"生产不符合食品安全标准的食品或者经营明知是不符合食品安全标准的食品,消费者除要求赔偿损失外,还可以向生产者或者经营者要求支付价款十倍或者损失三倍的赔偿金……"这一条款的内容和技术构造极为特殊。从内容上看,这是个典型的完全法条[1],其在填补性损害赔偿责任之外另行创设了一种独立的责任类型——惩罚性赔偿责任,其构成要件为"生产不符合食品安全标准的食品或者经营明知是不符合食品安全标准的食品",隐含性的第二个要件为消费者购买了该食品。相应的法律效果为:"向生产者或者经营者要求支付价款十倍或者损失三倍的赔偿金……"

民事责任条款通常会以私法自身的概念和规则来描述责任构成要件及法律效果,但《食品安全法》第148条第2款却一反常态,它并未提及民事责任的常规构成要件,而是将其全权委托给"食品安全标准",用这一公法规则来替换民事责任的核心构成要件。在立法技术上,它是以类似于刑法上犯罪构成之"空白要件"的方式,将一个性质上属于公法,且不涉及具体内容的"口袋"规则——食品安全标准,作为判定惩罚性赔偿责任的核心要件。通过这一立法构造,公法上的食品安全标准可畅通无阻地进入私法体系,并产生两个层面的私法效力:

---

[1] 学说上所称之"完全法条","通常意指那些在同一法条中包含有构成要件与法律效力这两个部分者"。参见黄茂荣:《法学方法与现代民法》,法律出版社2007年版,第137页。

第一，只要生产或明知而销售不符合食品安全标准的食品，消费者即可径行要求经营者承担以价款为基数的惩罚性赔偿责任。不论此举是否给消费者造成实际损害（以损害为基数的惩罚性赔偿除外），[①]也不必另行论证该行为是否具有侵权法上的违法性。这里直接以食品安全标准取代侵权法的违法性、损害和因果关系要件。通过这样的概念置换，食品安全标准被毫无保留地运送进入侵权法，[②]并成为惩罚性赔偿责任的核心构成要件。在性质上，《食品安全法》第148条第2款属典型的"引致条款"，其在概括引致公法规则时，要求私法照单全收，完全以公法规则置换私法上既有的弹性化概念，并未给法官预留任何裁量余地。

第二，作为其否命题，符合食品安全标准之事实可否阻却惩罚性赔偿责任之成就？从《食品安全法》第148条的字面含义固然无法推出否命题也成立，但问题并未止步于此，《最高人民法院关于审理食品药品纠纷案件适用法律若干问题的规定》第5条第2款后段以但书的方式规定，"但食品、药品的生产者、销售者能证明损害不是因产

[①] 关于惩罚性赔偿是否以损害为要件、是否依附于填补性损害赔偿的问题，理论上存在争议。支持者主要是从惩罚性赔偿责任的功能定位及其与填补性损害赔偿的关系理论做的解读（参见朱广新：《惩罚性赔偿制度的演进与适用》，《中国社会科学》2014年第3期）。反对者是基于《食品安全法》第148条（对应旧法第96条）做的解读，认为以价款为基数的惩罚性赔偿不以损害为要件，并称之为"无损害的损害赔偿"（参见税兵：《惩罚性赔偿的规范构造》，《法学》2015年第4期；陈承堂：《论损失在惩罚性赔偿责任构成中的地位》，《法学》2014年第9期；高圣平：《食品安全惩罚性赔偿制度的立法宗旨与规则设计》，《法学家》2013年第6期）。作为权威释义，全国人大常委会特别指出："本条第2款规定的惩罚性赔偿，不一定是在消费者有实际损失的情况下才可以主张，即使消费者购买后尚未食用不符合食品安全标准的食品，仍可要求生产经营者支付价款十倍的赔偿金。"参见全国人大常委会法工委行政法室：《中华人民共和国食品安全法解读》，中国法制出版社2015年版，第394页。

[②] 主流观点认为，《食品安全法》第148条第2款是基于侵权的惩罚性赔偿（参见朱广新：《惩罚性赔偿制度的演进与适用》，《中国社会科学》2014年第3期）。但也有观点认为，立法者并未就此做出限制，以价款为基数的惩罚性赔偿之请求权基础既可来自侵权法，也可来自合同法。参见税兵：《惩罚性赔偿的规范构造》，《法学》2015年第4期。

品不符合质量标准造成的除外"①，即规定了不承担侵权责任的情形。这里又在侵权责任框架下（涵盖以侵权为基础的惩罚性赔偿责任）承认合规抗辩的效力。所合之"规"虽被界定为"食品质量标准"，但它是食品安全标准的重要组成部分。借助司法解释的补充，合规抗辩的效力也得到部分认可。

2. 产品责任条款与《产品质量法》第 46 条的联合转致效果

现行法上的产品责任条款（如《产品质量法》第 41—42 条和《民法典》"侵权责任编"第 1202 条）均将"产品缺陷"作为侵权责任构成的核心要件，至于何为产品缺陷，《产品质量法》第 46 条规定："本法所称缺陷，是指产品存在危及人身、他人财产安全的不合理的危险；产品有保障人体健康和人身、财产安全的国家标准、行业标准的，是指不符合该标准。"这里为"产品缺陷"设置了双重判断标准：一是产品存在不合理的危险；二是产品违反国家标准或行业标准（食品领域仅指食品安全国家标准，下同）。至于双重标准之间的关系，该条款以附条件句式清晰地表明："产品有……国家标准的，是指不符合该标准。"换言之，当存在国家标准时，应当适用国家标准。作为其推论，只有当国家标准缺失时，才可适用不合理的危险标准。因此，从法条字面含义来看，国家标准对于产品缺陷的判断具有优先性，不合理的危险标准只能在国家标准缺失时作为补充。

作为食品安全标准进入私法的通道，《产品质量法》第 46 条采取了与《食品安全法》第 148 条类似的逻辑——将一个私法上原本具有一定弹性空间的"产品缺陷"概念，置换为一个公法上已被标准化、

---

① 《最高人民法院关于审理食品药品纠纷案件适用法律若干问题的规定》，法释[2020]17 号。

数字化的食品安全标准。通过这样的概念置换,不管是现存还是未来的食品安全标准,均可以"产品缺陷"概念为跳板,成功转化为产品责任的构成要件,并产生以下两个层面的私法效力:

第一,只要存在不符合食品安全标准之事实,即可径行判定"产品缺陷"要件成就,这一规则可简化表述如下:"不符合食品安全标准=产品缺陷",除非食品安全标准缺失。在此情况下,受害人可分别依据《民法典》"侵权责任编"第1202条和1207条之规定,要求生产者或销售者承担损害赔偿甚至惩罚性赔偿责任。很显然,《产品质量法》第46条在将食品安全标准注入民法典的过程中,未给法官预留裁量余地。这样的立法构造虽简化了产品责任的判断过程,但却对侵权责任制度本身的结构和功能造成极大冲击。

第二,作为否命题,符合食品安全标准之事实,可否阻却"产品缺陷"要件的成就,进而阻却产品责任之成立?这在理论上颇具争议。[1] 承认合规抗辩的立场主要是基于法条文义所做的推理,[2] 反对者则是从合规致害引发的弱者保护问题所做的学理分析。[3] 但毋庸置疑,对法条的解释不能超出文义可能的范围。若严格遵循法条文义,则合规抗辩的效力应得到认可。因为对于"若A,则B"这样的逻辑命题,若B的判定标准或内涵具有唯一性,则其否命题"非A,则非B"也成立。譬如"周恩来是新中国首任外交部部长"这一命

---

[1] "此双重标准规定所引发的问题是,若产品符合该强制标准而仍造成消费者人身、财产损害,生产者可否以产品符合强制性标准而主张不存在缺陷,并据以要求免责?"参见梁慧星:《中国产品责任法——兼论假冒伪劣之根源和对策》,《法学》2001年第6期。

[2] 参见周江洪:《惩罚性赔偿责任的竞合及其适用》,《法学》2014年第4期。

[3] 参见张新宝:《侵权责任法原理》,中国人民大学出版社2005年版,第396页;王胜明主编:《中华人民共和国侵权责任法解读》,中国法制出版社2010年版,第214—215页。

题，由于首任外交部部长具有唯一性，因而其否命题"若非周恩来，则非首任外交部部长"也成立。同理，《产品质量法》第46条的文义清晰地表明，当存在国家标准时，"产品缺陷"的判定标准具有唯一性——适用国家标准。由此可知其否命题也为真——若符合食品安全标准，则不存在"产品缺陷"。① 至于学说上的不同立场，其理论正当性虽值得肯定，但由于超出法条文义之范围，故只能沦为一种学理上的建议。

3. 原《合同法》第52条与《标准化法》第25条的联合转致效果

相较于前两个转致条款，原《合同法》第52条第(5)项备受关注②，学术研究成果俯拾皆是③，但批评意见居多；改造方案纷呈，但却始终难以兼顾合法性与正当性之难题。问题的症结在于原《合同

---

① 立法史料显示，全国人大常委会曾经审议的《产品质量法(草案修改稿)》第29条第2款设有四项免责事由，其中第三项如下："为使产品符合国家法律、法规的强制性要求而导致产品存在缺陷的"，生产者不承担侵权责任。但由于考虑到，"我国尚未发现这种情况，今后也不应发生。因此，法律委员会在关于产品质量法(草案修改稿)修改意见的汇报中建议将这一项规定删除"。即便如此，现行《产品质量法》第46条的逻辑效果，同样认可合规抗辩的效力。参见全国人大常委会法制工作委员会经济法室、国家技术监督局政策法规司编写：《产品质量法实用指南》，中国民主法制出版社1994年版，第105页。

② 需要说明的是，原《合同法》第52条第(5)项的规定已被2021年生效的《民法典》第153条第1款所取代，后者规定："违反法律、行政法规的强制性规定的民事法律行为无效。但是，该强制性规定不导致该民事法律行为无效的除外。"相较于原《合同法》第52条第(5)项的规定，《民法典》增加了一个合同无效的适用除外事由，即"该强制性规定不导致该民事法律行为无效的除外"。

③ 主要研究成果，参见解亘：《论违反强制性规范契约的效力》，《中外法学》2003年第1期；孙鹏：《论违反强制性规定行为之效力》，《法商研究》2006年第5期；谢鸿飞：《论法律行为生效的适法规范》，《中国社会科学》2007年第6期；耿林：《强制规范与合同效力》，民主法制出版社2009年版；黄忠：《违法合同效力论》，法律出版社2010年版；许中缘：《论违反公法规定对法律行为效力的影响》，《法商研究》2011年第1期；朱庆育：《〈合同法〉第52条第5项评注》，《法学家》2016年第3期。

法》第52条第(5)项之内容刚性有余而柔性不足，它毫无保留地判定："违反法律、行政法规的强制性规定"的合同无效。这里概括引致的"强制性规定"限于法律和行政法规，食品安全标准的位阶虽不及于此，但具有"法律"地位的《标准化法》第25条规定："不符合强制性标准的产品、服务，不得生产、销售、进口或者提供。"这里直接禁止"不符合强制性标准的产品"上市交易，在食品行业表现为"不符合食品安全标准的食品"。这为食品安全标准的效力等级提供了间接升格渠道。根据这一规定，不符合食品安全标准的食品将不能上市交易。这一"入市禁令"是原《合同法》第52条第(5)项意义上完全够格的"强制性规定"，违反者，依法律文义当属无效。至此，食品安全标准经由《标准化法》第25条的过渡，再通过原《合同法》第52条第(5)项所铺设之管道，成功地进入合同法，直接决定合同的效力。

第一，若简化推理过程，上述结论可直接表述为：合同内容违反食品安全标准者，无效。这不仅是依据法条文义自然推导出的结论，而且还曾是早期的理论通说，直至近年来才得到纠偏。[①] 但毋庸置疑，作为食品安全标准进入合同法的通道，原《合同法》第52条第(5)项并未给民事法官预留裁量空间，其在概括引致"强制性规定"时，要求法官照单全收，完全将其作为合同效力的判定依据。

---

① 经过对实践的反思，后来的司法解释通过"效力性强制性规定"这一概念，对原《合同法》第52条第(5)项之适用范围进行限缩。参见《最高人民法院关于适用〈中华人民共和国合同法〉若干问题的解释(二)》，法释[2009]5号(已于2021年1月1日失效)。在《民法典》生效之前，理论界多是借鉴《德国民法典》第134条的但书结构，以目的论解释来区分"强制性规范"类型，借此控制其对合同效力的影响。经过长期的讨论与实践探索，2021年生效的《民法典》第153条第1款吸取经验教训，通过但书，为法官判断合同效力预留了裁量空间，但书的原文如下："但是，该强制性规定不导致该民事法律行为无效的除外。"

第二，至于其否命题——符合食品安全标准之事实，显然不能成为主张合同有效之抗辩。因为合同效力主要取决于当事人的合意，符合食品安全标准之事实完全可能因当事人另有约定而使合同无效。合规之事实在合同法上唯一的意义可能仅限于影响合同内容的解释与履行瑕疵的判断。

三、公私法互动关系视角下的问题剖析

如何评价上述三条转致条款及其所隐含的法律效果？这需要一个更为宏观的视角。在理论定位上，食品安全标准的私法效力，实际上是公法和私法关系在食品风险领域的具体投影，站在公私法关系的立场，可以更加透彻地观察并解析食品安全标准的私法效力问题。以公私法二元结构作为逻辑起点，学界对于公私法关系持有不同的认识，并呈现出多元化的"管制规范效力论"立场，根据学者的总结，核心立场不外乎三种："公法优越论""公私法二分论"和"公私法接轨论"。其中，"公法优越论"和"公私法二分论"处于"管制规范效力论"谱系的两端，前者将公法凌驾于私法之上，完全承认管制规范在私法上的效力；与之截然对立，后者则坚持公法和私法彼此分离甚至互不干涉的立场，并否认管制规范的私法效力。严格来讲，后者无法上升到"管制规范效力论"的层次。介于二者之间，"公私法接轨论"则主张公法和私法相互依存、相互支援、相互协调合作，并有条件地认可公法管制规范在私法上的效力。[①] 作为公法上的管制规范之一种，食品安全标准在私法上的效力问题，也完全可以被纳入

[①] 参见解亘：《论管制规范在侵权行为法上的意义》，《中国法学》2009年第2期。

"管制规范效力论"的整体框架进行解释、评价与重构，这也正是本章的分析框架。

若以公私法关系的视角来看，上述三条转致条款无疑是"公法优越论"在食品风险立法中的生动展现。有学者将"公法优越论"的立场概括如下："公法所确立的价值、秩序优越于私法的价值、秩序，公法凌驾在私法之上。"[1]"公法的目的必须得到实现，私法必须服从公法的利益。对违反强制性规定的行为只停留在行政制裁上的话，强制性规定的价值得不到充分实现。"[2] 若据此推论，在管制规范的私法效力问题上，任何违反管制规范的行为都理所当然地在私法上得到直观评价。譬如前述三条转致条款，违反食品安全标准的行为或事实，将直接构成以价款为基数的惩罚性赔偿责任，或构成产品责任之"缺陷"要件，相应的合同也因违反"入市禁令"而无效。这是"公法优越论"的集中展现。

尤其是在管制传统源远流长的中国，将代表国家管制思想的公法凌驾于崇尚私人自治的私法之上，似乎是历史的惯性所致，甚至被改革开放早期的立法视为理所当然之举，并被有意或无意地贯彻到具体制度中。但是，如果说20世纪80—90年代的"公法优越论"是因为没有意识到其制度风险的话，那么当"公法优越论"如今遭遇一系列批判的情况下，2009年制定并于2015年修订的《食品安全法》为何仍持这一立场？这显然不能以立法者的无意识来仓促解读。

现行法背后的逻辑尚需从转致条款自身的功能谈起。从宏观法体系来看，借助转致条款在公私法二元结构之间斡旋，古老而又稳定的私法体系将不断被注入新鲜的规范因素。作为法律调整对象，各领域

---

[1] 解亘：《论管制规范在侵权行为法上的意义》，《中国法学》2009年第2期。
[2] 解亘：《论违反强制性规定契约之效力》，《中外法学》2003年第1期。

的社会关系纵然随着时空流转和科技变迁而不断发生变化，但不断被注入新鲜元素的私法仍能以相对稳定的结构和体系适应当今社会关系调整的灵活性需求。对此，有学者曾这样描述："在民法之后陆陆续续订立的多如牛毛的法令，像躲在木马里的雄兵一样进入特洛伊城，管制法令摇身一变成为民事规范，私法自治的空间，包括法律行为和事实行为，实际上随着国家管制强度的增减而上下调整。"① 这正是私法保持中立的奥秘所在。而食品安全标准正是那些被注入私法体系的"新鲜元素"之一。

在食品风险领域，民事法官在判定产品缺陷、损害和因果关系要件时，时常面临各种技术性和政策性问题的挑战。② 借助转致条款的斡旋，法官可成功地从这些现代性难题中"脱身"——以客观化且极具可操作性的食品安全标准，避开民事责任认定中的技术性和政策性难题。法官毕竟不是本领域的技术专家，更不是食品安全治理政策的制定者。具有专业技术能力和政策判断优势的国务院卫生行政部门，在主持制定食品安全标准时，已经就本领域的相关问题做出了专业判断和政策取舍，并外化为食品安全标准。民事法官可不必就此类专业技术性问题勉为其难地另行做出判断，他们可直接根据转致条款的授权适用食品安全标准。更重要的是，曾经保持价值中立的私法，通过与公法规则的沟通调和，也开始逐步承担起"辅助规制"的职能，并与公法一道共同致力于维护"舌尖上的安全"。这也许正是我国食品安全立法采纳"公法优越论"的关键原因。但若面向实践则

---

① 苏永钦：《私法自治中的国家强制》，中国法制出版社2005年版，第9页。
② 现代工业化条件下的食品加工与保存技术，使得食品安全风险极为复杂，致害风险并非总是由食品中的某些元素直接引起，有时候是与其他环境因素发生物理、化学或生物反应，并经过迁移、扩散和代谢过程后才得以呈现。而且，法律适用中还涉及多方面的政策问题，尤其是产业政策和民生政策。

可发现,公法与私法之间的"勾兑"必须有度,凡事过犹不及!

1. 被食品安全标准所掏空的私法体系

借助转致条款将食品安全标准注入私法的做法,固然有助于实现公法管制之目标,同时还能缓解法官所面临的技术性和政策性难题。但问题是,私法自身的价值和体系将因此受到重大影响。诚如学者所言,在转致条款的设计上,"若适当操作,对于公私法的调和无疑可发挥宏大的调和功能。反之,如果操作得不适当,则将使公法的介入社会生活,不是超出立法规划而过度,就是过于保守而抵消了应有的政策效果"[①]。但令人遗憾的是,我国现行法上的三条转致条款在打通公私法二元结构时,缺乏过滤机制,并导致公法规则过度介入私法体系,甚至完全凌驾于私法规则之上,这对私法自身的价值和秩序造成了严重冲击。

具体而言,上述三条转致条款在将食品安全标准注入私法的过程中,要求私法照单全收,完全认可食品安全标准的私法效力,并未给那些站在"公私法汇流闸口"的法官预留裁量余地,甚至完全以食品安全标准来置换私法上既有的弹性化概念。这样的置换方案使得多如牛毛的食品安全标准毫无保留地涌入私法,并对私法自身的结构和功能造成严重冲击。那些曾经需要法官进行个案裁量的弹性化概念(如违法性、产品缺陷、合意、损害等),均被强行置换为公法上完全走向客观化的食品安全标准。除非涉案领域尚未制定食品安全标准,否则,法官在个案中无须且不能根据个案事实来判定涉案食品是否具有"不合理的危险",生产经营行为是否具有违法性,消费者是

---

① 苏永钦:《民事立法与公私法的接轨》,北京大学出版社2005年版,第83页。

否遭受了损害，当事人是否达成了合意，等等，因为这一切都被食品安全标准所取代，法官只需根据前述三条转致条款的指引，核对涉案食品是否违反了食品安全标准，即可径行判定惩罚性赔偿责任是否成立、产品责任之"产品缺陷"要件是否成就以及买卖合同是否有效。

若照此推理，所谓"自动售货机式的司法"或"人工智能法官"，在食品风险领域真的可能成为现实。因为一切都已走向标准化、客观化——不管是惩罚性赔偿责任的构成，还是"产品缺陷"的判定，抑或合同效力的认定，均完全取决于客观化、标准化甚至数字化的食品安全标准及其被遵守的情况。此时的私法，实际上已经完全丧失私人自治和价值中立的精神内核，并被代表国家管制思想的食品安全标准所掏空，这样的私法终将走向形骸化。从这个意义上看，前述三条转致条款不仅完整展现了"公法优越论"之立场，而且该理论观点所隐含的制度风险也一览无余地展现在食品安全立法当中。这样的"公法优越论"以及公私法勾兑方案，显然无法为现代法治文明所接受。这同时也生动解释了为何中国法制史上始终缺乏私法自治精神和独立的私法体系。

2. 完全受制于食品安全标准的司法实践

不只是宏观层面的私法内在价值体系的形骸化，回到法律实施的微观层面同样可以发现，前述三条转致条款所持的"公法优越论"立场所带来的实践性问题同样严重。立法上直接以食品安全标准取代私法上既有的弹性化概念，实际上是将食品风险管控的"筹码"全部压在食品安全标准之上。这种对技术标准极度自信的立法取向，必然伴随着极大的系统性风险。一旦食品安全标准自身出现任何异常情况，通过三条转致条款所设置的公私法联动装置，私法也将被卷入其中。这将意味着，如果食品安全标准本就十分规范化、精细化，则传递到私法上的联动效应也将是积极的；但若食品安全标准自身出现任何意外情况，通过公私法的联动装置，私法也将如"感染病毒"一般陷入瘫痪。因为在立法技术上，前述三条转致条款并未给私法预留任何退守的屏障，而这种"意外情况"在司法实践中还颇为常见，这里以两种现象为例加以说明：

第一，食品安全标准缺失导致立法目的落空。譬如，根据《食品安全法》第148条第2款之规定，当某领域食品安全标准缺失时，不论涉案食品的安全隐患有多大，也不论消费者是否遭受实际损害，只要在既有的食品安全标准中找不到依据，法院将别无选择，只能驳回消费者主张的价款十倍或损害三倍的惩罚性赔偿。《食品安全法》的立法目的也随之落空。以"三鹿奶粉事件"为例，三鹿奶粉因含三聚氰胺而致数十万婴儿受害，但在案发当时，我国尚未制定有关三聚氰胺残留的国家标准。[①] 若将《食品安全法》第148条运用于当时的场景中，受案法院将因找不到相应的食品安全标准而无可奈何。再譬如婴幼儿奶粉中的雌激素问题、食品过敏源的标注问题等，由此引发的消费者致害案件频繁见诸报端，[②] 但我国至今仍未制定相应的食品安

---

① 三聚氰胺不是食品添加剂，也不是食品原料，禁止人为添加，但它是塑料包装的重要成分，可通过环境接触浸入食品中，因而应制定相应的残留标准。但"三鹿奶粉事件"爆发时，我国缺乏相关标准。作为应急方案，五部委参照国际食品法典委员会的标准公布了《乳与乳制品中三聚氰胺临时管理限量值公告》(2008年第25号)，规定婴幼儿配方乳粉中三聚氰胺的限量值为1mg/kg，在其他食品中为2.5mg/kg。"2011年第10号公告"将其追认为正式国家标准。但仅一年后，国际食品法典委员会于2012年7月5日再次提高三聚氰胺残留标准——每公斤液态牛奶中的含量不超过0.15 mg/kg，这比中国标准提高了十倍左右。

② 例如饼干中某些成分(如谷物或蛋白质)导致过敏体质的小孩出现脸部红肿甚至休克晕倒等"过敏性休克皮炎"。参见廖春梅：《食品虽合格，但导致消费者损害商家也得赔偿》，《新农村》2014年第11期。

全标准。① 在此情况下，受案法院除了驳回消费者提起的惩罚性赔偿诉讼请求外，别无其他选择。作为平行条款，《消费者权益保护法》第 55 条第 1 款虽然提供了替代性制度安排，但"欺诈"的构成要件将把大多数食品类案件拒之门外；② 至于该条第 2 款，消费者除非以身试险，吞下缺陷食品，待损害发生且达到"死亡或者健康严重损害"的程度，方可提出以损害为基数的两倍赔偿诉求，但这种惨无人道的做法不可期待。

第二，食品安全标准不合理或者标准滞后导致的司法混乱。2012 年之前有关食品标签的国家标准主要是 2005 年生效的《预包装食品标签通则》(GB 7718—2004，以下简称"2005 版《标签通则》")，但由于它并未被直接命名为"食品安全标准"，且部分内容确与食品"安全"关系不大，对于《标签通则》是否属于《食品安全法》意义上的"食品安全标准"，各地法院的立场一片混乱。作为最高人民法院统一裁判尺度的重要方式，《最高人民法院公报》刊载的典型案例显示，某企业生产的伪造产地并冒用他人名称的"假"茶叶(违反《标签通则》有关真实准确标注之规定)，竟被受案法院以产品质量合格且无毒无害为由，认定不违反"食品安全标准"。③ 其逻辑前提是，《标签通则》并非法定意义上的"食品安全标准"。然而，仅半年之后，《最高人民法院公报》案例又明确将《标签通则》认定为"食品安全标

---

① 2012 版《标签通则》(GB 7718—2011)增加了食品过敏源标准，但属"推荐标示内容"，这与相关国际标准差距明显。参见吴澎、赵丽芹主编：《食品法律法规与标准》，化学工业出版社 2010 年版，第 135 页。

② 欺诈不仅要求一方以欺诈之故意而提供虚假信息或隐瞒真相，而且要求相对人因此陷入错误并做出意思表示。参见《最高人民法院关于贯彻执行〈中华人民共和国民法通则〉若干问题的意见(试行)》第 68 条。

③ 参见《最高人民法院公报》2013 年第 12 期。

准"。① 矛盾与混乱可见一斑。

2012 年生效的《食品安全国家标准：预包装食品标签通则》(GB 7718—2011，以下简称"2012 版《标签通则》")被直接命名为"食品安全标准"，其法律地位终于得到确认。但实践中的问题又滑向另外一端。不少法院开始照搬 2012 版《标签通则》进行裁判，只要食品标签与《标签通则》不符，哪怕只是英文字母大小写差异，甚至有些食品标签做出了比国家标准更合理的标示，都被视为违反"食品安全标准"，并被判决承担十倍赔偿责任。由此导致大量没有安全风险的标签瑕疵也成为《食品安全法》第 148 条的打击对象。这不仅浪费司法资源，而且严重偏离立法初衷。这样的裁判立场还激发了一大批职业化的"标签打假人"，甚至纵容了以"打假"为借口的非法敲诈行为。但在法条主义者看来，此举完全符合法条的字面含义。为此，2015 年修订的《食品安全法》第 148 条第 2 款不得不增加但书加以矫正，具体规定"食品的标签、说明书存在不影响食品安全且不会对消费者造成误导的瑕疵"不适用惩罚性赔偿责任。但这只能解燃眉之急。

引发上述问题的根源在于，公法上的食品安全标准不等于私法上有关食品安全的行为谨慎标准，前者是基于行政管理需要而事前设定的一刀切管制标准，后者是基于社会生活中避免损害他人而需要结合个案情境做出判定的注意义务标准，二者虽有重合的地方，但却不能直接画等号。换言之，符合国家食品安全标准的食品不等于安全的食品；反之，违反食品安全标准的食品也不等于不安全的食品。这取决于食品安全标准自身的科学性、准确性和严谨性。因此，不管是遵守

---

① 参见《最高人民法院公报》2014 年第 6 期。

食品安全标准的事实,还是违反食品安全标准的事实,均难以直截了当地在私法上得到直接评价。但我国《食品安全法》显然是将二者直接画等号,这样的公私法联动机制后患无穷,这一问题的根源在于公私法合作方案的设计缺陷。

四、公私法合作方案的细化与矫正

透过上述公私法合作的反面教材可以发现,公法与私法之间的合作固然有助于发挥各自的比较优势来管控食品风险,但合作方案的设计并非无章可循。结合本书前半部分所构建的公私法合作理论来看,食品风险领域的公私法合作不仅要遵循风险管控的功能主义逻辑,更要尊重公法与私法体系的内在运行原理。如前所述,风险领域的公私法合作是建立在公私法二分基础上的合作,"分"是"合"的基础和前提,"合"是"分"的超越和例外,合作的目标在于发挥公法与私法的比较优势来共同管控风险,而不是让公法取代私法,或者相反。食品安全法上的"公法优越论"立场遗患无穷,正是因为其以公法直接取代私法。

作为"公法优越论"的替代性立场,"公私法接轨论"认为,现代法律体系中的公法和私法都不是一个自洽的封闭系统,其中,私法可以且需要通过公法规范来支援,反之亦然,公法和私法可实现相互工具化。[①] 这是对公私法关系的准确描述和期待,它为食品安全法上的公私法合作指明了矫正的方向。

当然,"公私法接轨论"只是对公私法关系所做的抽象描述或指

---

① 主要观点参见苏永钦:《民事立法与公私法的接轨》,北京大学出版社2005年版,第74—103页。

第九章 由食品安全标准搭建的公私法合作框架

引,至于具体领域的公私法合作方案,则需要展开具体分析。作为对"公私法接轨论"的深化与发展,学界已就公私法合作提出了多种可能的方案。从既有研究来看,学者大多是站在私法的单边立场,以矫正正义为视角,寻求公法管制规范与私法的接轨方案以及由此决定的管制规范之私法效力,有代表性的观点可总结为"管制标准最低限度论"和"公私法的注意义务吻合论"。其中前者认为,公法管制规范所确立的是社会生活中最低限度的注意义务,因而遵守管制规范的行为并不能免除私法上的民事责任,公法和私法据此可以以互补的方式实现彼此协调。[1] 后者认为,公法与私法上的注意义务虽然分属不同的体系,但在通常情况下,公法和私法所确立的注意义务大致吻合,因而遵守管制规范的行为通常可以作为免除私法责任的抗辩事由,当然也有例外,这要结合个案加以识别。[2] 诸如此类,学界以矫正正义的视角,从私法的单边立场所构建的公私法合作方案,无法直接适用于风险管控领域。为发展完善风险领域的公私法合作框架,本书认为,公法与私法之间的合作属于双边法律议题,公法管制的任务应当与私法自治得到同等程度的关注。[3] 尤其是在公私交融的食品风险领域,私法固然需要借助公法上的食品安全标准来应对自治领域面临的技术性和政策性难题;但同样不容忽视的是,公法上的风险管控任务同样也需要借助私法体系得到全面落实,正所谓"公私法的相

---

[1] 主要观点参见宋华琳:《论行政规则对司法的规范效应》,《中国法学》2006年第6期;Charles D. Kolstad, Thomas S. Ulen and Gary V. Johnson, "Ex Post Liability for Harm vs. Ex Ante Safety Regulation: Substitutes or Complements?", 80 *The American Economic Review* 888 (1990)。

[2] 主要观点参见解亘:《论管制规范在侵权行为法上的意义》,《中国法学》2009年第2期。

[3] 对既有研究所持的私法单边立场的评价,参见 Lars Noah, "Rewarding Regulatory Compliance: The Pursuit of Symmetry in Products Liability", 88 *Geo. L. J.* 2147, 2165 (2000)。

互工具化"。这是风险领域的公私法合作不可忽视的认识论基础。

若转换观察视角,从公法的风险管控立场来看,食品风险领域的公法与私法规范均可被视为风险控制工具,二者并无功能上的本质差异。[1] 统一的风险管控目标和共同的功能主义逻辑,能够将食品安全法中的公法与私法规范纳入统一的分析框架。这是食品风险领域实现公法与私法互动合作的理论基础所在。根据公法与私法在风险控制问题上的互补性特点,[2] 理论上可推演出公法与私法之间的整体合作框架。本章所研究的"食品安全标准在私法上的效力问题",正是食品风险领域的公私法合作方案在私法一侧的投影。不同的公私法合作方案,自然也决定着食品安全标准在私法上不同的效力状况。因此,准确判断食品安全标准的私法效力,必须回归问题的本源,从公私法合作框架中寻找答案。但这需要区分不同风险领域以及食品安全标准的性质有针对性地展开,具体如下:

1. "社会最优"食品安全标准下的公私法合作方案

包括食品安全标准在内的任何强制性技术标准的制定,都需要建立在"可标准化程度"(the level of standardization)这一概念基础上。这是学者为研究某领域是否适合以单一标准进行一体化规制所创造的一个分析工具,其含义是指"管制者在事前能否以适当的成本识别

---

[1] 法经济学上甚至分解出公法和私法在风险控制领域的"对等性"规则。"过失侵权责任可被理解为事后版的命令-控制工具,只是需要由法院来实施,并需要受害者来启动实施程序;严格责任可被理解为事后版的庇古税制。"See Kyle D. Logue, "Coordinating Sanctions in Tort", 31 *Cardozo L. Rev.* 2313, 2326 (2010).

[2] 公法在风险控制领域具有政策判断上的灵活性优势、事前预防优势、专业技术优势、管制标准的可预见性优势和标准执行的规模经济优势;私法在风险控制领域具有个案判断上的灵活性优势和揭露违法信息的低成本优势。食品风险领域公私法规范的优势互补性特点,决定了公私法合作框架的设计。

被管制行为的类型及其后果，以便更有效地进行统一执法"[1]。若某领域风险类型单一，致害原理相同，且致害性程度呈匀质化分布，表明其可标准化程度较高，反之，则较低。风险行为的可标准化程度高低决定了其是否适合以"一刀切"的强制性标准进行一体化规制。对于可标准化程度较高的食品风险而言，理想意义上的立法设计应通过全面风险评估，以社会总风险最小化为目标，事前设定"社会最优"的食品安全标准，并交由行政规制机关统一实施。作为实施层面的"查漏机制"，私法体系仅在食品安全标准未被全面执行的情况下，通过民事诉讼机制发挥私人监控作用及其责任威慑效果，以此督促行为人积极遵守公法上的食品安全标准。在这样的公私法合作框架下，遵守食品安全标准的事实将被作为免除民事责任的抗辩事由，反之，违反食品安全标准的行为也将在私法上得到直接评价（过错或者违法行为）。因为"社会最优"标准的设定已经过全面权衡和通盘考虑，并选取了社会可接受的最佳标准。作为实施层面的"查漏机制"，私法只需照单全收，直接执行即可。

这意味着，当某个食品安全标准达到"社会最优"标准时，民事法官在个案中可完全接受其私法效力，不必另行作出裁量。这里将公法上基于经济理性所设计的"社会最优"标准等同于私法上有关社会生活的注意义务标准，是因为二者在这一独特情况下恰好实现了高度吻合。[2] 由于食品风险本身的特殊性（兼具积极与消极意义，并非纯粹负面事物），[3] 理想意义上的"社会最优"标准固然不

---

[1] See Katharina Pistor & Chenggang Xu, "Incomplete Law", 35 *N. Y. U. J. Int'l L. & Pol.* 931, 952 (2003).

[2] 参见解亘：《论管制规范在侵权行为法上的意义》，《中国法学》2009年第2期。

[3] [美]凯斯·桑斯坦：《风险与理性》，师帅译，中国政法大学出版社2005年版，第163—164页。

是零风险标准，但该标准的设定必然经过了全面的风险评估和收益权衡。正如社会最优的农药残留标准仍有剩余风险，但若执行零残留标准，人类将面临更严重的食物短缺风险，因而该标准的制定需要全面权衡农药残留的致害成本和农药带来的农作物增产收益。这背后是一种社会总成本与总收益的权衡。符合社会最优标准的食品固然仍可能致生损害，但此种加害行为已不具有法律上的可归责性，这是人类追求社会总体福利最大化而必须承受的副产品。不幸承受剩余风险之人的矫正正义也已不再是私法的任务，而应由公共社会保障制度加以救济。

如此看来，立法者显然是基于如下假设才制定出前述三条转致条款：我国现有且未来将要制定的食品安全标准，均属"社会最优"标准。但真相却是，立法者过于自信了。"社会最优"标准属于纯粹的专业技术判断，用法律经济学的术语表达，即"社会总成本最小化"的标准——其在风险行为的边际收益等于边际成本时方可实现。通俗地讲，当再提高一个单位的食品安全标准，将会增加社会总成本时，便达到了社会最优标准。由于社会最优标准的设定等级和精准度要求极高，现实中多数食品安全标准都难以企及。这一方面是因为食品风险可标准化程度的制约；另一方面是因为工业化时代的食品安全风险具有极大的不确定性和难识别性，[1] 这给科学上的因果关系判断提出了极大挑战，设定食品安全标准所依赖的风险评估和成本-收益衡量也因此面临技术上的不确定性。当技术理性无法提供准确的决策依据时，食品安全标准制定者的政策决断和抽象价值判断就变得不可或缺。因此，现实世界中的食品安全标准注定是一个兼具技术性和政

---

[1] See Peter Huber, "Safety and the Second Best: The Hazards of Public Risk Management in the Courts", 85 *Colum. L. Rev.* 277, 277-278 (1985).

策性的双重判断。尤其是在各类产业政策导向和多元利益集团博弈的背景下,具有利益分配效果的食品安全标准的制定,更是容易偏离社会最优目标。当现实世界中的食品安全标准大都无法达到"社会最优标准"时,现行法照单全收地认可食品安全标准的私法效力,显然是将复杂问题简单化处理,这不仅掏空了私法自治的精神内核,而且偏离了《食品安全法》的风险管控目标。

"社会最优标准"虽然罕见,但并非绝无仅有。在《食品安全法》第26条所列举的7项食品安全标准中,第2、3项(食品添加剂标准和特殊类食品的营养及安全标准)初步具备制定"社会最优标准"的条件。因为:(1)这两个领域的风险可标准化程度较高,例如食品添加剂领域,某种特定工业品可否被人体接受,最佳承受量是多少,大多可通过学理研究和临床试验获得数据,这为"社会最优"标准的设定奠定了技术基础。婴儿奶粉和特殊医学用途配方食品的情况与之类似。(2)从立法者的总体要求来看,《食品安全法》对这两类标准的制定实际上也是以"社会最优标准"为目标。该法第40条要求制定食品添加剂标准必须要确保"技术上确有必要"且"安全可靠";第80条和81条参照药品管理体制规定了特殊食品注册制度,只有具备"科学性""安全性"和"营养充足性"才能获准上市,特殊医学用途配方食品还需提供安全性的"临床效果材料"。

由此看来,立法者显然是以纯粹的技术理性(科学性和安全性)作为食品添加剂和特殊类食品安全标准的制定原则,若标准制定者(卫生行政部门)严格按照上述要求制定相关标准,则可将其视为"社会最优标准"。私法可照单全收完全认可其在私法上的效力。但问题是,标准制定过程极为复杂,产业政策考量和多方利益博弈的局面不可避免,若标准制定者并未完全按照法定要求行事,则私法显然也不能照单全收地认可食品安全标准的私法效力。因此，对于民事法官而言，准确识别食品安全标准的性质和类型就变得极为重要。由于专业技术性壁垒极高，再加上标准制定过程不可能完全公开，更无法将所有决策和博弈过程存档备查，这给法官准确识别社会最优标准带来了极大的困难。为缓解识别难题，方法论上可通过以下步骤相对准确地识别食品安全标准的性质和类型：（1）以可标准化程度作为分析工具，初步划定"社会最优标准"可能存在的领域（如食品添加剂、婴幼儿配方奶粉、特殊医学配方食品等）；（2）在具备制定社会最优标准的领域，民事法官需结合个案事实和涉案食品安全标准的实际情况（如标准制定时间、决策商讨过程和风险评估资料等），并借助专家证人和生活经验合理判断涉案食品安全标准的性质和类型。只有当达到或接近社会最优标准时，民事法官才可照单全收，完全认可食品安全标准在私法上的效力。

作为典型案例，在可标准化程度较高的食品添加剂领域，台湾地区明确将"金箔"列为白酒添加剂。[①] 但这种旨在优化白酒视觉美感的工业品显然达不到《食品安全法》要求的"技术上确有必要"和"安全可靠"标准，因而将"金箔"作为白酒添加剂显然偏离社会最优标准。相反，大陆拒绝将其列为白酒添加剂的标准更加接近社会最优标准。[②] 再譬如，我国1985年将"过氧化苯甲酰和过氧化钙"列为面粉添加剂，[③] 但这种旨在增加面粉白皙度的化学物质也未达到

---

① 参见南京市玄武区人民法院（2015）玄民初字第372号民事判决书。
② 《食品添加剂使用标准》（GB 2760—2014）采正面列举方式，凡未列入清单者均非食品添加剂。"金箔"即属此类。《卫生部法监司关于对"金箔酒"进行卫生监督有关问题请示的批复》（卫法监食便函[2001]107号）指出："金箔既不是酒类食品的生产原料，也不能作为食品添加剂使用，应当禁止将金箔加入食品中。"
③ 参见《卫生部关于颁布扩大使用范围的食品添加剂及新增食品添加剂品种的通知》，1985年6月5日。

"技术上确有必要"之标准,而且风险评估结果也质疑了其"安全可靠性"。[①] 在此情况下,致害行为符合面粉添加剂标准的事实显然不能成为免除民事责任的抗辩事由。经过风险评估,我国2011年修改此项标准,将上述物质在面粉添加剂清单中除名。[②] 修改后的标准已接近社会最优标准,私法可照单全收地认可其私法效力。因此,前述三条转致条款也仅在此类案件中具有正当性。

2. "门槛性"食品安全标准下的公私法合作方案

反之,在可标准化程度较低的食品风险领域,风险行为的样态以及潜在致害程度各异,行为人的风险预防和控制能力也参差不齐,这意味着,行政机关在事前很难找到"一刀切"适用的社会最优标准。在此情况下,私法(民事司法)基于其在个案判断上的灵活性优势将大有可为。但考虑到公法上技术标准的专业性和可预见性优势,公法仍可设定最低限度的"门槛性"标准。作为后续的"补缺机制",私法可选择以此标准作为社会生活上注意义务的最低门槛,并参照这一标准在个案中为行为人"量身定制"最佳的行为谨慎标准,以弥补公法上食品安全标准的设计不足,进而实现"柔和的管制者与严厉法官之间的合作"。[③]

根据这样的公私法合作方案,当食品安全标准属于最低限度的"门槛性"标准时,违反这一标准的行为将在私法上得到直接评价;但遵守该标准的事实却无法作为免除民事责任的抗辩事由,因为民事

[①] 参见沈岿:《风险预防原则与食品添加剂准入裁量》,《北京行政学院学报》2012年第6期。
[②] 参见卫生部等七部门《关于撤销食品添加剂过氧化苯甲酰、过氧化钙的公告》,2011年2月11日。
[③] See Gerrit De Geest & Giuseppe Dari-Mattiacci, "Soft Regulation, Tough Judges", 15 *Sup. Ct. Econ. Rev.* 119 (2007).

法官需要根据个案情境为本案的行为人量身定制最佳的行为谨慎标准。不过，后者在理论上始终存在如下诘问：行为后果的可预见性是事前合理调整行为并管控风险的前提，而由法官事后量身定制的行为谨慎标准通常难以预见，这无疑会影响风险管控效果。对此，首先需要明确的是，在采用公私法分立格局的法律体系中，适度（但不完全）承认公法规则的私法效力，在量上不是降低而是提高了风险行为的私法预期，毕竟，历史上的公法与私法总体保持相对独立的行为评价体系和运行逻辑，遵守公法规则的行为在私法上遭遇负面评价乃是极为正常的现象。如今，在公法与私法走向接轨的食品风险领域，只要以某种形式使食品生产经营者对"门槛性"标准有相对清晰的认识便可缓解行为预期上的难题。对于食品生产经营者而言，遵守公法上的食品安全标准是不言而喻的前提，在此基础上，"能力越高之人避免损害他人的注意义务也越重"，而行为人对自己的"能力"并非一无所知。

至于何为"门槛性"标准，立法技术上是基于最大公约数之逻辑，以所有人均可共同接受为目标所设定的最低限度的标准。[①] 从《食品安全法》第 26 条所列举的食品安全标准的 7 种法定类型来看，除了前述食品添加剂和特殊类食品初步具备制定"社会最优标准"的客观条件外，其他绝大多数食品风险领域（如危险物质残留、标签和说明书、生产经营卫生、食品质量等）都只能基于最大公约数之逻辑来制定"门槛性"标准，主要原因在于可标准化程度的制约，以及标准制定过程中的政策判断和利益博弈因素的影响。其中，（1）在

---

① 以案例来说明：假设 A、B 两个果农都能以 10 单位成本降低 10 单位的农药残留风险，但若再追加 1 单位成本，A 可继续降低 1.5 单位的农药残留风险，B 则只能降低 0.1 单位的风险，这不仅对于 B，而且对于两个企业的总成本投入而言，均得不偿失。因而 10 单位的预防成本，便是最低限度的"门槛性"标准。

食品标签领域，不同种类和规格的食品在包装材料、标签内容、标示方法及排版、图案、颜色、字体等方面均存在显著差异，要实现食品标签的标准化和统一化将是极为困难的任务。我国虽然制定了《标签通则》，但从"通则"这一名称中即可看出，其并非量身定制的社会最优标准，而是取众人均可接受的最大公约数标准。（2）在危险物质残留、生产经营卫生、食品质量等风险领域，不仅人体对农药残留、致病微生物、生物毒素、重金属、质量缺陷等风险的承受能力因人而异，而且农副产品种植户和生产加工企业对上述风险的防控能力也存在巨大差异，对于某些企业而言高不可攀的标准，可能对另外一些企业而言显著不足，除非能做到"因人设法"，否则，公法上只能基于最大公约数之逻辑，设定最低限度的"门槛性"标准。而且，此类标准的设定是兼具技术性和政策性的双重任务，它涉及一个国家或地区的产业政策以及不同产业政策之间的冲突，同时还可能面临食品企业和农药生产商的游说压力。[①] 正是从这个意义上说，"最终标准的制定，常常包括了一个可被最恰如其分地记述为协商形式的过程。多方当事人参与其间，每个团体都有着自己的目标"[②]。政策权衡和利益博弈的结果，往往是选取各方均可接受的最大公约数标准，而非社会最优标准。有鉴于此，私法应保留必要的裁量空间，绝不能照单全收地接受公法上精准度不高的食品安全标准。结合现行法来看，前述三条转致条款显然失之粗放，需要做出全面矫正。

第一，关于惩罚性赔偿责任的认定，违反最低限度"门槛性"

[①] 例如农药残留标准的制定在国际上频繁遭遇大型农业跨国企业、地方垄断企业和商业国际组织的游说与博弈。See Christopher Hood, Henry Rothstein and Robert Baldwin, *The Government of Risk: Understanding Risk Regulation Regimes*, Oxford University Press, 2001, pp. 44-45.

[②] [美]斯蒂芬·布雷耶：《规制及其改革》，李洪雷等译，北京大学出版社2008年版，第160页。

标准的行为将成立惩罚性赔偿责任；遵守该标准的事实本不应作为免责事由。但考虑到惩罚性赔偿的特殊性，若否认合规抗辩的效力，将难以体现该制度重点惩罚恶意、鲁莽或明知故犯行为之立法初衷。[①]因此笔者认为，这里不应机械照搬前述公私法合作框架，宜认可合规抗辩的效力，以精准打击明知故犯的恶意行为。

第二，关于"产品缺陷"的认定，违反最低限度"门槛性"标准将成立产品责任之"产品缺陷"要件；但遵守该标准的事实不能作为否定"产品缺陷"的抗辩事由，法官需要根据个案情境"量身定制"最佳的行为谨慎标准，即《产品质量法》第 46 条中的"产品存在危及人身、他人财产安全的不合理的危险"标准。

第三，关于合同效力的判定，显然也不能机械套用前述公私法合作框架做简单类推。违反或遵守食品安全标准之事实，均不能在合同效力的判定上得到直接评价，实践中必须结合个案事实做综合判断，其考量因素包括但不限于当事人的合意内容、食品本身的质量、安全性以及食品安全标准的遵守情况。

3. "非实质性"食品安全标准下的公私法关系处理

理想意义上的食品安全标准，既关涉食品安全，又依法具有强制性。但现实中还存在诸多有名无实的食品安全标准，它们虽名为《食品安全法》第 25 条意义上的"（强制性）食品安全标准"[②]，但实际上要么与"食品安全"无关，要么不应具有实质意义上的"强制性"。

---

① 参见朱广新：《惩罚性赔偿制度的演进与适用》，《中国社会科学》2014 年第 3 期。

② 作为例外，《食品安全国家标准：预包装食品标签通则》(GB 7718—2011)"4.4 推荐标示内容"因有明确说明而不具有强制性，除此之外的内容，均属《食品安全法》第 25 条意义上的强制性"食品安全标准"。

第九章　由食品安全标准搭建的公私法合作框架　　253

这里统称"非实质性"食品安全标准。

第一类，安全无涉的食品安全标准主要（但非全部）来自《标签通则》，例如食品配料的标注顺序、计量单位的选择、大小写字母写法、各类数字的标注规则等。当然也有来自标签之外的情况，如茶叶、乳制品等单项食品安全标准中也存在类似情况。这些事项虽可实现标准化，但与实质意义上的"食品安全"无甚关联或关联度不高，但现行法却将其统称为"食品安全标准"。

第二类，本不应具有"强制性"的食品安全标准，也主要（但非全部）来自《标签通则》，如食品配料表的位置、净含量字符高度、保质期写法、零含量物质的标注以及字体、字号要求，这些虽涉及食品安全（安全警示），但可标准化程度极低，甚至根本难以标准化，理应设定推荐性标准，供企业参考。但标准制定者基于食品安全治理的雄心和大一统管制思维，仍然基于大数法则或平均数思维制定了"一刀切"的强制性标准，并将其纳入"食品安全标准"体系。

此类标准一旦生效，公法别无选择，只能依据法律的明确授权统一适用于所有行为。但在私法领域，显然没有充分的理由要求私法照单全收，完全认可其私法效力，更不能以违反此类"非实质性"食品安全标准为由，直接判定民事责任成立。理由很明显，在上述两种情况下，公法上的食品安全标准自身出现有名无实的异常现象——将安全无涉的内容作为食品安全标准，或者在不宜强行标准化的领域设置强制性标准。若将这些异常的公法规则也一股脑地注入私法，显然偏离食品安全法"保证食品安全，保障公众身体健康和生命安全"的初衷。此时的私法必须与公法保持距离，并回到私法自身的评价体系，对损害赔偿、产品缺陷和合同效力等问题做出独立判断，绝不能适用前述引致条款将负面影响扩大到私法领域。也只有在此类问题上,"公私法二分论"具有一定的解释力,但它显然无法上升到"管制规范效力论"的层次上,也谈不上公私法的合作。

回到法律适用层面,面对这两类"非实质性"食品安全标准,理论上应当废弃前述三条转致条款,回归公私法二元结构,由私法做出独立评价。

需要特别说明的是,《食品安全法》第148条的但书是否已经化解了实践中的问题?正如前文所述,第一条转致条款的设置,导致大量轻微的标签瑕疵案件涌入法院,其中有相当一部分是违反"非实质性"食品安全标准,而那些真正需要规制的食品安全风险案件(如微生物超标、添加剂滥用、掺杂掺假等)却寥寥可数。实践中常见的案例主要集中在临界保质期、计量单位不统一、配料标注顺序颠倒等。严格来讲,这同样违反"食品安全标准",但判决经营者承担惩罚性赔偿责任却并非立法本意。各地法院绞尽脑汁,尝试了各种解释方法[①],但始终面临合法性风险,直至第148条但书条款的出现——"食品的标签、说明书存在不影响食品安全且不会对消费者造成误导的瑕疵除外。"借助这一除外规定,与食品安全无涉的"非实质性"食品安全标准才被封堵在惩罚性赔偿责任之外。

但书条款固然解决了实践中最常见的疑难案例,但绝非全部。目前仍有两个遗留问题:(1)前述第二类"非实质性"食品安全标准在司法适用上的混乱并未得到完全化解。此类标准虽关涉食品安全,但其可标准化程度极低,如配料表的标注位置及其字符大小、保质期的写作方法、零含量物质如何标注等。一旦标准制定者强行设定了食品

[①] 司法实践中常用的解释方法包括:原告不属于消费者,原告没有损害,被告违反的并非食品安全标准。参见陈承堂:《论"损失"在惩罚性赔偿责任构成中的地位》,《法学》2014年第9期。

安全标准，则可能引发如下问题：完全符合食品安全标准的食品标签，仍可能存在警示缺陷。因为在难以标准化的领域，基于大数法则或平均数思维所设定的标准，显然无法顾及所有企业及食品类型。若完全认可合规抗辩的效力，显然会使得一些不安全食品成为"漏网之鱼"。(2) 当遇到标签之外的案件时，但书条款将完全陷入瘫痪。因为但书条款仅将不影响食品安全且不会对消费者造成误导的"标签、说明书"瑕疵案件作适用除外处理。但若个案违反的是"标签、说明书"之外的食品安全标准，却又不影响食品安全，则这样的案件该如何处理？或者，遵守了"标签、说明书"之外的食品安全标准，但却存在食品安全风险，此种案例又该如何处理？这并非纯粹的逻辑推演，实践中已有案例显示，企业违反食品安全标准添加营养强化剂，但事实证明，此种违反食品安全标准的行为却有益于食品安全。[①] 但书条款显然无法化解此类案件。问题的彻底解决，显然需要回归私法自身的行为评价体系，由法院在个案中就食品本身的安全性作出独立判断，而不是将判断权拱手交给残缺的食品安全标准。

五、回归现行法的矫正方案

1. 关于第一条转致条款的矫正方案

《食品安全法》第 148 条第 2 款的关键问题是弹性不足，它并未给

[①] 某企业在婴幼儿奶粉中添加"酒石酸胆碱"作为营养强化剂，这虽然有益于食品安全，但根据当时的生效标准，该物质并非食品添加剂，禁止人为添加，依法应属"不符合食品安全标准的食品"。法院最终参照当时尚未生效的《食品营养强化剂使用标准》（GB 14880—2012，自 2013 年 1 月 1 日起生效），判决被告不承担惩罚性赔偿责任，但这显然存在法律风险。参见湖南省长沙市芙蓉区人民法院（2012）芙民初字第 1340 号民事判决书。

私法预留必要的裁量空间，新增的但书条款也仅能化解部分问题，因而必须再次矫正。

立法论上的改造方案有二。(1)正面界定方案：将《食品安全法》148条第2款中出现的"不符合食品安全标准的食品"均改为"不安全的食品"，同时删除但书条款。这样一来，在法律效果上，惩罚性赔偿的构成要件不再是违反食品安全标准，而是生产或明知而销售"不安全的食品"。至于何为不安全的食品，只需对本法150条所界定的"食品安全"概念作反对解释即可。鉴于该条款的含义较为抽象，实践中对"不安全食品"的判断显然不能矫枉过正，仍需充分利用公法上的现有资源——食品安全标准，但要结合前文提供的思路，区分食品安全标准的性质与精准程度作出更准确的判断。具体裁判思路可分两步走：第一步从形式上判定食品安全标准被遵守的情况，若属"社会最优"标准，则可照单全收完全认可食品安全标准的私法效力，并直接依据食品安全标准的遵守情况得出最终结论；反之，若属其他性质的食品安全标准，则需进入第二步判断程序，结合个案事实和"食品安全"的法定含义进行实质上的安全性判定，并以实质判断结果作为最终结论。(2)反面排除方案：保留但书条款，但删除"标签、说明书"这两个限定语。这样一来，惩罚性赔偿责任的判断仍以是否违反食品安全标准为要件，但适用除外的范围得到极大扩展，凡是不影响食品安全且不会对公众造成误导的食品瑕疵（不限于标签和说明书瑕疵），均被排除在外。反面排除与正面界定的逻辑虽然相反，但法律适用效果无异，都可通过两步走的方式，区分食品安全标准的性质，首先做形式主义判断，然后做实质主义验证或排除。

作为权宜之计，解释论上的改造方案较为勉强，且只能做正面界定(若反面排除,无论如何也不能对"标签、说明书"这两个限定语视而不见)。总体思路是对《食品安全法》148条第2款中形式意义上的"食品安全标准"做实质主义解读,将其理解为"食品安全(的)标准"或"食品安全+标准"。这里的"食品安全"指该法第150条界定的食品安全概念——"无毒、无害,符合应当有的营养要求,对人体健康不造成任何急性、亚急性或者慢性危害";而"标准"一词是对"食品安全"的定性,即将"食品安全"的法定含义视为一种抽象标准。这种解读实际上是将该法第150条视为食品安全标准的一般条款。这样一来,法律适用上就回到前述正面界定的思路,分两步做出判断。至于但书条款,仍保留其原有功能,只不过标签瑕疵的适用除外被上了双保险,整体法律效果不受影响。

2. 关于第二条转致条款的矫正方案

《产品质量法》第46条存在的问题同样是弹性不足,它虽然规定了"产品缺陷"的双重判断标准,但二者的适用逻辑十分清晰——当某领域存在国家标准时,只能适用国家标准。这显然未给"不合理的危险"标准预留空间。对此,立法论上的矫正方案简洁明了,直接删除《产品质量法》第46条的后半段,[①] 从而使"产品缺陷"的判断标准单一化,即是否具有"不合理的危险"。但法律适用中仍需充分利用既有的"食品安全标准",首先判断个案是否违反以及违反了何种食品安全标准,在得出形式主义判定结论后,再结合"不合理的危险"这一实质主义标准进行二次验证或排除,并以后者作为最终结论(两步走方案同上)。

[①] 梁慧星教授较早提出如下修法建议:"仅保留《产品质量法》第46条第1句,删去第2句。"参见张新宝:《侵权责任法原理》,中国人民大学出版社2005年版,第396页。

至于解释论，由于现行法的文义与逻辑结构如此清晰，以至于很难在文义可能的范围内找到恰当的解释方法。实践中往往将两个标准做综合判断，尤其是当食品符合国家标准时，还要看其是否有"不合理的危险"。① 这在理论上虽无可挑剔，但作为解释论，其对法条文义及其适用逻辑视而不见的做法，存在严重的合法性弊端。问题的彻底解决，只能期待未来的立法修订。

3. 关于第三条转致条款的最新立法及其解释适用

原《合同法》第52条第(5)项的问题同样是弹性不足。既有研究对此已有充分讨论，比较法上也有《德国民法典》第134条和我国台湾地区"民法"第71条所设但书条款的成熟经验可供借鉴。② 在总结经验教训的基础上，原《合同法》第52条第(5)项的内容已被2021年生效的《民法典》第153条第1款所取代，后者规定："违反法律、行政法规的强制性规定的民事法律行为无效。但是，该强制性规定不导致该民事法律行为无效的除外。"这与德国和中国台湾地区的规定完全一致。我国《民法典》第153条第1款的但书，增加了一个合同无效的适用除外事由，即"该强制性规定不导致该民事法律行为无效的除外"。这明确授予法官一项自由裁量权，法官可自行决定违反"食品安全标准"的食品被限制入市的规定(《标准化法》第25条之

---

① 参见最高人民法院中国应用法学研究所编：《人民法院案例选》(2008年第2辑)，人民法院出版社2009年版，第89页；黄赤东等主编：《产品质量法及配套规定新释新解》，人民法院出版社1999年版，第333页。

② 中国台湾地区"民法"第71条基本上是《德国民法典》第134条的直译，前者的原文为："法律行为，违反强制或禁止之规定者，无效。但其规定并不以之无效者，不在此限。"相关研究可参见苏永钦：《违反强制或禁止规定的法律行为》，载《私法自治中的经济理性》，中国人民大学出版社2004年版，第30—46页；有关海峡两岸的比较研究，参见苏永钦：《以公法规范控制私法契约——两岸转介条款的比较与操作建议》，《人大法律评论》2010年卷，第3—24页。

第九章　由食品安全标准搭建的公私法合作框架　　259

"入市禁令")是否以及如何影响买卖合同的效力。本章构建的公私法合作方案，也可通过这一但书加以落实。

具体而言，(1)当个案违反的食品安全标准属于"社会最优"标准时，涉案食品必然存在不合理的风险，甚至已丧失食用价值。此时的"入市禁令"既有市场管理之需要(管理性强制性规定)，又有保护公众健康之需要(保护性或效力性强制性规定)，违反此种食品安全标准和"入市禁令"的合同当属无效。(2)当个案违反的食品安全标准属"门槛性"或"非实质性"食品安全标准时，则需结合个案事实就食品的安全性另行做出判断。若属轻微瑕疵且不影响合同目的之实现，则可将"入市禁令"视为纯粹管理性强制性规定，违反者，不影响合同之效力；反之，则以违反效力性强制性规定为由，否认合同效力。显然，这里对"入市禁令"做"管理性"和"效力性"区分，只是借用理论和实务中创造的概念外壳，旧瓶装新酒，为违反食品安全标准的合同效力判定提供必要的弹性空间。

第十章
由环境管制标准搭建的公私法合作框架

环境领域的风险规制同样依赖公法与私法体系之间的协调配合，与食品安全标准的功能类似，"环境管制标准"也是沟通公私法二元结构的重要桥梁。本章将聚焦环境风险领域，深入研究由环境管制标准所搭建的公私法合作框架。从大陆法系的公私法二元结构来看，环境管制标准作为一种公法规则，其效力范围及于公法管制领域自无疑问，但其在侵权法上是否也有相应的效力，则在理论和实务中颇具争议，它涉及两个层面的问题：一是违反环境管制标准的事实，对侵权责任的构成将产生何种影响？二是遵守环境管制标准的事实，能否成为免除侵权责任的抗辩事由？对于前者，实践中倾向于承认管制标准对侵权责任构成的实质性影响；对于后者，实践中倾向于否认合规抗辩的效力。实践中为何对这两个密切相关的问题采取截然相反的态度？既有研究站在私法的矫正正义立场，以公私法接轨的思路所作的解释，[①] 只能回答部分法律疑问，其解释力不足。

在笔者看来，环境管制标准在侵权法上的效力问题，必须从公法与私法之间的合作框架中寻找答案。这需要将观察视角从私法的矫正正义转向风险管控的功能主义立场。在后一种视角下，不管是环境管

---

① 代表性研究成果，请参见解亘：《论管制规范在侵权行为法上的意义》，《中国法学》2009年第2期；宋华琳：《论政府规制与侵权法的交错》，《比较法研究》2008年第2期。

制标准还是侵权责任规则均可视为风险控制工具,它们在风险管控问题上具有各自的比较优势和互补性特征,为充分发挥其双边优势,公法上的环境管制与私法上的侵权责任应当保持互动与合作,而环境管制标准正是搭建公私法合作框架的桥梁与纽带。由此形成的公私法合作框架,可对环境管制标准在侵权法上的效力问题作出完整且合理的解释,同时也有助于发挥公法与私法的互补性优势共同管控环境风险。

一、环境管制标准在私法上的效力问题

1. 环境管制标准在侵权法上的效力及其"不对称"现象

关于环境管制标准在侵权法上的效力问题,司法实践中通常认为,违反环境管制标准的事实对侵权责任的构成将产生实质性影响,至于该实质性影响是通过侵权责任的哪个要件来加以体现的,理论上尚无定论,[1] 本书暂不讨论这一具体的细节性问题,并总体上以"可归责性"概念对这些要件加以概括。这样一来,我国当前司法实践中的常规做法可以概括如下:违反环境管制标准的行为在侵权法上将直接具备"可归责性";但遵守环境管制标准的事实却不能成为阻却侵权责任成立的抗辩事由,即否认"合规抗辩"的效力。对于这一现象,理论和实务界的表述虽有差异,[2] 但基本立场并无本质区别。

以水污染领域为例,如果排污行为违反了强制性的排污标准(以

---

[1] 对于一般侵权行为,实践中主要借助"违法性"或"过错"要件来体现管制标准在侵权法上的效力;在环境侵权领域,实践中还有借助"加害行为"或"损害"要件来体现管制标准在侵权法上的效力。

[2] 参见解亘:《论管制规范在侵权行为法上的意义》,《中国法学》2009年第2期; Gerrit De Geest & Giuseppe Dari-Mattiacci, "Soft Regulation, Tough Judges", 15 *Sup. Ct. Econ. Rev.* 119, 120–121 (2007)。

下简称"违规行为"),并因此给他人造成损害,法院往往据此直接认定该行为构成侵权;反之,如果排污行为符合相关排污标准(以下简称"合规行为"),但只要给他人造成了损害,并成立法律上的因果关系,则排污企业仍然可能构成民事侵权。对于上述"不对称"现象,地方法院给出的解释是:"合法的排污并不能保证不造成损害,造成了损害后果,排污人仍然要对损害后果承担民事责任。"[1] 司法实践中的态度一度影响了 2009 年《侵权责任法》的制定,该法在起草过程中曾有草案规定:"排污符合规定的标准,但是给他人造成明显损害,排污者应当承担赔偿责任。"不过,最终颁布的《侵权责任法》删除了这一表述。

上述实践做法显示,在公法上得到完全相反评价的合规与违规行为,在侵权法上所得到的评价却无甚差异。根据常人的理解,一个国家的法律体系应当是彼此呼应和体系融贯的,在公法上得到否定性评价的违规行为,在侵权法上也应当受到否定性评价,这是公法与私法在价值取向上保持融贯性的表现,同时也是整个法律体系统一性的内在要求。但令人疑惑的是,在公法上受到积极评价的环境合规行为,在侵权法上却可能受到否定性评价,环境风险领域的公法与私法在这里出现了价值取向上的不协调。对此,若仅从形式意义上来看,合规行为在侵权法上的效力,与违规行为在侵权法上的效力,表现出明显的"不对称"现象。当然,法律制度从来都不以形式上的对称和结构上的美观作为评价标准,但理论上值得反思的问题是,这一形式上不甚美观的法律制度,为何会成为理论通说和实践惯例?其背后是否还蕴含着更为重要的实质性价值?

---

[1] 江苏省高级人民法院民一庭:《环境污染损害赔偿纠纷的司法对策》,《人民司法》2006 年第 4 期。

2. 侵权法上的合规抗辩效力及其"不对等"现象

笔者在梳理相关司法判决时发现，尽管理论通说和司法惯例总体上不承认合规抗辩的私法效力，但近年来却出现了一些例外情形，尤其是在噪声污染、电磁辐射和粉尘污染等"不可量物"污染领域，不少地方法院倾向于承认合规抗辩的私法效力，即遵守环境管制标准的行为将阻却侵权责任的成立。为全面揭示这一现象，笔者通过对北大法宝案例库的检索，整理出一些典型案例，具体见下表4：

表 4　合规抗辩效力的"不对等"现象

类型		是否合规	合规抗辩的效力认定	判决书例示	判决理由摘录
水污染		合规	否认合规抗辩的效力	（2003）汝民初字第30号；（2003）佛中法民一终字第991号。	排污标准只是环保部门进行环境管理的依据，它不是确定民事责任的界限，符合排污标准并非不构成环境侵权。
不可量物污染	噪声	合规	承认合规抗辩的效力	（2010）杭萧民初字第4246号；（2010）沪一中民一（民）终字第1408号。	被告排放的噪声符合GB 12348—2008的要求，因而不支持原告的诉讼请求。
	辐射	合规	承认合规抗辩的效力	（2006）庐民一初字第116号；（2005）穗中法民四终字第4119号。	被告的高压线路或无线电台基站发出的电磁辐射符合相应的国家标准，没有给原告带来损害。
	粉尘	合规	承认合规抗辩的效力	（2010）渝五中法民初字第3407号；（2003）青海法海事初字第14号。	被告所使用的设备、化工原料和生产的产品均符合相关标准要求，不会产生煤气烟尘及污染周围环境。

上表显示，关于合规抗辩的私法效力问题，各地法院在水污染和"不可量物"污染领域，采取了完全不同的态度：在水污染领域否认合规抗辩的效力，但在"不可量物"污染领域却又不同程度地承认合规抗辩的效力。法院的区别对待不免让人产生疑问，为什么一个符合污水排放标准并致害于他人的行为，无法阻却侵权责任的成立；但符合噪声排放标准并致害于他人的行为，却可以阻却侵权责任的成立？若仅从形式意义上来看，这是典型的"不对等"现象。

也许会有这样的反驳，法院的区别对待完全是依法办事的结果，其根源在于我国现行法关于侵权责任构成的"违法性"要件规定不一致。例如，原《民法通则》第124条规定："违反国家保护环境防止污染的规定，污染环境造成他人损害的，应当依法承担民事责任。"这里似乎要求环境侵权需要具备"违反国家保护环境防止污染的规定"这一"违法性"要件。在此基础上，《环境噪声污染防治法》第2条第2款在界定何为"噪声污染"时也明确指出："本法所称环境噪声污染，是指所产生的环境噪声超过国家规定的环境噪声排放标准，并干扰他人正常生活、工作和学习的现象。"然而，《水污染防治法》似乎又放弃了"违法性"要件，该法第96条第1款规定："因水污染受到损害的当事人，有权要求排污方排除危害和赔偿损失。"至于何为"水污染"，《水污染防治法》第102条也并未像《噪声污染防治法》第2条那样引致公法管制标准来界定"水污染"概念，而是直接作出实质性判断。① 除此之外，同样放弃"违法性"要件的还包括《环境保护法》和2009年的《侵权责任法》。由于现行法关于"违法

---

① 参见《水污染防治法》第102条："本法中下列用语的含义：（一）水污染，是指水体因某种物质的介入，而导致其化学、物理、生物或者放射性等方面特性的改变，从而影响水的有效利用，危害人体健康或者破坏生态环境，造成水质恶化的现象……"

性"要件的规定不统一,因而有学者认为,实践中的"不对等"现象是由法律条文本身的不自洽造成的。[1] 这固然成立,但形式上的合法性并不当然意味着实质上的合理性。对于司法实践中的"不对等"和立法上的不自洽现象,理论上需要反思的问题是,立法和司法为何要在合规抗辩问题上进行区别对待?在历来重视形式理性的私法领域,上述"不对等"现象的理论基础何在?这有待进一步研究。

二、公私法关系视角下的既有理论评价

1. 公私法二分论的解释力评价

公私法二分论对上述"不对称"现象的后半段提供了强有力的解释,即为何遵守环境管制标准的合规行为仍然可能构成侵权?简单来讲,公私法二分论认为:公法和私法分属两个不同的法律系统和部门,其中,环境管制标准属于公法上的规则,而侵权法则隶属于私法,它们二者具有不同的行为评价体系和运作逻辑,因而就不难理解,为何在公法上受到积极评价的合规行为,却可能在侵权法上受到否定性评价。正如原国家环境保护局在批复中所指出的:"承担污染赔偿责任的法定条件,就是排污单位造成环境污染危害,并使其他单位或者个人遭受损失。……至于国家或者地方规定的污染物排放标准,只是环保部门决定排污单位是否需要缴纳超标排污费和进行环境管理的依据,而不是确定排污单位是否承担赔偿责任的界限。"[2] 公

---

[1] 在环境侵权领域,中国现行法关于"违法性"要件的规定不一致,详细梳理请参见傅蔚冈:《合规行为的效力:一个超越实证法的分析》,《浙江学刊》2010年第4期。
[2] 参见《国家环境保护局关于确定环境污染损害赔偿责任问题的复函》,[91]环法函字第104号。

私法二分论虽然有力地说明了为什么合规行为仍然可能构成民事侵权，但它无法解释的是，法院为何在"不可量物"污染领域又承认合规抗辩的私法效力，以及行为违规的事实与侵权法上的可归责性之间到底有何联系，这是公私法二分论在解释论层面的显著缺陷。除此之外，由于公私法二分论建立在部门法分立格局的基础之上，乃部门法壁垒的产物，它忽视了公法与私法在风险领域的内在联系，与现代立法和风险规制实践不符，因而不值得提倡。

2. 管制标准最低限度论的解释力评价

还有学者从管制标准自身的性质入手，对其在侵权法上的效力作出判断，例如有观点认为："无论是产品质量标准，还是环境标准，政府所制定的标准，只是一个最低限度而非最高限度的'安全阀'，它所规定的是产品质量、环境洁净程度的下限而非上限。尽管达到标准不一定就可以免除民事责任，但是达不到标准，则一定要为此承担相应的民事责任。"[①] 为表述方便，笔者将该观点称为"管制标准最低限度论"，该理论在环境风险领域具有一定的解释力，它将环境管制标准视为最低限度的"门槛性"标准，与其相对应的是社会最优标准。其中，违反最低限度管制标准的致害行为显然要承担侵权责任；但遵守该标准的致害行为可能尚未达到社会最优标准，因而仍然可能要承担侵权责任。至此，前述"不对称"现象得到了相对完整的解释。不过，管制标准最低限度论也存在自身的问题。

第一，关于合规抗辩效力的"不对等"现象，管制标准最低限度论难以提供有说服力的解释。例如，既然该理论将管制标准视为

---

① 宋华琳：《论行政规则对司法的规范效应》，《中国法学》2006年第6期。

第十章　由环境管制标准搭建的公私法合作框架　　　267

"最低限度而非最高限度的标准",那么,行为符合噪声、光、放射性物质等"不可量物"排放标准的事实,应当与符合污水排放标准的事实一样,都无法阻却侵权责任的成立,但现实情况却是,各地法院几乎一致性地承认"不可量物"污染领域合规抗辩的效力(详见表4),这一事实无情地挑战了管制标准最低限度论的解释力。

第二,管制标准最低限度论将行政管制标准视为"最低限度而非最高限度的标准",这是该理论的核心要义,至于为何作出这一判断,以及行政管制机关为何只能设定"最低限度"的标准,该理论的支持者并没有系统论证;而批评者却认为,将行政管制标准视为最低限度的标准是"未经验证的前提"。[①] 管制标准最低限度论背后的逻辑是:在风险控制问题上,人们对法院表示信任的同时,却对行政管制机关抱有极大的怀疑。[②] 但在笔者看来,真实的情况可能恰好相反,环境管制在风险管控领域的功能优势是侵权责任所无法比拟的(后文详述)。

第三,管制标准最低限度论的观察视角与其分析工具之间存在不契合性。造成这一问题的根源在于,该理论在追求个案矫正正义和风险管控目标之间定位不明确,具体表现为:该理论以实现矫正正义为目标,但所用分析工具却来源于风险控制理论,这是出现不契合性的根源所在。例如,(1)关于观察视角,相关文献并未明确交代,但从其上下文推断,该理论的支持者是以行政管制存在剩余风险且不是"绝对安全可靠"的标准为由,为否认合规抗辩进行辩护,这显示了

[①] See Lars Noah, "Rewarding Regulatory Compliance: The Pursuit of Symmetry in Products Liability", 88 *Geo. L. J.* 2147, 2152 (2000).

[②] See Peter H. Schuck, "Multi-Culturalism Redux: Science, Law, and Politics", 11 *Yale L. & Pol'y Rev.* 1, 29 (1993).

其追求矫正正义的视角。① (2)关于分析工具,就笔者所知,最低限度管制标准的主张源自美国法经济学理论的如下看法:鉴于行为预期存在极大的不确定性,为实现最优的管制效果,行政管制标准应当低于其单独使用时的最优标准,不足部分应由事后责任制度加以补充。② 该理论不断被学界补充完善,并被用来解释实证法上的现象,国内学者也许正是继承了这一理论成果,并将其用于分析行政管制标准在侵权法上的效力现象。但问题是,该理论模型是以风险控制为视角而设计的(即最小化风险的社会总成本),而国内学者则以矫正正义为视角,运用该理论为否认合规抗辩进行辩护,这当中存在一定的不契合性。其原因在于:如果是追求矫正正义,则否认合规抗辩具有重要意义,因为侵权责任可以有效填补环境管制的"剩余风险"所引发的私人损害,并为潜在受害人提供一种类似"社会保险"一样的事后救济机制。但若以风险管控为视角,则侵权责任提供的威慑机制也是一种风险控制工具,若完全否认合规抗辩的效力将意味着,私

---

① 例如有学者认为:"作为事先规制形式的强制信息披露、标准制定、许可,与发挥着事后规制功能的侵权法,某种意义上可以视为是位于同一谱系并列的规制形式,它们共同捍卫着公众健康和公共福祉。"这里将侵权责任视为风险控制工具,但在合规抗辩问题上,却又回到矫正正义的立场:"遵守药品标准的要求,是否构成不承担侵权责任的抗辩事由?答案是否定的。……标准这种规制形式往往给予的是一个一般性的控制,它不可能也无法去把握和斟酌每个侵权个案所涉及的个别因素,因此它对于个案正义是无能为力的。"参见宋华琳:《论政府规制与侵权法的交错》,《比较法研究》2008年第2期。

② 该理论模型分析认为,在风险控制领域,潜在加害人对于法院判决的预期是不确定的,从而使得潜在加害人对法律所要求的行为谨慎标准的预期也不确定。于此,潜在加害人的实际谨慎标准可能高于也可能低于社会最优标准,从而导致责任威慑的非效率性。好在,联合使用行政管制和责任威慑恰好可以弥补该缺陷,为使其合作达到社会最优,行政规制标准应当低于其单独使用时的社会最优标准,不足部分由事后责任威慑加以补充。参见Charles D. Kolstad, Thomas S. Ulen and Gary V. Johnson, "Ex Post Liability for Harm vs. Ex Ante Safety Regulation: Substitutes or Complements?", 80 *The American Economic Review* 888 (1990)。

法上的侵权责任与公法上的环境管制虽然共同服务于风险管控目标，但它们二者却以"各自为政"的方式发挥作用，这显然不利于控制风险。

3. 公私法上注意义务吻合论的解释力评价

作为对公私法二分论的超越，有学者站在私法的矫正正义立场，基于私法与公法体系实现接轨的需要，分析了行政管制规范在侵权法上的效力问题。其主要观点认为，行政管制规范可以透过私法上的"违法性（或过错）"要件对侵权责任的构成产生实质性影响，主要理由在于："在常态下，管制规范所确立的公法上的行为规范试图保护的私人利益的范围与侵权行为法试图保护的私人利益范围大致吻合；而在常态下管制规范所确立的行动规范与社会生活上的注意义务基本吻合。"[1] 本书将这一观点称为"公私法上注意义务吻合论"。通过该理论可以推导出如下基本结论："如果一个违反防止侵害型管制法规的加害行为给他人造成了损害，且加害行为与损害之间存在事实上的因果关系，就大致可以推断过错要件及（或者）违法性要件的充足"；反之，"如果一个加害行为给他人造成损害，且加害行为与损害之间成立事实上的因果关系，但该加害行为并未违反相关的防止侵害型管制规范，则大致可以推断侵权行为不成立"。[2]

需要说明的是，"公私法上注意义务吻合论"透过"违法性（或过错）"要件来体现管制规范在侵权法上的效力，但由于环境侵权属于无过错责任，该解释思路能否直接适用，仍有待讨论。不过，若不考虑环境侵权责任"违法性"要件的存废之争，同时承认无过错责

---

[1] 解亘：《论管制规范在侵权行为法上的意义》，《中国法学》2009年第2期。
[2] 解亘：《论管制规范在侵权行为法上的意义》，《中国法学》2009年第2期。

任不等于结果责任,则该理论一定程度上可适用于环境侵权领域。理由在于,环境管制标准本身就是排污企业必须遵守的最基本的注意义务,对该注意义务的违反必将在侵权法上有所体现,只不过需要通过"可归责性"来加以转介和评价。回到"公私法上注意义务吻合论",这相当于用"可归责性"来替换该理论中的"违法性"要件,并以此来转介公法上的环境管制标准,从而使之在侵权法上产生效力。如果这一替换能够成立,那么,根据"公私法上注意义务吻合论",排污行为违反环境管制标准的事实与环境侵权的"可归责性"之间大致可以画上约等号(≈)。由此推断,违反环境管制标准的行为将具备侵权法上的可归责性;反之,遵守环境管制标准的行为大致可以阻却侵权责任的成立。这一推论在"不可量物"污染领域具有充分的解释力,但对于前述"不对称"和"不对等"现象,该理论所提供的解释思路也存在局限性。

第一,关于前述"不对等"现象,根据"公私法上注意义务吻合论"的思路可以推演出如下观点:法官之所以在水污染领域和"不可量物"污染领域有规律地采取"不对等"的态度,可能的原因在于,公法与私法上的注意义务在"不可量物"污染领域相吻合,但在水污染领域却不吻合。因而应当在"不可量物"污染领域承认合规抗辩的效力,而在水污染领域则应当否认合规抗辩的效力。至于该理论隐含的这一假设能否成立以及为何会发生这种情况,有待进一步论证。

第二,关于前述"不对称"现象,"公私法上注意义务吻合论"对其前半段具有较强的解释力,至于其后半段(即否认合规抗辩的效力),该理论将其视为例外情况,并通过扩大违法性要件(在环境侵权领域被替换为"可归责性",下同)的含义来对其做出解释。根据

第十章　由环境管制标准搭建的公私法合作框架

这一理论进行推理,排污行为的可归责性不仅是指违反了"防止侵害型管制规范",而且还包括违反了其他"社会生活上的注意义务"。[1] 在法律逻辑上,扩大可归责性的含义将意味着,排污行为符合公法管制标准只是阻却私法上可归责性的必要条件,但并非充分条件。简言之,符合公法管制标准的合规行为仍然可能因违反"社会生活上的注意义务"而产生私法上的可归责性。因此,在环境风险领域,排污行为违反环境管制标准将意味着侵权法上可归责性要件的成就,但公法上合规的事实却不能直接阻却私法上侵权责任的成立,具体还要看其是否违反了"社会生活上的注意义务",环境管制标准在侵权法上的效力由此呈现出"不对称"现象。

但问题在于,以扩大"可归责性"要件的含义来否认合规抗辩的效力,这实际上是借助民间的社会规范对合规行为进行道德评价,而且,将这样的思路应用在风险管控领域,实际上正在朝着"零风险"的目标迈进。这在环境风险领域需要高度警惕,原因已如前文第一章所述,现代环境风险兼具积极与消极意义,风险立法必须"在健康与健康之间权衡",若扩大"可归责性"要件的含义,则环境侵权责任的适用范围也将随之扩大,由此可能产生一系列负面影响。当然,我们也不能过度苛责"公私法上注意义务吻合论",这与其理论目标和观察视角密切相关。该理论是站在侵权法的立场,以实现个案矫正正义为目标来处理合规抗辩问题。但在环境风险领域,侵权法的制度设计不可忽视风险管控的需要。

若转向风险管控的视角,我们有理由相信,一些环境管制标准在设定之初已经权衡了风险的正面和负面影响,于此情况下,若在私法

---

[1] 参见解亘:《论管制规范在侵权行为法上的意义》,《中国法学》2009年第2期。

上一概拒绝承认合规抗辩的效力,这对于排污企业而言,可能因连绵不绝的侵权之诉而引发威慑过度的风险,对于兼具积极和消极意义的"双面性"环境风险而言,威慑过度甚至比威慑不足更可怕。① 这不仅是因为单纯的财富分配效应会浪费司法资源,而且可能造成工业品价格升高,部分产品甚至会被驱逐出市场,人类将因此无法享受现代工业文明的优秀成果,② 而这可能会给现代工业化社会的生产生活带来更严重的风险。当然,除了观察视角的不同之外,该理论的预设适用范围主要是一般侵权行为,其在环境侵权领域存在解释力上的不足也自在情理之中。

三、多重因素影响下的环境管制标准效力论

1. 观察视角的决定性意义与视角转换

既有研究主要是站在侵权法的立场,以个案矫正正义为视角来探讨环境管制标准在侵权法上的效力,而与此相关的风险控制视角却没有得到应有的关注,由此导致既有理论在解释力上的不足。诚如学者所言:"对于合规抗辩的争论,占据法律体系半壁江山的私法得到过分关注,但却不重视甚至忽略了同等重要的公法部分,政府管制应当得到至少与侵权法同样的关注。"③ 然而,一旦转换理论观察视角,则环境管制与侵权责任的角色及其功能也将发生变化,环境管制标准

---

① See Clayton P. Gillette & James E. Krier, "Risk, Courts, and Agencies", 138 U. Pa. L. Rev. 1027, 1028 (1990).

② See Robert L. Rabin, "Reassessing Regulatory Compliance", 88 Geo. L. J. 2049, 2074-2075 (2000).

③ Lars Noah, "Rewarding Regulatory Compliance: The Pursuit of Symmetry in Products Liability", 88 Geo. L. J. 2147, 2165 (2000).

在侵权法上的效力状况也将因此而不同。以合规抗辩为例，若以个案矫正正义为视角，则否认合规抗辩具有重要意义，它能够填补环境管制的"剩余风险"所引发的损害，这相当于为受害人提供一种类似"社会保险"的救济措施，从而有利于实现矫正正义；但若以风险管控为视角，则适度承认合规抗辩才是更理性的选择，因为一味地否认合规抗辩势必推动侵权法向着"零风险"的目标进发，而环境风险的"双面性"决定了追求"零风险"的尝试可能得不偿失，此举无异于以关停工厂的方式来控制环境污染，而这将意味着更大甚至更严重的社会风险。因此，研究环境管制标准在侵权法上的效力，理论上的观察视角极为重要，它对管制标准效力论具有决定性的影响。下文将从风险控制视角展开研究。这里的"风险控制"（或"风险管控"，下同）是指，通过行政管制手段和侵权责任来降低环境风险，其目标旨在最小化环境风险带来的社会总成本。

若以风险控制为视角，则环境管制与侵权责任均可被视为风险控制工具。从作用原理来看，侵权责任的威慑机制是其发挥风险控制功能的关键所在，它主要通过损害赔偿责任来激励排污企业于事前采取风险防范措施，以符合最优的行为谨慎标准要求，从而最小化风险行为的社会总成本，此即前文所说的"一般威慑"或"市场的方法"。[①] 将侵权责任视为风险控制工具的观念，在大陆法系尚无法被全面接受，但在英美法系早已司空见惯。[②] 相比之下，将环境管制视为风险

[①] 称之为"一般威慑"或"市场方法"，是因为侵权责任的威慑程度完全由风险行为所造成的损害来确定，损害赔偿责任试图将风险行为的外部性予以内部化，并将是否实施风险行为的决策留给行为人自己，若选择实施风险行为，则需要承担完全损害赔偿责任，并以此激励行为人最小化事故的总成本。详情请参见[美]盖多·卡拉布雷西：《事故的成本》，毕竞悦等译，北京大学出版社2008年版，第59页。

[②] See G. T. Schwartz, "Does Tort Law Deter?", 42 *UCLA Law Review* 377, 377–444 (1994).

控制工具，在两大法系均无争议。环境管制旨在通过强制信息披露、技术性标准和个案许可，为行为人设定一个最佳的行为谨慎标准，并由行政管制机关来实施该标准。这里需要强调的是，环境管制与侵权责任作为两种不同的风险控制工具，它们都是通过寻找并执行社会最优的行为谨慎标准来控制环境风险的。[1] 由此，社会最优的行为谨慎标准如何确立以及由谁执行便成为问题的关键之所在。

根据法治的基本原理，行为谨慎标准的确定原本属于立法保留的事项，但由于立法者的精力与信息能力上的制约，他们只能确定一个大概的指导方针（例如侵权责任的归责原则、环境管制中的禁止或限制态度等），并将绝大多数决定权（即"剩余立法权"）委托给立法者的"代理人"来行使，备选的"代理人"主要包括行政管制机关和法院。[2] 由行政管制机关还是法院来确立并执行行为谨慎标准，这是环境管制和侵权责任的关键性区别。其中，环境管制作为一种风险控制工具，它是由行政管制机关确立并执行一个最优的行为谨慎标准，并集中表现为排污标准的确定和执行；侵权责任作为一种风险控制工具，它是由法院确立并执行一个最优的行为谨慎标准，并具体表现为法院对行为违法性或可归责性的把握。因此，行政管制机关和法院在中国法治框架下所处的制度结构差异，决定了环境管制与侵权责任作为两种风险控制工具的功能差异，正是这些制度功能上的差异，影响

---

[1] 在风险控制问题上，法律之所以要设定最佳的行为谨慎标准，而不是直接禁止风险行为，这是由环境风险的"双面性"及损害的"相互性"决定的。对此，科斯曾讨论的"噪音案"表明：制糖厂发出的噪音影响了诊所的工作，正确的做法不是要求制糖厂停产或者相反，因为任何一种选择势必损害其中一方的利益，正确的做法是通过成本与收益的衡量，寻找能使社会总成本最小化的方案，这要通过最佳行为谨慎标准来实施。参见 Ronald H. Coase, "The Problem of Social Cost", 3 *Journal of Law and Economics* 1, 1-44 (1960)。

[2] See Matthew C. Stephenson, "Legislative Allocation of Delegated Power: Uncertainty, Risk, and the Choice between Agencies and Courts", 119 *Harv. L. Rev.* 1035 (2006)。

并决定了环境管制标准在侵权法上的效力状况。

2. 个案判断上的灵活性优势对管制标准效力论的影响

环境管制与侵权责任在个案判断上的灵活性优势，对于管控多样化的环境风险具有重要意义，它对环境管制标准在侵权法上的效力状况也具有重要影响。由于现代工业化社会面临的环境风险复杂多变，排污行为的风险及其致害事故不仅类型多样，而且随着时空的变化而变化，排污企业和潜在受害人的风险控制能力也因时、因地、因人而异。环境风险的自身多样性对风险管控手段提出了极高的要求，其中最理想的做法是，对不同企业和不同排污行为进行区别对待，并根据个案情况为排污企业量身定制最佳的行为谨慎标准，而这，要求环境管制和侵权责任的实施者（即行政管制机关和法院），在个案判断上要具有相当的灵活性。然而，从二者的风险控制原理及所处的制度结构来看，法院在个案判断方面比行政管制机关具有更显著的灵活性优势。

原因在于：(1)更灵活的个案判断需要以丰富的信息为支撑，环境管制主要是一种事前的风险控制工具，事前管制的难题在于信息不对称，管制者往往不知道需要管制谁以及如何管制；为节省信息成本，管制机关习惯于不区分具体行为，并设定普适性的管制标准（如排污标准），环境管制也因此被称为"一刀切"的处理方法，这使其在个案判断上缺乏必要的灵活性。相比之下，侵权责任作为一种事后的风险控制工具，它在信息获取方面具有显著优势，这为法院的个案判断提供了便利，法院可根据涉案行为的风险大小、致害程度和行为人自身的风险防范能力，对排污企业进行区别对待，并为其"量身定制"最佳的行为谨慎标准。基于个案的行为谨慎标准一旦确立，

"同案同判"的原则将使个案中确立的标准对同类行为产生示范效应,同类排污企业为避免承担侵权责任,将会主动提高谨慎程度以达到法院所设定的社会最优谨慎标准的要求。由此决定了法院比行政管制机关在个案判断上更具灵活性优势。(2)行政管制机关和法院的制度结构差异也决定了其在个案判断上的灵活性差异。其中,行政管制机关所处的科层制结构具有格式化、等级化、技术化和非人格化的特点,它要求执法人员必须自上而下地照章办事,以图政令畅通和执法高效,而严格的"依法行政原则"又进一步限制了行政管制机关的个案判断能力。相比之下,法院所处的制度结构毕竟不同于行政科层制体系(虽然中国在逐渐趋同化),司法独立甚至法官独立的制度构造,为法官的自由裁量奠定了基础,更大的自由裁量权往往意味着更灵活的个案判断。因此理论上认为:"由行政机关解释和执行法律的特点在于,针对不同个案(across issues)能够在解释理念上保持一致性;……由法院解释或执行法律的特点在于,针对不同个案能够在解释理念上保持灵活性。"[1]

侵权责任在个案判断上的灵活性优势,一定程度上增进了人们对侵权责任的威慑机制及其执行者——法院的依赖,尤其是对法院在寻求社会最优行为谨慎标准方面的依赖更为明显,这也许正是理论通说倾向于否认合规抗辩的原因之一。笔者做出这一判断的理论依据是:对于风险管控问题而言,在同等条件下,更加灵活的个案判断往往意味着更准确的行为谨慎标准,而执行准确的行为谨慎标准是实现风险管控目标的核心要件。因此,为充分发挥法院在个案判断上的灵活性优势,在环境风险领域的制度安排上,应当更多地依赖侵权责任的威

---

[1] Matthew C. Stephenson, "Legislative Allocation of Delegated Power: Uncertainty, Risk, and the Choice between Agencies and Courts", 119 *Harv. L. Rev.* 1035, 1038 (2006).

慑机制来控制环境风险,这也正是早期的法经济学家或科斯主义者所持的观点。① 就本章关注的"管制标准效力论"而言,为充分发挥法院在个案判断上的灵活性优势,不承认行政管制标准在侵权法上的效力才是更理性的选择,尤其是不应当承认合规抗辩的效力。因为环境管制的"一刀切"做法实际上是将复杂问题简单化处理,从而可能使环境管制标准偏离风险管控目标,因而就不难理解合规抗辩为何屡屡遭到理论和实务界的拒绝。但以上分析绝不是问题的全部,环境管制与侵权责任的功能优势以及由此决定的管制标准效力论还有更为复杂的面向。

3. 政策判断上的灵活性优势对管制标准效力论的影响

除了个案判断上的灵活性之外,环境管制与侵权责任在政策判断上的灵活性差异,也是影响管制标准效力论的重要因素。这里的"政策判断"特指时间维度上的政策判断,其含义是指:环境管制和侵权责任在实施过程中,由管制机关和法院根据情势变化而不断调整其风险控制策略和制度安排。② 政策判断能力在风险管控领域尤其重要,因为现代社会的环境风险是工业文明的"副产品",日新月异的技术变化往往对环境风险及风险管控手段带来重大变化。再加上不同时空背景下的产业政策、经济形势、社会稳定等政策性因素的影响,环境风险领域的情势变化速度往往更快,为了适应情势变化的需要,行政管制机关和法院在风险管控领域需要具备更加灵活的政策判断能

---

① See Edward Glaeser, Simon Johnson and Andrei Shleifer, "Coase Versus the Coasians", 116 *Q. J. Econ.* 853 (2001).
② 在本书的语境中,当法律存在滞后、模糊、漏洞等问题或法律与政策在特定问题上存在冲突时,法院和管制机关在此情况下行使"剩余立法权"的决策即属于一种政策判断。其中,管制机关的政策判断主要表现为管制标准的设定及调整,法院的政策判断主要体现为行为谨慎标准的设定及调整。

力。结合现代环境立法的特点及其运行情况来看,环境管制机关在政策判断能力上比法院具有显著的灵活性优势。

原因在于:(1)管制性立法的特点决定了环境管制机关在政策判断上的灵活性优势,现代管制性立法呈现出"一个事物领域一个法,立法者也被迫提出完整的政策和执行程序"①,管制性立法也因此被称为"政策性立法",立法者可根据情势变化的需要,有针对性地以单行立法解决特定领域的特定问题。此外,为避免法律的滞后性,立法者还习惯于授权行政机关负责行政立法和行政解释,它们具有程序简便和效率上的优势,尤其是在中国,各种行政法规和规章频繁地颁布和修改,这为行政管制机关根据情势变化进行政策判断提供了便利。(2)行政管制机关和法院所处的制度结构差异也影响了其政策判断能力。"不完备法律理论"曾指出:在配置"剩余立法权"时,由于法院属于被动执法者,将剩余立法权配置给法院具有明显的滞后性;而行政执法则具有积极主动的特点,将剩余立法权配置给行政机关可以提高法律的灵活性。② 以美国著名的"谢弗林案"为例,环境保护署(EPA)在对"固定污染源"概念进行解释时,成功地融入了大量的政策性因素,③ 这集中体现了行政管制机关在政策判断上的灵活性优势,从而满足了环境风险管控对灵活性的需求。相比之下,法院"坐堂问案"的特点决定了其在政策判断上无法像行政管制机关那样富有灵活性。因此理论上认为:"由法院解释或执行法律的特点

---

① 苏永钦:《民事立法与公私法的接轨》,北京大学出版社 2005 年版,第 10 页。
② See Katharina Pistor & Chenggang Xu, "Incomplete Law", 35 *N. Y. U. J. Int'l L. & Pol.* 931 (2003).
③ See Chevron U. S. A. v. Natural Resources Defense Council, 467 U. S. 837 (1984). 在该案中,EPA 对"固定污染源"概念的解释与特定时期的管制政策具有高度相关性,关于该案的详细评论,请参见高秦伟:《政策形成与司法审查——美国谢弗林案之启示》,《浙江学刊》2006 年第 6 期。

在于，……在时间维度上具有稳定性；由行政机关解释或执行法律的特点在于，……在时间维度上(over time)具有灵活性。"①

行政管制机关在政策判断上的灵活性优势，一定程度上增进了人们对管制机关灵活应变能力的信任，这恰好与复杂多变的环境风险相匹配。尤其是处于转型期的中国，面对情势变化速度较快的社会现实，行政管制机关灵活的政策判断能力更显得意义重大，这也许正是20世纪以来的管制性立法突飞猛进、管制机关迅速膨胀的原因之一。就管制标准效力论而言，行政管制机关在政策判断上的灵活性优势，也许正是部分学者要求法院"尊重"(regulatory compliance)管制标准的重要原因之一(美国学者的呼声尤其高)。② 其背后的理论基础在于，在同等条件下，更加灵活的政策判断往往意味着更适合国情和当前形势的风险管控方案，因为灵活的政策判断能力能将复杂多变的政策性因素融入环境管制标准，如产业政策、经济形势、社会稳定等。因此，为充分发挥行政管制机关在政策判断上的灵活性优势，在立法上，应当以行政管制为中心来进行制度设计，并将侵权责任视为一种"辅助管制"的手段，这就要求侵权责任制度要服务于环境管制体制。这一思路体现在管制标准效力论上，即应当以是否违反环境管制标准作为判断侵权责任是否成立的决定性因素，合规抗辩也因此应当得到充分尊重。

4. 中立性优势对管制标准效力论的影响

凡事皆有两面，环境管制机关在政策判断上的灵活性优势，同时

---

① Matthew C. Stephenson, "Legislative Allocation of Delegated Power: Uncertainty, Risk, and the Choice between Agencies and Courts", 119 *Harv. L. Rev.* 1035, 1038 (2006).
② See Robert L. Rabin, "Reassessing Regulatory Compliance", 88 *Geo. L. J.* 2049 (2000).

也意味着它可能缺乏相应的中立性,这也是由其所处的制度结构所决定的。① 概括来讲,环境管制运行在一个单向度的"线性结构"中,行政管制机关与被管制者之间是一种典型的命令-服从或隶属关系。其中,行政管制机关可以发号施令,而被管制者则必须遵守,它们彼此之间缺乏谈判与妥协的空间,因而行政管制机关在环境管制实践中受到来自行政相对人的制约也较少,不受制约的管制行为往往伴随着机会主义倾向,例如表现为管制者的"寻租""偷懒"和"被俘获"现象。② 相比之下,在侵权责任实施过程中,法院与当事人的关系呈现出"三角结构",法官在庭审中要同时面对双方当事人,法官的任何举动都被相互对抗的双方当事人看在眼里,这对法官而言是一种强大的制约力量,相比环境管制所处的"线性结构",法官所处的相互制约的"三角结构"有助于减轻法官的机会主义倾向,从而使法官更具中立性优势,这也将成为影响管制标准效力论的重要因素。

与环境管制机关相比,法院的中立性优势一定程度上增进了社会公众对法院的信任,尤其是信任法院会更加忠实地服务于风险管控这一公共目标,这也许正是人们对环境管制机关及其制定的排污标准保持警惕,并要求法院谨慎对待合规抗辩的原因之一。笔者做出这一判断的理由是:在同等条件下,更具中立性的执法者,往往意味着更好的法律实施效果;反之,缺乏中立性的执法者,往往因"寻租"或被"俘获"而背叛既定的立法目标。为充分利用法院的中立性优势

---

① 管制机关与法院所处的制度结构是影响其中立性的关键因素;此外,它们二者的内部控制体系、问责制和执法人员的个体差异也是影响其中立性的因素。由于这些因素具有较大的不确定性,本书不再展开讨论。

② See Matthew D. Zinn, "Policing Environmental Regulatory Enforcement: Cooperation, Capture, and Citizen Suits", 21 *Stan. Envtl. L. J.* 81, 133-134 (2002).

来控制环境风险，这就要求环境立法以法院为中心进行制度设计，并具体从以下两个方面开展：一是要更多地依赖法院来寻找并确定社会最优的行为谨慎标准，从而避免管制机关因"寻租"或被"俘获"而规定不适当的管制标准；二是要更多地依赖法院来督促或执行最优的行为谨慎标准（或排污标准），以防止行政管制机关采取"偷懒"或放任策略。体现在管制标准效力论方面，这就要求法院要对排污标准保持高度警惕，并倾向于否认合规抗辩的效力，其理由很简单，因为任何理性人都会对一个缺乏中立性的机构以及出自它手的管制标准保持警惕。

5. 专业技术优势对管制标准效力论的影响

在技术性较强的环境风险领域，行政管制机关与法院对技术性问题的应对能力将变得意义重大，这也成为影响管制标准效力论的重要因素。由于环境风险的致害过程非常复杂，损害并非总是由污染物直接引起的，有时候是污染物与其他要素发生物理、化学或生物反应，并经过迁移、扩散、转化和代谢等环节后才造成损害的。这造就了环境风险的技术性特点，并对风险管控提出了较高的要求。环境管制标准必须建立在科学、严谨、全面的风险评估和专业技术判断基础上。同样，法院在认定侵权责任的可归责性、损害和因果关系时，也不可避免地要面临技术性问题的制约，环境司法因此呈现出"对科学证据的高度依赖性"[①]。

相比之下，环境管制机关比法院具有更强的专业技术优势，这是由于，中国具有一个相对庞大的行政机关体系，它们根据不同的行业

---

① 吕忠梅等：《理想与现实：中国环境侵权纠纷现状及救济机制构建》，法律出版社 2011 年版，第 24 页。

或领域进行分工。从总体来看,一个特定的领域往往对应着一个管制机关,它们各负其责,并长期与该领域或行业保持接触,对相关领域的了解也更全面和深入。由于工作需要,管制机关往往还聘有相关技术专家,甚至设立专门的技术鉴定或研究机构。相比之下,法院体系则相对单一,法院虽然也在案件类型上有所分工,但任何一个案件都可能涉及各类技术问题,法院的功能定位决定了它很难在区分案件类型的基础上再根据技术领域进行二次分工。而且,由于机构运行成本的制约,在法院各庭室设立相应的技术岗位也不太现实,这些都决定了环境管制机关的专业技术优势。

环境管制机关的专业性优势,进一步增强了人们对行政管制机关处理技术问题能力的信任,这也正是有学者呼吁法院要充分"尊重"环境管制标准的重要原因之一。[①] 笔者做出这一判断的依据是:在同等条件,更显著的技术优势,意味着更专业的风险管控能力,尤其是在技术性较强的环境领域更是如此。为充分发挥环境管制机关的专业性优势,这就要求在制度设计上,应当更多地依赖行政管制机关来应对技术性较强的环境风险,并以环境管制为中心来安排侵权责任制度。这一思路体现在管制标准效力论方面,就要求法院要承认环境管制标准在侵权法上的效力,尤其是要承认合规抗辩的效力。因为环境管制标准本身蕴含了管制机关大量的专业技术判断,而对于缺乏技术性优势的法院而言,选择尊重环境管制机关的技术性判断,不仅便于它们从繁琐的技术难题中成功"脱身",而且还有助于实现环境风险的管控目标,面对这一双重收益,法院何乐而不为呢。

[①] See Scott G. Lindvall, "Aircraft Crashworthiness: Should Courts Set the Standards?", 27 *Wm. & Mary L. Rev.* 371, 401 (1986).

6. 标准的可预见性优势对管制标准效力论的影响

除上述因素之外,环境管制与侵权责任相比,还有一个非常重要的功能主义优势,即环境管制标准的确定性和可预见性。[1] 从形式上来看,环境管制标准以成文的形式公示于众,这为排污企业提供了一个相当明确的行为指引和预期,从而大大提高了排污企业对其行为后果的可预见性。相比之下,由法院确定并执行的行为谨慎标准主要是基于个案而事后形成的标准,"同案同判"的司法原理虽然能够为同类行为提供一个相对明确的预期,但法院在个案判断上的灵活性,使之往往会因案情上的差异而随时改变个案中的行为谨慎标准,这对于同类排污企业来讲,势必降低它们对其行为后果的可预见性。因此,由法院确定并执行的行为谨慎标准存在显著的不确定性。从风险管控的角度来看,环境管制标准的确定性和可预见性优势对管制标准效力论也会产生重要影响。

环境管制标准(或行为谨慎标准)的确定性和可预见性优势,能够为排污企业提供一个明确且稳定的行为预期,这将有利于它们在事前采取必要的风险防范措施,从而有利于管控环境风险;反之,一个模糊且不确定的行为谨慎标准,将使排污企业无所适从,从而不利于其事前采取风险防范措施。因此,假设其他条件不变,为充分利用环境管制标准的确定性优势,并提高排污企业对其行为后果的可预见性,在法律制度设计上,应当赋予环境管制标准更广泛的法律效力,甚至要求法院和管制机关一道,共同执行这一确定性的标准。该思路体现在管制标准效力论方面,就要求承认环境管制标准在侵权法上的

---

[1] See Richard C. Ausness, "The Case for a 'Strong' Regulatory Compliance Defense", 55 *Md. L. Rev.* 1210, 1218 (1996).

效力，尤其是要承认合规抗辩的效力。因为只有这样才能为排污企业提供一个相对明确的行为预期，而这是它们合理安排生产经营活动、采取必要的风险防范措施的前提条件。

7. 小结：双边优势与管制标准效力论的两难处境

综上所述，环境管制与侵权责任分别在不同方面具有各自的功能优势（以下简称"双边优势"），这些因素分别从不同角度影响并决定着环境管制标准在侵权法上的效力，这使得管制标准效力论变得愈加复杂。一方面，为充分发挥环境管制在政策判断上的灵活性优势、专业技术优势、管制标准的可预见性优势来管控环境风险，理论上应当承认环境管制标准在侵权法上的效力；另一方面，为了充分利用侵权责任在个案判断上的灵活性优势和中立性优势来管控环境风险，理论上又要求否认环境管制标准在侵权法上的效力，详情如下表5所示：

表5　双边优势与管制标准效力论的两难处境

风险控制工具	双边优势	双边优势影响下的管制标准效力论
环境管制	政策判断上的灵活性优势	应当承认环境管制标准在侵权法上的效力
	专业技术优势	
	管制标准的可预见性优势	
侵权责任	个案判断上的灵活性优势	应当否认环境管制标准在侵权法上的效力
	中立性优势	

由此可见，环境管制与侵权责任在风险管控领域的双边优势，使得管制标准效力论面临着"进退两难"的选择。问题的焦点可总结

如下：若承认环境管制标准在侵权法上的效力，将难以发挥法院及其执行的侵权责任在风险管控领域的功能优势；但若否认环境管制标准在侵权法上的效力，却又无法充分发挥行政机关及其制定的管制标准所具有的功能优势。因此，如何在"进""退"之间兼顾环境管制与侵权责任的双边优势？这是管制标准效力论所难以回避的问题。在本书看来，这一问题的解决思路必须要从公法与私法的合规规制框架中寻找。

四、公私法合作框架下的管制标准效力论

1. 如何兼顾环境管制与侵权责任的双边优势？

若要兼顾环境管制与侵权责任在风险规制领域的双边优势，必须要结合本书前半部分构建的公私法合作理论，从两个方面做出制度安排：一是分工，二是合作。其中，"分工"是要区分不同的风险领域，并根据环境管制和侵权责任的功能优势来做出匹配性选择，从而使这两种风险控制工具有侧重地发挥其风险管控功能，这也许正是水污染和"不可量物"污染领域出现"不对等"现象的原因所在。然而，环境管制与侵权责任虽然在不同方面具有各自的功能优势，但一方的功能优势同时也是另一方的相对劣势。例如，侵权责任在个案判断上的灵活性优势，同时也是环境管制的相对劣势所在；反之，环境管制在政策判断上的灵活性优势，同时也是侵权责任的相对劣势所在。依次类推，在专业性、中立性和标准的可预见性等方面，环境管制与侵权责任的比较优势同样如此。从这个意义上说，环境管制与侵权责任在任何一个风险领域都不可能拥有绝对优势，由此决定了它们

二者保持彼此合作才是更理性的选择。这里的"合作"是在"分工"的基础上，根据环境管制与侵权责任之间的功能互补性特点，设计相对应的制度合作方案，以取长补短的方式兼顾两种风险控制工具的双边优势。

首先，环境管制与侵权责任之间的分工，本质上是寻找与它们各自相匹配的风险领域，使之各有侧重地发挥风险管控功能。为实现这一目标，理论上有必要引入"可标准化程度"这一分析工具，如果管制者能够很容易识别所有相关行为的类型及其风险大小，则说明该行为的可标准化程度较高，反之，则较低。风险行为的可标准化程度是个相对性的概念，只有通过比较才能做出判断，例如噪声污染与水污染行为相比，前者的可标准化程度相对较高，因为噪声的类型和风险程度相对单一，而水污染的类型和风险程度则复杂得多。根据风险行为的可标准化程度差异，理论上可将环境风险分为两大类：一类是可标准化程度较高的风险领域，如噪声污染、光污染、电磁辐射污染等；另一类是可标准化程度较低的风险领域，如水污染。这一区分的理论意义在于，在行为可标准化程度越高的领域，环境管制的"一刀切"标准越有优势，它可以一次性地解决所有类似问题，同时还可以发挥环境管制的专业技术优势、政策判断上的灵活性优势和事前预防损害的优势；反之，在可标准化程度较低的风险领域，侵权责任在个案判断上的灵活性优势和中立性优势将会有更大的用武之地。

其次，在分工的基础上，环境管制与侵权责任之间的合作才是充分发挥其双边优势的关键。对此，前文关于环境管制与侵权责任之间的比较还表明，它们二者不仅具有各自的相对优势，而且其功能优势还呈现出一定的互补性。具体表现如下：侵权责任在个案判断上的灵活性优势与环境管制的"一刀切"做法之间具有相应的互补性；反过来，环境管制在政策判断上的灵活性优势与侵权责任的时滞性之间也具有相应的互补性；与此同时，法院所具有的中立性优势与行政管制机关较强的机会主义倾向之间也能够形成互补；此外，环境管制还具有专业性优势、管制标准的可预见性优势、事前预防优势、规模经济优势等，这些优势因素与侵权责任的相对劣势之间也呈现出一定的互补性。环境管制与侵权责任之间的优势互补性具有重要意义，它将为两种风险控制工具之间的合作提供广阔的空间，[1] 而制度合作将是兼顾其双边优势的关键途径。从理论上讲，环境管制与侵权责任之间只要存在功能互补的地方，就有制度合作的空间，良好的制度合作方案，能以扬长避短的方式来发挥环境管制与侵权责任的双边优势，因此，环境管制与侵权责任之间的制度合作方案将成为下文研究的重点。

2. 第一种合作方案及其所决定的管制标准效力论

在行为可标准化程度较高的风险领域，排污行为的类型及危害程度相对较为单一，它们更适宜用"一刀切"的环境管制标准来管控风险；而且，此时的管制标准不应当仅停留在最低限度的"门槛性"标准，而应当以社会总成本最小化为目标，设定社会最优的管制标准（社会最优管制标准在风险行为的边际收益等于边际成本时达到，通俗地讲，当进一步提高管制标准将会增加社会总成本时，便达到了社会最优的管制标准）。当管制标准达到社会最优标准时，环境管制在政策判断上的灵活性优势、专业技术优势、规模经济优势和事前预防优势将得到充分发挥。假设管制标准能够得到完全执行，则单独运用

---

[1] See Steven Shavell, "Liability for Harm versus Regulation of Safety", 13 *Journal of Legal Studies* 357 (1984).

环境管制便可以实现风险管控目标。在此情况下,侵权责任仅仅在补偿受害人并实现矫正正义方面有其存在的价值,但为了避免侵权责任的实施所带来的过度威慑问题,实践中应当承认环境管制标准在侵权法上的效力,尤其是应当承认合规抗辩的效力。

然而,在制度实施层面,由于受到信息成本和执法资源的"双重约束",[①] 最优管制标准往往难以得到完全执行,再加上执法人员"偷懒"及被管制者的机会主义倾向,总会有逃避管制的情况发生。此时,侵权责任与环境管制之间的合作具有重要意义。其中,侵权责任将作为环境管制的"查漏"机制而存在。具体而言,当排污企业的行为不符合最优管制标准的要求时,侵权责任的威慑机制恰好可以弥补最优管制标准未被执行的部分,其原理如下:对于排污企业而言,如果其行为尚未达到最优管制标准的要求,它将因此面临侵权责任的威慑,其威慑程度恰好等于排污行为的预期损害(损害程度乘以损害发生的概率),这一威慑将一直持续到排污企业的行为达到社会最优管制标准的要求时为止,这正是激励排污企业不断改进生产技术、控制排污风险的强大动力。从这个意义上说,当社会最优管制标准无法得到完全执行时(这是实践中的常态),侵权责任将作为环境管制的补充实施机制而发挥作用。环境管制与侵权责任的这一合作方案能够节约环境管制的实施成本,因为实践中并不要求环境管制标准必须得到完全执行(要求完全执行也是不现实的),后续的责任威慑将弥补其可能存在的执行不足。

就管制标准效力论而言,该合作方案还从根本上解决了环境管制标准在侵权法上的效力问题。具体来看,在行为可标准化程度较高的

---

① 参见吴元元:《信息基础、声誉机制与执法优化》,《中国社会科学》2012年第6期。

风险领域,当环境管制标准能够达到社会最优标准时,基于风险管控的需要,法院在司法实践中应当充分尊重环境管制标准,这里的"尊重"集中体现为以下两个方面:第一,违反环境管制标准的行为在侵权法上将具备可归责性,由于最优管制标准并没有得到完全执行,此时的侵权责任将作为环境管制的"查漏机制"存在;第二,遵守环境管制标准的行为将阻却侵权责任的成立,即承认合规抗辩的效力,因为社会最优管制标准已经得到遵守,这对于风险管控而言已经足够了。当然,在行为可标准化程度较高的领域,环境管制标准仍然可能因其他原因而没有达到社会最优标准的要求,遇此情况时,环境管制标准在侵权法上的效力将适用下文的分析。

3. 第二种合作方案及其所决定的管制标准效力论

在行为可标准化程度较低的风险领域,排污企业千差万别,排污行为的风险大小与风险控制能力也因人而异,并且随着时间和空间的变化而变化,因而很难找到一个统一适用的最优管制标准。在此情况下,环境管制的"一刀切"标准将难以发挥优势,但考虑到环境风险所具有的技术性、致害的严重性、风险分布的广泛性和情势变化速度快的特点,为充分发挥环境管制的专业性优势、事前预防优势、规模经济优势和政策判断上的灵活性优势,理论上应当寻找能够统一适用的"门槛性"管制标准,[①] 并由管制机关统一负责实施。在此基础

[①] 至于如何确定该标准,这里举例说明:假设在某个领域,A、B 两个排污企业虽然都可以用 2 单位的预防成本降低 20 单位的风险,但如果再追加 1 单位的预防成本,A 可以继续降低 10 单位的风险,而 B 只能降低 0.1 单位的风险;此时,2 单位的预防成本对于 A 和 B 来讲,便是最低限度的"门槛性"标准。类似的实例如,"统一安装安全气囊对于所有司机来讲都会带来收益,但乘客座位上是否统一安装安全气囊则可能需要汽车生产商根据汽车的安全因素进行区别对待"。参见 Kyle D. Logue, "Coordinating Sanctions in Tort", 31 *Cardozo L. Rev.* 2313, 2337 (2010).

上，侵权责任的威慑机制将扮演重要角色，它可以利用法官在个案判断上的灵活性优势和中立性优势，根据风险管控目标的要求来决定是否在个案上超越既定的管制标准，从而给排污企业"量身定制"最佳的行为谨慎标准，以弥补"门槛性"管制标准与社会最优标准之间的差距，侵权责任因此扮演一个"补缺者"角色。

环境管制与侵权责任的第二种合作方案，不仅充分利用了环境管制的专业性优势、规模优势、事前预防优势和政策判断上的灵活性优势，而且也充分发挥了法院及其执行的侵权责任在个案判断上的灵活性优势和中立性优势。该合作方案同时还化解了环境管制在个案判断上的灵活性不足以及侵权责任可能出现的"威慑不足"问题。[1] 鉴于法院可能执行更加严格的行为谨慎标准，因而该合作方案也被称为"柔和的管制者与严厉的法官之间的配合"[2]，正是因为有侵权责任作为环境管制的"补缺机制"，环境管制才可表现出比它单独适用时更"柔和"的一面，其"柔和"之处体现在："一是管制标准的降低；二是管制者只需审查行为人的部分预防措施；三是管制者无须完全执行其所设定的标准。"[3] 这样一来，环境管制的实施成本也将随之降低，这是合作性制度安排的一个"意外收获"。

就管制标准效力论而言，该合作方案也从根本上解决了环境管制标准在侵权法上的效力问题。具体来看，在行为可标准化程度较低的

---

[1] 当加害人面临破产或责任财产不足以承担责任时，他们会认为其所需承担的责任取决于他所拥有的财产，由此致加害人预防事故的激励不足。参见 Steven Shavell, "The Judgment Proof Problem", 6 *International Review of Law and Economics* 45（1986）；Thomas J. Miceli & Kathleen Segerson, "A Note on Optimal Care by Wealth Constrained Injurers", 23 *Int'l Rev. L. & Econ.* 273, 273－284（2003）。

[2] Gerrit De Geest & Giuseppe Dari-Mattiacci, "Soft Regulation, Tough Judges", 15 *Sup. Ct. Econ. Rev.* 119, 119（2007）。

[3] Gerrit De Geest & Giuseppe Dari-Mattiacci, "Soft Regulation, Tough Judges", 15 *Sup. Ct. Econ. Rev.* 119, 136（2007）。

风险领域，环境管制只能设定最低限度的"门槛性"标准，排污行为违反该标准将具备可归责性，因为连最低限度的标准都没有遵守的行为，显然需要侵权责任来补充威慑，从而督促其提高行为谨慎标准。此外，遵守环境管制标准的致害行为将无法阻却侵权责任的成立，因为在最低限度的"门槛性"管制标准之外，法院还可能为排污企业"量身定制"一个最优的行为谨慎标准。在这一合作方案中，侵权责任将作为环境管制的"补缺机制"而存在，法院将根据风险管控的需要在个案中提高行为谨慎标准，从而弥补"门槛性"管制标准与社会最优标准之间的差距。环境管制与侵权责任的这一合作方案还有一项重要作用：它可以借助法院在个案中对管制标准的不断超越来验证"门槛性"管制标准设置的合理性，并随着时间的推移和情势的变更来推动管制标准的发展，从而防止管制标准出现严重的滞后性。

4. 整体合作框架与环境管制标准的侵权法效力

环境管制与侵权责任之间的两种合作方案，构成了一个完整的公私法合作框架，这也从根本上解决了环境管制标准在侵权法上的效力问题。其中，(1)在行为可标准化程度较高的风险领域，环境管制标准完全可以达到社会最优标准，环境管制的"一刀切"做法因此具有显著的功能优势，在此情况下，侵权责任将作为环境管制的"查漏机制"而存在，它将被用来弥补环境管制标准在实施层面可能出现的执行不足问题。为此，法院应当直接承认环境管制标准在侵权法上的效力，尤其要承认合规抗辩的效力。(2)在行为可标准化程度较低的风险领域，环境管制的"一刀切"标准注定无法达到社会最优标准，但为了发挥其政策判断优势、专业性优势、规模优势和管制标准的可预见性优势,行政管制机关应当设定并执行最低限度的"门槛性"标准。此时,侵权责任将作为环境管制的"补缺机制"而存在,它主要被用来弥补环境管制标准的设计不足,并在个案中为排污企业"量身定制"最优的行为谨慎标准,法院因此不必受制于既定的环境管制标准,它可以根据风险管控的需要在个案上超越公法上的环境管制标准,并否认合规抗辩的效力,以实现"柔和的管制者与严厉的法官"之间的合作。总之,上述合作方案构成了环境管制与侵权责任的整体合作框架,在此合作框架下,侵权责任分别扮演"查漏者"和"补缺者"两种角色,这两种角色上的差异从根本上决定了环境管制标准在侵权法上的效力状况。

五、环境领域公私法合作框架的解释论意义

1. "不对称"现象为何发生在水污染领域?

根据上述合作框架及其所决定的管制标准效力论,实践中的"不对称"现象通常发生在行为可标准化程度较低,且管制标准属于最低限度的"门槛性"标准的领域,而水污染领域更接近于这种情况,本书做出这一判断的理由在于:

第一,污水排放行为的类型多样、危害程度轻重不一,而且其危险性随时空转移而发生变化。造成这一局面的原因在于,不同企业排放的污水中所含污染物往往存在较大差异,不同污染物以及污染物的不同组合,对人体和生态环境所造成的危害也各不相同,再加上污染物之间可能发生的物理或化学反应,这些都将加剧排污行为及其危害程度的多样性和复杂性。水污染领域的这一特点,决定了污水排放行

为的可标准化程度相对较低，为应对这一问题，有学者建议"要针对个体污染源适用特定化标准"①。但问题是，高昂的信息识别成本与行政预算约束之间的矛盾，使行政规制机关很难"量体裁衣"地制定个性化标准。

第二，排污企业自身的情况也存在巨大的个体差异，其风险管控能力更是千差万别，这意味着，同样的排污标准对于一部分企业而言，可能还远远不够；而对于另一部分企业而言，可能已经远远超出了其能力限度，严格遵循这类标准将迫使其停产。因此，"一刀切"的排污标准将不利于实现风险管控目标，理论上的最佳方案是对不同排污企业进行区别对待。但问题是，排污企业的个体差异是其私人信息，获取这些信息需要付出成本，再加上排污企业隐藏信息的激励，这使得行政机关很难掌握充分信息，由此决定了行政机关不可能为每个排污企业"量身定制"最佳的排污标准。在进退两难之际，行政机关往往只能设定最低限度的"门槛性"标准，并将"剩余风险"留给责任威慑机制去控制。

第三，从污水排放标准的性质来看，适用于单个排污企业的"排污标准"不等于特定水域或水体的"水质标准"，其关键区别在于，排污标准只是水污染治理中的一个"阶段性"标准，它对于生态安全和环境保护而言，并不具有终局性意义，而真正具有终局意义的乃是水质标准。由于水具有流动性和"污染转移"的特点，② 衡量水质的好坏不是看单个企业是否符合排污标准，而是要看整个水体的污染物浓度，该浓度不仅取决于排污总量及其浓度，而且还取决于排

---

① 刘超：《污水排放标准制度的特定化》，《法律科学》2013年第2期。
② 美国1990年颁布的《清洁空气法案》首次承认"污染转移"的概念。参见［美］保罗·R.伯特尼主编：《环境保护的公共政策》（第2版），穆贤清、方志伟译，上海三联书店2006年版，第126页。

放到了多大的水域。美国1972年《联邦水污染控制法修正案》已经考虑到:"即使排放达到了规定的污染限制水平,但由于一些河流的污染负荷太大,这可能仍然达不到适于钓鱼和游泳的水质标准。"[①] 因此,从风险控制的角度看,"阶段性"的排污标准最多只是广义上的"门槛性"标准,它不可能是社会最优的管制标准,而水质标准才可能成为社会最优的管制标准。但在合规抗辩问题上,排污企业主张合规的事实,往往都指向"排污标准",[②] 而不是具有终局意义的水质标准。

由此可以判断,污水排放标准属于最低限度的"门槛性"标准,企业符合排污标准的事实,对于风险管控目标而言,并不具有实质性意义。根据上述公私法合作框架,在行为可标准化程度较低的水污染领域,环境管制与侵权责任应当遵循第一种合作方案。在该合作方案中,侵权责任将作为环境管制的"补缺机制"而存在,其目标旨在弥补最低限度的"门槛性"管制标准与社会最优标准之间的差距,由此也决定了管制标准在侵权法上的效力。其中,违反污水排放标准的行为将具备侵权法上的可归责性,因为连最低限度的"门槛性"标准都没有遵守的行为,显然需要侵权责任来补充威慑;而遵守污水排放标准的行为将无法阻却侵权责任的成立,因为法院将根据风险管控的需要,在个案中为排污企业"量身定制"最佳的行为谨慎标准,管制标准的侵权法效力由此呈现出"不对称"现象。

2. 水污染和噪声污染领域为何存在"不对等"现象?

与水污染相比,噪声污染的类型相对单一,它给不同主体所造成

[①] [美]保罗·R.伯特尼主编:《环境保护的公共政策》(第2版),穆贤清、方志伟译,上海三联书店2006年版,第247页。
[②] 参见河南省汝南县人民法院(2003)汝民初字第30号民事判决书;广东省佛山市中级人民法院(2003)佛中法民一终字第991号民事判决书。

的损害也大致类似，其致害程度也相对稳定，这为环境管制的"一刀切"标准提供了广阔的适用空间。从风险管控的角度看，噪声污染的可控性较强，例如可要求排污企业安装隔音设备、建造隔音墙、分时段排放噪音、市区禁止鸣笛等，不仅行之有效，而且便于操作。在实践中，不管排污企业自身情况及所在行业存在多大差异，也不论原始噪声大小，对其适用统一的排放标准，一般不会引发高昂的实施成本。由此决定了噪音排放行为的可标准化程度相对较高，这为环境管制机关设定最优的管制标准奠定了基础。此外，由于声音传播过程会受到各种阻碍，这使得噪声污染的"污染转移"也不太明显。因此，噪声排放标准不像污水排放标准那么复杂多样，噪声排放标准不存在所谓"阶段性"标准，它直接以周围环境或居民的可接受程度作为标准的制定依据，因而属于"终局性"标准，这为环境管制机关制定社会最优的管制标准奠定了基础。从实践情况来看，当前的《声环境质量标准》(GB 3096—2008)按照不同区域的功能特点和环境质量要求，将声环境功能区分为五类，并根据人们的可接受程度分别制定了五个档次的噪声排放标准，这些标准显然是在平衡经济社会发展和生活安宁的双重需要基础上制定的，管制机关已经将噪音致害与噪音控制的成本融入这些标准当中。

综上可知，噪音排放标准应该不属于最低限度的"门槛性"标准，它以社会可接受的最优标准作为设定目标。类似情况还包括光污染、电磁辐射和粉尘污染等领域。在这些领域的侵权诉讼中，法官在判决中常常自信地认为，"……符合国家标准，不会污染周围环境"[1]。法官的"自信"源自他们对该领域国家标准的信赖，尽管该信赖并

---

[1] 参见重庆市第五中级人民法院(2010)五中法民初字第3407号民事判决书。

不完全合理，但这也从侧面反映出噪音和污水排放标准在法官眼中的差异性。也许，目前的噪声排放标准还有提高的空间，有些区域原本还可以变得更安静，但这只是实施层面的标准滞后或环境分区不够详细的问题，它无法改变噪音排放行为可标准化程度较高的事实。根据上述公私法合作框架，在行为可标准化程度较高的噪声污染领域，环境管制与侵权责任应当遵循第一种合作方案；而在行为可标准化程度较低的水污染领域，环境管制与侵权责任应当遵循第二种合作方案。不同的合作方案决定了管制标准在侵权法上的效力差异，而这正是水污染和噪音污染领域出现"不对等"现象的根本原因。

3. 环境管制标准的性质决定了合规抗辩的效力

通过对水污染和噪声污染领域的比较再次表明，当环境管制标准低于社会最优标准时，基于风险管控的需要，侵权责任将扮演"补缺者"角色，以弥补环境管制标准与社会最优标准之间的差距，因而理论上应当否认合规抗辩的效力；反之，当环境管制标准达到社会最优标准时，侵权责任将扮演"查漏者"角色，以避免管制标准在实施层面的执行不足，因而理论上应当承认合规抗辩的效力。由此我们可以发现一个基本规律：管制标准的性质决定了合规抗辩的效力。在此基础上，由于管制标准的性质与风险行为的可标准化程度密切相关，因而这一规律可进一步分解为以下两部分：（1）风险行为的可标准化程度越高，则管制标准越有可能达到社会最优标准，因而合规抗辩的效力也应当越强；（2）风险行为的可标准化程度越低，则管制标准越难以达到社会最优标准，因而合规抗辩的效力也应当越弱。这一规律为判断合规抗辩的效力提供了基准，并同时揭示出合规抗辩效力的程度之维，这为司法实践中认定合规抗辩的效力提供了参考思路。

这一规律还可以用来解释其他险领域的现象。例如，(1)在交通安全风险、工业生产风险和医疗事故风险等领域，理论和实践中均倾向于否认合规抗辩的效力，其主要原因在于，这些领域的风险行为可标准化程度相对较低，行政管制机关只能设定最低限度的"门槛性"标准。基于风险管控的需要，侵权责任将作为行政管制的补充实施机制发挥作用，以弥补行政管制标准与社会最优标准之间的差距，这就要求法院要根据个案情况来否认合规抗辩的效力，这属于上述第二种合作方案。(2)在药品、儿童疫苗与核工业风险领域，承认合规抗辩逐渐成为一种趋势，其原因在于，这些领域的风险行为可标准化程度相对较高，这为社会最优管制标准的制定提供了条件。例如，美国密歇根州立法肯定了药品风险领域合规抗辩的效力，药品制造商只要遵守食品药品管理局(FDA)的管制标准，并且使用了 FDA 批准的商标，则其生产的药品将被法院认定为不存在缺陷或不合理的危险(不具备可归责性)。[1] 除非药品生产商存在欺诈，否则，行为合规的事实将阻却侵权责任的成立。[2] 该立法的前提假设是，管制标准已经达到了社会最优标准，这也正是学者主张在处方药品领域承认合规抗辩的主要理由。[3] 此外，美国法在核工业风险领域[4]、儿童疫苗风险领域[5]也在积极寻求社会最优管制标准，一旦管制标准达到社会最优标准，承认合规抗辩就顺理成章了。

---

[1] See Comp. Laws Ann. § 600. 2946 (5) (West 2007).
[2] See Catherine M. Sharkey, "The Fraud Caveat to Agency Preemption", 102 *Nw. U. L. Rev.* 841 (2008).
[3] See Robert L. Rabin, "Reassessing Regulatory Compliance", 88 *Geo. L. J.* 2049, 2074-075 (2000).
[4] See Price-Anderson Nuclear Industries Indemnity Act, 42 U. S. C. § 2210 (2010).
[5] See National Childhood Vaccine Injury Act of 1986, 42 U. S. C. §§ 300aa-1 to -34 (2010).

另外，从比较法上来看，美国关于合规抗辩的呼声远高于中国，[①]这固然与两国的学术传统有关，但不容否认的是，中美两国在行政管制效果方面的巨大差异是造成这一局面的重要原因之一。美国的行政管制历史虽短，但自20世纪以来，美国在环境污染、食品安全、药品安全和工业生产安全等领域取得的风险管控成效是有目共睹的。中国作为一个管制传统源远流长的国家，面对改革开放以来大量涌现的环境、健康、安全等公共风险，管制机关虽然作出了巨大努力，但因专业技术壁垒、整体法治发展程度和风险立法技术水平的约束，公法上尚未建立严密、自足的行政规制体制和技术标准体系，有些风险领域甚至尚未制定国家标准，有学者形象地称之为"管制孤儿"。[②]在这一背景下，人们自然难以对行政管制体制及其管制标准产生合理信赖，这样一来，作为事后威慑机制的侵权责任就显得意义重大，它不仅有助于实现矫正正义，而且兼具风险控制效果。这也许正是中国学者在合规抗辩问题上保持高度谨慎的原因之一。然而，从法治发展的角度来看，随着行政管制及其管制标准的不断发展完善，当行政管制标准接近社会最优标准时，人们对合规抗辩的态度也应当及时做出调整。正如学者所言，法治发展到今天，管制性立法已经发生了较大变化，"它们从一般立法所规定的相对模糊的规则，逐渐发展到由专门行政机关所设计的精细化要求。现代管制体系明确体现了立法或行政机关为制定最优而非最低安全标准所做出的努力"[③]。这给我们带来的启示是，学者应及时修正其对行政管制所持有的某种

[①] See Richard C. Ausness, "The Case for a 'Strong' Regulatory Compliance Defense", 55 *Md. L. Rev.* 1210, 1213 (1996).

[②] 参见宋华琳：《论政府规制与侵权法的交错》，《比较法研究》2008年第2期。

[③] Lars Noah, "Rewarding Regulatory Compliance: The Pursuit of Symmetry in Products Liability", 88 *Geo. L. J.* 2147, 2152 (2000).

"前见",尤其是在管制标准的设定上,有些领域的管制标准正朝着社会最优标准不断迈进。美国污水排放标准的百年变迁即是典型的例证①,中国近年来也在不断提高乳制品领域的管制标准。一旦某个领域的管制标准达到或接近社会最优标准,那么至少在该领域,理论和实践中应当及时调整其对合规抗辩问题的态度。

---

① 例如,美国20世纪之前主要以减少致病性废弃物流入江河为污染控制目标;1956年的《水质法案》要求确保有相当的水质来支持各种现有或预期的水体用途;1972年修正案把河流适于游泳、钓鱼作为全国性水污染控制目标;1977年《清洁水法》将水生物的保护和平衡繁殖作为水污染控制目标。参见[美]保罗·R. 伯特尼主编:《环境保护的公共政策》(第2版),穆贤清、方志伟译,上海三联书店2006年版,第244页。

第十一章
文化产品风险管控的公私法合作

作为一类特殊的"产品",动漫、影视、网游、小说、软件、培训教材等文化产品,在丰富人类精神文化生活的同时,也隐含着潜在的致害风险,例如文化产品内容错误致害或者暴力情节引发不当模仿致害。如何管控此类风险成为风险规制法不容忽视的特殊议题。不同于普通产品致害,文化产品致害的可归责性判断不仅要看文化产品的内容本身,同时还受到文化创意自由、文化产业政策以及公法上的文化管制立场的影响,因而需要进行多元价值权衡。正是在这个意义上,文化产品的风险管控是一个公私法交叉领域的特殊议题。

尤其是以未成年人为消费群体的文化产品,在风险管控问题上需要采纳更高的标准,这不仅受到倾斜保护未成年人之立法政策的影响,而且还源于文化产品本身的特殊属性,如文化创意自由的相对性、文化产品的双重属性和文化管制的工具理性。我国现行法上的"产品责任"制度为文化产品致害的责任认定提供了规范依据,但缺乏弹性的"产品缺陷"概念不足以容纳文化产品背后的多元价值权衡,因而适用范围有限。侵权责任的一般条款又因过于抽象而无法显示出消费者权益保护与文化创意自由之间的价值裁量方向。而"保护他人之法律(通常表现为公法)"的存在,为文化产品背后的多元价值权衡提供了裁量平台,解释论上可通过"保护他人之法律"这一贯通公法和私法的转介机制，在侵权法与其他部门法或单行立法之间搭建沟通桥梁，借此将立法者预设在"保护他人之法律"中的价值判断或政策判断融入侵权法，由此实现文化产品领域的公私法合作。

一、文化产品与产品致害风险

随着近年来我国产业政策对文化产业的扶持与鼓励，国内不少地方的文化产业发展迅速，各类动漫、影视、网游、书籍、软件等文化产品大量涌现。这些文化产品在丰富人类精神文化生活的同时，也给人类的正常生产、生活带来了一系列风险。例如，不少文化产品中含有"少儿不宜"的情色、惊悚、暴力、凶杀等情节已是司空见惯，若此类情节被不明事理的未成年人模仿，将带来一系列社会风险，由此引发的文化产品致害案件在国内也屡见不鲜。再如，一些职业培训教材、动植物养殖与栽培指南、产品操作与使用手册等类型的文化产品，一旦存在差错和谬误，也可能导致一系列不同程度的财产或人身致害事故。也正是从这个意义上看，现代工业文明社会的风险无处不在，且不可完全避免。

关于产品责任制度，我国《产品质量法》第41—42条和《民法典》"侵权责任编"第1202条均将"产品缺陷"视为产品责任构成的核心要件。至于何为"产品缺陷"，《产品质量法》第46条规定："本法所称缺陷，是指产品存在危及人身、他人财产安全的不合理的危险；产品有保障人体健康和人身、财产安全的国家标准、行业标准的，是指不符合该标准。"这里为"产品缺陷"设置了双重判断标准：一是实质主义标准，即产品存在不合理的危险；二是形式主义标准，即产品违反国家标准(含行业标准,下同)。后者将一个私法上原本具有一定弹性空间的"产品缺陷"概念置换为一个公法上已被标准化、数字化的国家标准。关于两个标准之间的逻辑关系,已如前文所述,[①] 国家标准对于"产品缺陷"的判断具有优先性,不合理的危险标准只能在国家标准缺失时作为补充标准适用。这意味着,产品只要违反了公法上保障人体健康和人身、财产安全的国家标准,即可径行判定构成"产品缺陷"。很显然,《产品质量法》第46条在将公法上的国家标准注入侵权法的过程中,未给法官预留裁量余地。这样的公私法合作机制虽然简化了产品缺陷的判断过程,但却给私法自身的结构和功能造成极大冲击。

进一步的问题是,现行法有关"产品缺陷"与"产品责任"的规定是否适用于文化产品领域?毕竟,文化产品与普通产品相比,虽然都被称为"产品",但二者的风险来源、致害原理、致害方式和风险管控措施之间差异显著。普通产品的致害风险主要是一种"物源性"风险,其风险源主要来自产品本身的缺陷,如设计缺陷、制造缺陷、警示缺陷和发展缺陷,尤其是设计缺陷和制造缺陷在日常生活中更为常见,其风险高低主要取决于产品本身的特点及其缺陷状况,与产品使用者的人为因素并无太大关联。相较之下,文化产品致害事故的发生往往离不开两个风险要素的叠加与互动,一方面是文化产品内容本身蕴含的潜在风险,如电影作品中的暴力情节或者制售危险物品的过程演示;另一方面是文化产品受众的不当模仿和恶意利用,如模仿电影中的暴力情节对他人实施加害行为。这种双边风险的特性,给文化产品致害风险的管控带来了特殊难题,制度上不仅要管控文化产

---

① 参见本书第九章。

品的内容本身(这又与文化创意自由存在价值冲突),而且还要考虑广大受众对文化产品的理解、应用等人为因素,只有兼顾双边风险要素的交互作用以及多元价值平衡,才能在文化创意自由和文化产品风险管控之间取得平衡。

上述难题在"儿童模仿喜羊羊被烧伤案"(以下简称"喜羊羊案")中表现得淋漓尽致。该案有三名儿童模仿知名动画片《喜羊羊与灰太狼》中的剧情,共同参与了"绑架烤羊"游戏。其中,一名10岁儿童将另外两名7岁和4岁儿童绑在树上,随后点燃树下易燃的"竹叶",致使被绑的两名儿童被严重烧伤。两名受害人的监护人诉至法院,要求《喜羊羊与灰太狼》动画片的制作发行人与该案直接加害人一道,共同向受害人承担连带损害赔偿责任。经过审理,法院一审判决指出:"原创公司制作、发行的《喜羊羊与灰太狼》动画片存在暴力情节和画面,对未成年人的行为认知产生了不良影响,误导未成年人模仿其情节,导致二原告被烧伤的严重后果。虽然该片的制作、发行经过了行政许可,但实际造成了损害后果,该后果与被告原创公司的发行行为存在法律上的因果关系,被告原创公司未尽应有的注意义务,对损害事实存有过错,应当承担相应侵权责任。结合因果关系及过错程度,最终确定被告原创公司承担二原告损失的15%。"[1]

该案一审判决引发广泛关注,对于法院要求动漫作品制作、出版商(以下简称"生产者"[2])承担15%的损害赔偿责任的判决结果,社会公众存在两种截然不同的观点。一种观点认为该判决符合《未成年

---

[1] 李健:《儿童状告〈喜羊羊与灰太狼〉制作人胜诉》,《人民法院报》2013年12月19日。

[2] 本书借用《产品质量法》中的"生产者"概念指代文化产品制作、出版商。虽然其在本案中合二为一,但实践中的"生产者"往往十分复杂,彼此之间还存在责任分担的问题,限于篇幅,这里不展开讨论。

人保护法》的价值取向,对于倾斜保护未成年人并规范动漫市场具有积极意义。另一种观点认为本案判决缺乏正当性,主要理由在于:(1)动漫作品属于艺术创作的范畴,受到宪法的言论自由保护,法院要求生产者对艺术作品所表达的内容承担责任,将限制宪法保护的言论自由,不当压缩了文艺创作的空间;(2)在国家产业政策重点扶持动漫产业的背景下,要求生产者对艺术作品所表达的内容承担责任,将提高动漫业的法律风险,从而不利于产业发展,这有悖于我国当前的文化产业政策;(3)由于致害行为是由独立第三人造成的,动漫作品生产者没有教唆并无法控制第三人的行为,要求其为第三人的行为承担侵权责任,没有法律依据和正当性。

该案动漫作品在性质上属于典型的"文化产品"[①],它以其表达的精神性内容作为核心价值而成为市场交易的对象,进而成为法律的调整对象。作为一类新型案件,"喜羊羊案"背后蕴含着公法和私法上多元价值之间的冲突,其中包括但不限于文化创意自由、文化产业政策、意识形态导向、文化管制、未成年人保护等方面。我国现行法对文化产品致害及其风险管控问题尚无明确规定,但随着文化产业发展,动漫、影视、网游、书籍和软件等文化产品正大量涌现,其中含有一些"少儿不宜"的情色、惊悚、暴力、凶杀等情节更是司空见惯,若此类情节被儿童不当模仿或利用,由此引发的文化产品致害案件也将陆续出现。在这样的背景下,法院对"喜羊羊案"所作的判决将具有重要的示范意义和风险分配效应,因而必须认真对待"喜羊羊案"。从理论研究的角度看,该案提出的问题是:文化产品生产者是否需要为儿童模仿其作品所导致的损害承担侵权责任?如果是,

---

[①] 有学者称之为"信息产品""智力产品",参见李扬:《信息产品责任初探》,《中国法学》2004年第6期;戴浩然:《论智力产品责任》,《法学》2002年第9期。

其归责基础和制度依据何在？基于价值权衡的需要，文化产品侵权在制度设计上应当如何平衡文化产品背后的公私法多元价值冲突？

二、文化产品的特殊性及其风险管控原理

文化产品致害的可归责性判断在实践中将遇到重重障碍，这不只是因为现行法没有明确的制度依据，更重要的原因是，可归责性的判断背后蕴含着公法和私法上的多元价值冲突。一方面是文化创意自由与文化产业政策导向，另一方面是未成年人的倾斜保护与文化管制立场。如何从多元价值冲突中做出恰当的平衡取舍？这不可避免地要进行价值权衡，在法技术上还要打通公私法的二元结构。

1. 文化创意（言论）自由及其相对性

保护文化创意自由和言论自由是"喜羊羊案"判决遭受质疑的首要原因。文化产品所表达的精神性内容源自人类的文化创意和言论表达，人类的想象力有多远，创意空间就有多广阔，创意能力是推动人类社会文明进步的动力源泉。为充分挖掘人类的创造力，现代各国纷纷将文化创意视为言论自由的一部分，并为其提供宪法上的保护，中国当然也不例外。我国《宪法》第 35 条规定了公民的言论自由，创意自由是其重要组成部分。据此，除非法律另有规定，否则文化创意自由将不受他人干涉。在逻辑上，只有创意自由得到充分保护，才会有丰富多彩的动漫、影视、游戏、软件、书籍等文化产品，其中含有惊悚、暴力、凶杀、科幻等内容也是极为正常的现象，它满足了不同群体的特殊喜好。由此观之，《喜羊羊与灰太狼》中的"绑架烤羊"剧情，即便存在暴力倾向，也受到创意自由的保护，法院要求生产者

承担侵权责任，无疑是对创意自由的限制，被告律师因此才会批评该判决会"压缩文艺创作的空间"。①

　　文化创意和言论自由固然重要，但问题在于，当各种名目繁多的自由或权利纵横交错地汇聚于当今"拥挤"的社会时，一个人的自由不可避免地会与他人的自由发生交叉重叠，在此情况下，坚持个人的绝对自由，往往会给他人带来不自由，"自由"因此被塑造成为一个相对概念。自由的相对性意味着，一个人的自由往往是相对于他人的自由而言的，要在"拥挤"的社会中实现所有人自由的最大化，就必须保证一个人的自由止步于他人同样的自由，因为"人的自由要由一个同样自由的人来承认"②。正像我们无法容忍言论自由过度侵入他人隐私、诋毁他人声誉一样，我们同样不能容忍创意自由对未成年人成长的不当威胁。

　　未成年人正处于心智发育期和性格形成期，对新事物具有强烈的好奇心和模仿欲，周围环境中的一切现象都可能成为他们的模仿对象，社会心理学所揭示的从众心理、说服力量和群体影响（包括社会助长、社会懈怠、去个体化和群体极化等）在未成年人身上均有突出表现。③ 正是从这个意义上说，一小撮人可以改变一个世界，此即"榜样的力量"。然而，未成年人又缺乏分辨是非的完全行为能力，为防止他们受到负面环境的影响，有必要对未成年人的生活环境和模仿对象加以识别，这离不开父母、家庭、社会的引导教育。一旦未成年人受到错误思想的引导，就相当于污染了现代文明的源头，包括创

---

　　① 参见朱光：《儿童模仿"喜羊羊"烧伤同伴，制作公司被判担责15%欲上诉》，《新民晚报》2013年12月19日。
　　② 孔繁斌：《公共性的再生产——多中心治理的合作机制建构》，江苏人民出版社2008年版，第130页。
　　③ 参见[美]戴维·迈尔斯：《社会心理学》（第8版），侯玉波等译，人民邮电出版社2006年版，第153—238页。

意自由在内的一切价值都将因此失去意义，因为"人"才是一切价值的载体和最终目的。①"人作为自然存在，并不比动物优越，也并不比动物有更高价值可言，但人作为本体的存在，作为实践理性（道德）的主体，是超越一切价格的。"② 根据人的成长规律，实现人的本体性价值需要从未成年人保护开始。对于任何一个国家和民族来说，维护未成年人的心理健康就是维护这个国家和民族的未来和文明进步的希望。

有鉴于此，现代各国普遍对未成年人提供倾斜保护，并强调未成年人权益的价值优先性，当未成年人权益与其他社会价值发生冲突时，前者往往会成为限制其他社会价值的理由，对创意自由的限制即属此类。例如，我国《未成年人保护法》第50条规定："禁止制作、复制、出版、发布、传播含有宣扬淫秽、色情、暴力、邪教、迷信、赌博、引诱自杀、恐怖主义、分裂主义、极端主义等危害未成年人身心健康内容的图书、报刊、电影、广播电视节目、舞台艺术作品、音像制品、电子出版物和网络信息等。"由此看来，面对文化创意自由和未成年人保护这两项社会价值，立法者的取舍态度是一贯的——文化创意自由要适度让位于未成年人保护。但这样的取舍并不意味着创意自由要完全让位于未成年人保护，而是在优先考虑未成年人保护的前提下，尽可能地满足他人的文化创意自由，其平衡策略涉及未成年人保护手段的选择和文化创意自由的限制方式，这要求我们以社会总体价值最大化为目标，以适当的方式来保护未成年人，而非一味地限制文化创意自由。因此，"喜羊羊案"中的创意自由绝非不受制约，但至于是否需要通过侵权法上的责任威慑机制来加以制约，这将在后

---

① 参见康德：《实用人类学》，邓晓芒译，重庆出版社1987年版，第4页。
② 李泽厚：《批判哲学的批判》，人民出版社1979年版，第290页。

文展开分析。

2. 文化产品的"双重属性"及其法律意义

文化产品致害的可归责性判断还可能影响我国文化产业发展，这是产业界批评"喜羊羊案"的另一个重要理由。该观点的逻辑基础在于，如果要求生产者为文化产品致害行为承担侵权责任，必将提高文化产业的法律风险和经营成本，进而可能抑制产业界的投资热情，这对于投资成本高、回报周期长的文化产业将是个不小的影响，[①] 一些喜闻乐见的文化产品甚至可能退出市场。从当前的产业政策来看，我国2003年以来一直重点扶持文化产业，《"十二五"时期国家动漫产业发展规划》更是将动漫产业视为政策扶持的重中之重。"喜羊羊案"一审判决及其背后的可归责性判断，显然与我国当前的产业政策存在一定冲突。

以上担忧不无道理，但批评者忽略了一个重要问题，"文化产业发展"并不仅仅指文化产业对 GDP 的贡献，如果仔细研究我国的政策文件就会发现，所谓"文化产业发展"除了提高文化产业增加值在 GDP 中的比重外，还有一项重要的社会性目标——营造健康向上的文化氛围。这一双重目标贯穿《国家"十二五"时期文化改革发展规划纲要》，即便是在完全市场化的领域，"规划纲要"也要求"坚持正确文化立场，认真对待和积极追求文化产品社会效果"。对文化产业发展提出双重目标的要求属于国际通例，其理论基础在于，文化产业所提供的产品既是一种具有"经济属性"的经济产品，同时也

[①] 这样的推理并非空穴来风，在"喜羊羊案"判决公布的第二天，被告原创公司的全资控股公司的股价下跌了3.62%，这一定程度上显示出文化产品致害的可归责性判断对产业投资信心的影响。参见张慧敏：《儿童仿"喜羊羊"伤人，奥飞动漫担责15%》，《新京报》2013年12月19日。

是具有"社会属性"的社会产品,[①] 它广泛涉及一个群体、社会、国家的意识形态和政治导向,单纯的市场机制难以应对问题的复杂性,因而需要"更好地发挥政府作用"。

第一,文化产品的"经济属性"。文化产业本质上是通过市场机制将无形的文化创意转化为有形的商品,并进入消费领域。文化产品一旦以消费品的身份出现,根据消费者保护理念,产品生产者关注消费安全、承担消费者保护义务,自然就成为不言自明的道理,这是20世纪中后期以来各国消费者保护运动所取得的重要成就。我国《消费者权益保护法》也确立了倾斜保护消费者权益的理念和制度安排,对于未成年人这一特殊的消费群体,倾斜保护显得更为必要。回到"喜羊羊案"中,一旦《喜羊羊与灰太狼》被制作成动画片登上银幕,它就成为一种消费品,观众(主要是未成年人)作为消费者,自然有权获得消费安全方面的保障,这里的消费安全不仅包括产品外在物理性能上的安全性,而且也包括产品所表达的精神性内容的安全。尤其是对于未成年消费者而言,更需要在消费安全方面给予特殊关照,即便在国家产业政策重点扶持动漫产业的背景下,文化产品生产者对未成年消费者的倾斜性保护仍不可或缺。

第二,文化产品的"社会属性"。文化产品涉及言论自由、意识形态和政治导向等问题,这属于政府干预的核心范畴,政府干预旨在通过文化产品向社会传递"正能量",因此才有了"文化产业的公共责任理论"[②],这在现行法上集中体现为企业的社会责任。企业社会责任是现代公司法的重要理念。公司这一组织形式为人类创造了极大

[①] 参见张曾芳、张龙平:《论文化产业及其运作规律》,《中国社会科学》2002年第2期。

[②] 参见胡惠林:《论文化产业的公共责任》,《社会科学》2009年第10期。

的财富，但也正是由于公司的强大力量，使得人们在利用公司这一组织的同时，必须警惕其可能带来的副产品，一旦公司被恶意利用，其负面影响也将凭借公司的力量而迅速传播，现代社会的环境污染、产品缺陷等问题无一不是借助公司的组织形式而被扩大化的。同样，动画片《喜羊羊与灰太狼》广受未成年人青睐，全国数以万计的未成年人每天准时守在电视机旁，尽情享受动漫作品所带来的欢乐，甚至他们的衣服、玩具都与剧中角色密切相关。在这样的环境中，如果动漫作品传播的是一些有益于健康的知识，这将有助于未成年人健康成长；但若是"少儿不宜"的情节，借助公司的组织形式（如动漫制作、传播和大众传媒公司），其负面影响也将迅速扩大。我国《公司法》只是抽象地要求公司必须"承担社会责任"，这一宣导性条款缺乏具体的规范要件，制度上仍需要进一步具体化。从这个意义上来看，"喜羊羊案"判决似乎是在借助原《侵权责任法》和《未成年人保护法》来落实文化类企业的社会责任。

3. 文化产品的风险规制工具选择

还有批评者认为，"喜羊羊案"中的加害行为是由独立第三人造成的，动漫作品生产者没有教唆并无法控制第三人的行为，要求他们为此承担损害赔偿责任，缺乏正当性。这里所说的"正当性"，似乎能从"无过错就无责任"之原则中找到依据。正像菜刀生产商不需要为他人持菜刀抢劫的行为承担侵权责任一样，动漫作品生产者也不需要为他人自愿模仿其作品所导致的损害承担责任，因为损害是由不可归责于动漫作品生产者的原因造成的。然而，随着现代"风险社会"的到来，侵权法的理念和归责基础正在发生结构性变化，"课以责任的正当理由，是以这样的假设为基础的，即这种做法会对人们在将来采取的行动产生影响；它旨在告知人们在未来的类似情形中采取行动时所应当考虑的各种因素"①。用民法学者的话说："现代侵权行为法所关心的基本问题，不是加害人之行为在道德上应否非难，其所重视的是，加害人是否具有较佳之能力分散风险。"②

现代侵权法的功利主义转型使之废弃了"无过错就无责任"之原则，取而代之的是有利于风险防范的归责原则，其不在于判断行为人是否有过错，而在于是谁开启了风险并在多大程度上具有预防或控制风险的能力。③ 要求具备风险防控能力之人承担侵权责任，能够激励潜在责任人于事前采取风险防范措施，最大限度地降低风险，这是一种典型的功利主义思想。

侵权责任法的功利主义转型，使侵权责任逐渐与行政规制体制相并列，成为风险规制工具谱系中一种重要的"规制工具"。④ 尤其是在文化产品领域，立法者为了减少不适宜的文化产品可能给未成年人带来的负面影响，可选择适用的规制工具包括但不限于责任威慑、行政管制、文化产品分级、安全警示、家庭监护等手段。与责任威慑机制相比，行政管制、作品分级播放和家庭监护虽然也有助于规范文化产品市场并保护未成年人，但其实施者——政府、媒体和监护人并不直接掌控文化产品本身，因而都存在一定的局限性。

首先，行政管制有赖"市场警察"的主动执法，这需要高昂的信息筛选成本和执法资源，由于受到预算约束和执法人员"委托-代

---

① ［英］弗里德里希·冯·哈耶克：《自由秩序原理》，邓正来译，生活·读书·新知三联书店1997年版，第89—90页。
② 王泽鉴：《民法学说与判例研究2》，中国政法大学出版社1998年版，第165页。
③ 参见叶金强：《风险领域理论与侵权法二元归责体系》，《法学研究》2009年第2期。
④ See Kyle D. Logue, "Coordinating Sanctions in Tort", 31 *Cardozo L. Rev.* 2313, 2314-2315 (2010).

理"难题以及由此引发的偷懒和寻租问题的制约,行政管制的实施成本高昂且效果也受到影响。

其次,文化产品的分级播放固然是一种低成本的规制工具,但它只能起辅助性作用,难以从根本上防范未成年人接触"少儿不宜"的产品,况且,在中国目前尚未建立作品分级制度的情况下,只能以其他规制工具作为替代。

最后,家庭监护也许能为未成年人"量身定制"最佳的保护方案,但这种规制手段毕竟处于文化产业链的终端,依赖千百万家庭的监护来防止未成年人接触或不当利用"少儿不宜"的作品,这不仅不经济,而且会因为参差不齐的家庭条件而造成监护效果上的两极分化。例如在"喜羊羊案"中,涉案三名未成年人显然都没有得到其所在的农村家庭的良好监护。

相较之下,侵权责任虽然是一种事后的责任威慑手段和规制工具,但它可以通过责任威慑机制,激励行为人于事前采取防范措施,主动过滤高风险的行为或产品,这种规制工具在传统事故领域已取得了一定效果。[①] 在文化产品领域,责任威慑机制将广大观众(这里主要指未成年人的监护人)视为文化产品的潜在"监管者",一旦发现其中含有"少儿不宜"的情节,观众既可以向监管部门举报(缓解行政监管的信息成本),又可以就其受到的损害诉至法院,通过司法裁判来惩罚并驱逐不适当的文化产品。文化产品生产者对于行政监管手段也许抱有侥幸心理,毕竟"市场警察"是有限的,但广大观众一旦成为"监管者",文化产品生产者的侥幸心理将无处遁形,因为所有的文化产品最终都要面向观众,任何"少儿不宜"的情节都将被

---

① See G. T. Schwartz, "Does Tort Law Deter?", 42 *UCLA Law Review* 377, 377 – 444 (1994).

发现，如果再设置一定的激励机制，这些文化产品都将被举报给监管机关或诉至法院。生产者基于个人收益最大化的考虑，也将会主动筛选并剔除具有较高法律风险的角色或情节，文化市场也因此得以规范化。

综上可见，作为一种风险规制工具，侵权责任充分利用了广大观众的"私人监控"优势和生产者对其产品的掌控能力，从风险的开启者和潜在受害者的两端共同发力，以相对较低的实施成本来规范文化市场，管控文化产品致害风险。因此，要求文化产品生产者在"喜羊羊案"中承担侵权责任，不仅仅在于追求个案上的矫正正义，更在于通过责任威慑机制来规范文化市场并管控风险。

三、"产品责任"在文化产品领域的适用余地

可归责性判断只解决了文化产品致害的归责基础问题，至于实施层面如何认定侵权责任的成立，仍需要具体法律制度的支撑。就此而言，现行法上的"产品责任"为文化产品责任提供了法律依据。此前也有学者预言："作为今后的方向，不论有体物产品还是信息产品，都需要设计综合有体物和信息的产品责任法律模型。"[①] 在逻辑上，如果能将文化产品视为我国《产品质量法》和《民法典》侵权责任编规定的"产品责任"中的"产品"，则文化产品致害案件将获得明确的裁判依据，因而问题的关键在于如何解释"产品"的含义。《产品质量法》第 2 条第 2 款规定："本法所称产品是指经过加工、制作，用于销售的产品。"若仅从字面含义来看，诸如动漫作品之类的文化

[①] ［日］北川善太郎：《不久未来的法律模型》，华夏、吴晓燕译，《比较法研究》2006 年第 1 期。

产品显然属于"经过加工、制作，用于销售的产品"，只不过产品的价值不再源自产品本身的物理或化学性能，而是其传递的精神性内容。如果文化产品属于《产品质量法》中的"产品"，则产品责任制度在文化产品致害案件中当然有适用余地，个案中只要存在"产品缺陷"并因此导致损害的发生，产品生产者就应当承担侵权责任。

将"产品责任"适用于文化产品致害领域，首先需要认定"产品缺陷"是否存在。根据《产品质量法》第46条前段规定的实质主义判断标准，产品缺陷"是指产品存在危及人身、他人财产安全的不合理的危险"。鉴于文化产品是以其表达的精神性内容作为产品的核心价值而成为交易的对象，因而产品缺陷的认定自然需要考察文化产品所表达的精神性内容是否存在"不合理的危险"，但《产品质量法》上的"不合理的危险"主要针对产品的物理性能或化学成分上的安全性，其判断依据是相对客观的、科学上可验证的标准。在文化产品领域，除了极个别的例外，文化产品所表达的精神性内容大多属于思想或言论范畴，在法律上对一种思想或言论进行安全性判断，已经超出了"产品缺陷"的固有含义，即便"产品缺陷"的含义可以扩张解释为精神性内容的安全性，实践中也同样面临认定上的困难，因为精神性内容的安全性不仅取决于文化产品所传递的信息本身，更取决于人们如何理解和使用这些信息。因此，判断文化产品所表达的精神性内容是否存在"不合理的危险"，这将是一个缺乏客观判断标准的抽象性难题。

更严重的问题在于，对文化产品所表达的精神性内容进行"缺陷"认定，不可避免会触及文化产品背后的创意自由、产业政策、意识形态导向、未成年人保护等多元价值及政策权衡问题。诚然，任何法律概念都有一定的解释空间，法官当然可以借助法律解释技术，将文化产品有关的价值判断和政策权衡融入"产品缺陷"的认定过程，但"产品缺陷"的含义特指"产品存在危及人身、他人财产安全的不合理的危险"，这一概念是如此明确、具体，以至于其在法解释论上缺乏必要的弹性。在此情况下，将文化产品背后的多元价值融入"产品缺陷"的认定过程，将是个极为困难的任务，法官在个案中除非将"产品缺陷"的概念拉伸至变形——偏离"不合理的危险"之含义，否则很难收纳文化产品背后的多元价值冲突。也许正是基于此种缘由，比较法上才极少以产品责任制度来处理文化产品致害案件。例如美国《侵权法重述第三版：产品责任》将"产品"的范围限定为"有形动产"，并在"评注"中写道："虽然传达信息的有形的媒体，例如书，其本身显然是产品，但在此类案件中原告不满的是信息，而非该有形媒体。多数法院担心对传播错误和缺陷信息课以严格责任将极大地侵害言论自由，因此，恰当地拒绝对此类案件适用严格责任。"[1] 我国《产品质量法》在适用范围上虽然没有明确排斥文化产品，但实践中的文化产品侵权案件大都被法院驳回。

既然文化产品不被认定为"产品"是因为文化产品所表达的精神性内容属于思想、创意或言论的范畴，那么，对于某些价值无涉的纯粹实用型文化产品而言，它们并非表达思想、创意或言论，而是为人类提供一种实用技术或工具，于此情况下，产品责任制度是否仍有适用之余地？对此，司法实践中已经有所突破，美国法院曾将地图、航海图、提供职业杀人技巧的杂志视为"产品"而适用严格的产品责任制度。[2] 至于其理由，法官在判决中精辟地分析了地图和航海图

---

[1] ［美］《侵权法重述第三版：产品责任》，肖永平等译，法律出版社2006年版，第382—383页。

[2] 参见［美］戴维·G.欧文：《产品责任法》，董春华译，中国政法大学出版社2012年版，第339—340页。

为何属于"产品":"在那些案件中,图表在涉案事故发生时被完全用于飞机的驾驶,不准确的数据直接导致或被控导致了涉案事故,其方式等同于一个破裂的指南针或不精确的高度计导致飞机坠毁的情形。"① 在法官看来,地图和航海图这些描述客观物理现象的文化产品,尽管其传递的也是一种信息,但它们在功能上无异于指南针或高度计等有形动产,因而可以被认定为产品责任法中的"产品"。类似的法律故事虽然未在中国上演,但作为文化产品的电脑软件在中国却经历了类似的境遇,中国法院曾将电脑软件这种提供专业技能和实用技术的文化产品视为《产品责任法》中的"产品",从而要求软件开发商和销售商对具有"不合理危险"的软件致害承担侵权责任。② 这些案例的共性在于,涉案文化产品所表达的内容不属于创意或思想范畴,而是描述了一种客观物理现象或者提供了一种专业技能或实用技术,其在功能上与相应的有形动产无异,若此类文化产品中的信息出现了实质性错误或存在"不合理的危险",这将给消费安全带来极大隐患,此种风险无异于有形动产在性能上的缺陷,因而有产品责任的适用余地。由此看来,产品责任在文化产品致害案件中是否有适用之余地,不可一概而论,实践中需要根据文化产品之内容及其功能差异进行区别对待。

第一类:学术研究型文化产品。例如学术性著作及相应的出版物。此类文化产品所表达的内容属于学术思想和文化创意的范畴,若将其视为《产品质量法》中的"产品"而适用无过错责任,势必提高学术创作的法律风险,进而阻碍人类智力开发和社会进步,因而没有

---

① See Way v. Boy Scouts of America, 856 S. W. 2d 230, 238 – 239 (Tex. Ct. App. 1993).

② 参见程啸:《侵权责任法》,法律出版社 2011 年版,第 381 页。

产品责任的适用余地。

第二类：影视娱乐型文化产品。例如影视、动漫、音乐、网游、小说、散文等出版物，"喜羊羊案"中的动漫产品即属此类，这些文化产品的学术性虽然不强，但其内容仍属于思想、创意和言论范畴，因而也难以适用产品责任制度。

第三类：科普教学型文化产品。主要包括教辅用书、科普读物及相应的电子出版物，它们所表达的往往是一种相对成熟的规范或公认的事实，具有一定的实用性，因而在是否适用产品责任问题上存在争议。司法实践中倾向于否认产品责任在该领域的适用，主要理由仍然是对思想、创意和言论的保护。为此，美国各地法院相继驳回了针对男孩杂志、旅游向导、护士教材、模仿杂志、健康指南的严格产品责任诉讼。[1] 但对于提供职业杀手信息和杀人技巧的出版物，法院接受了原告提起的严格产品责任诉讼，[2] 这一例外是在言论自由和权益保护之间进行权衡的结果。在中国，因教材、考研辅导书存在错误而被提起产品责任或消费欺诈之诉的案件也频繁见诸报端，[3] 但鲜见有法院支持当事人的诉讼请求。

第四类：纯粹实用型文化产品。主要包括软件、地图、航海图以及作物栽培技术指南等，此类文化产品旨在提供一种操作技术或实用工具，在功能上与相应的有形设备（如计算器、指南针、高度计等）

---

[1] 参见[美]《侵权法重述第三版：产品责任》，肖永平等译，法律出版社2006年版，第394—395页。

[2] See Braun v. Soldier of Fortune Magazine, Inc., 968 F. 2d 1110 (11th Cir. 1992). 被告在《士兵财富杂志》上刊登职业杀手信息，法院接受了原告对出版商提起的产品责任诉讼；Rice v. Paladin Enters., 128 F. 3d 233 (4th Cir. 1997). 该案被告在书籍中详细描述了职业杀人技巧，法院允许原告针对出版商提起产品责任诉讼。

[3] 中国司法实践中的类似案件请参见张璇：《老师告出版社：学生作文写不好是课本不达标》，《郑州晚报》2010年5月27日；刘颖：《书业之种种"假""劣"现象》，《中国图书商报》2005年3月11日。

或产品说明书没有本质差异,一旦这些文化产品存在"缺陷",自然有产品责任的适用余地。除了前文提到的电脑软件和航海图致害案件外,我国还曾发生过农作物栽培技术图书致害案件。例如某出版社的农作物栽培技术图书,作者原稿上农药的稀释比例是 0.01%,但出版后变成了 0.1%,某农民按书中显示的比例施药,导致农作物大面积死亡,农民向法院提起产品责任之诉,法院最终支持了原告的诉讼请求。[①] 该案中图书所表达的内容与相应的产品说明书类似,属于纯粹实用型文化产品,因而有产品责任的适用余地。在法律适用过程中,纯粹实用型文化产品的缺陷认定,应当根据文化产品之内容的真实性、准确性、完整性、有效性和合法性做出综合判断。

四、侵权法上过错责任一般条款之适用

除了纯粹实用型文化产品之外,其他绝大多数文化产品均难以适用产品责任制度。此外,我国《民法典》侵权责任编第 1165 条第 1 款规定了宽泛的过错责任一般条款:"行为人因过错侵害他人民事权益造成损害的,应当承担侵权责任。"这为解决文化产品致害案件提供了可能。对于其适用范围,该条文秉承侵权责任法保护客体的动态开放体系,并未对"民事权益"做任何限定。既然过错责任的适用范围不受限制,那么根据文义解释,包括"喜羊羊案"在内的文化产品致害案件只要符合过错、因果关系和损害要件,自然有过错责任的适用余地。

从比较法上来看,适用过错责任一般条款来解决文化产品致害案

---

① 参见马小莉:《图书商品的产品责任》,《出版科学》2001 年第 1 期。

件已有先例可循。我国《民法典》第1165条第1款类似于法国模式，《法国民法典》第1382条和1383条规定了一个保护对象非常宽泛的过错责任一般条款，对于包括文化产品致害在内的各类侵权案件，只要符合过错、损害和因果关系要件，都可能构成侵权。在实践中，法国巴黎地区法院曾据此审理过一起文化产品致害案件，案件涉及一本"可食水果和植物实用指南"的书籍，书中附有野生胡萝卜的插图和文字说明，并声称野胡萝卜可以食用，但不幸的是，这种植物的外表酷似有毒的水生叶芹，原告阅读此书后，误将水生叶芹当作野生胡萝卜食用并导致损害。法院判决认为，作者和出版商有违反注意义务的过错，应当对损害承担责任。① 从其判决思路来看，法官首先论证了作者和出版商有违反注意义务的过错，从而认定侵权责任的成立。该判决虽然频遭质疑，但至少提供了一条解决文化产品致害案件的思路，该思路建立在法国宽泛的过错责任一般条款基础之上。

同理，中国《民法典》第1165条第1款所规定的过错责任一般条款自然也能够适用于文化产品致害案件，"喜羊羊案"判决正是采纳了这一思路，该案判决认为："原创公司制作、发行的《喜羊羊与灰太狼》动画片存在暴力情节和画面，对未成年人的行为认知产生了不良影响，误导未成年人模仿其情节，导致二原告被烧伤的严重后果。……该后果与被告原创公司的发行行为存在法律上的因果关系，被告原创公司未尽应有的注意义务，对损害事实存有过错，应当承担相应侵权责任。"② 从该判决的形式要件来看，法官依次论证了侵权责任构成中的损害、因果关系和过错要件，其制度依据正是一般侵权

---

① 参见[英]西蒙·惠特克：《欧洲产品责任与智力产品》，邹海林译，《法学译丛》1991年第2期。
② 李健：《儿童状告〈喜羊羊与灰太狼〉制作人胜诉》，《人民法院报》2013年12月19日。

责任的构成要件。

然而，问题在于，保护范围不加限制的过错责任一般条款，虽然扩大了权益保护的范围，但若直接适用于文化产品致害领域，则可能限缩文化创意自由的空间，而侵权法的价值目标正是要维持行为自由和权益保护之间的平衡。这也正是前述巴黎地区法院的判决频遭质疑的原因。对此，有法官曾评论道："可归因于出版商的唯一过错在于，他没有确证本书不含有对读者有潜在危险的成分。出版商所承担的这项义务，在很多情形下将十分艰巨，因为它暗含着这种需要，例如审核作者专题论述的科技精确性。他论证认为，由于大量的信息的复杂性质和各种解释的可能性，只由提供信息的人负担一项尽到合理注意的单纯义务，更为适当。"① 通俗来讲，法院要求出版商为出版物所表达的精神性内容承担责任，等于将一件不可能完成的任务强加给出版商，这对于读者权益保护并无实益可言，而且会限制出版自由和出版产业发展。这同样也是"喜羊羊案"遭受批评的关键理由之一，该案判决在加强未成年人权益保护的同时，也相应地限缩了文化创意自由的空间。维持权益保护与行为自由之间的价值平衡，乃是处理文化产品致害案件必须重视的普遍性理论问题，制度上需要给法官提供相对清晰且富有弹性的裁量平台，便于法官根据个案场景进行恰当的价值平衡。然而，我国《民法典》第1165条第1款的过错责任一般条款，显然无法为审理文化产品致害案件的法官在权益保护和行为自由之间的价值权衡指引方向。在缺乏明确指引的情况下，若法官直接将《民法典》第1165条第1款适用于文化产品致害领域，只要原告能够证明自己权益的存在，而被告的过错行为又对原告的权益造成了

---

① ［英］西蒙·惠特克：《欧洲产品责任与智力产品》，邹海林译，《法学译丛》1991年第2期。

损害，原则上就成立侵权责任。按照这样的思路，文化创意自由将受到极大限制。

诚然，过错责任一般条款中所包含的过错、因果关系和损害要件在解释论上同样具有相当的弹性空间，法官可以在个案中借助特定的解释技术，将法官内心关于权益保护和行为自由之间的价值权衡融入责任构成要件的认定过程，并通过这一间接手段维持行为自由和权益保护之间的平衡。但问题是，文化产品致害案件广泛涉及文化创意自由、意识形态管控、文化产业政策、未成年人倾斜保护等多元价值权衡，面对这些政策性较强的案件，相对保守的中国法官往往受到各种真实存在或者个人臆断的法外因素的制约，同时还潜移默化地受到法官因人而异的个人经验主义判断的影响。这是通过抽象的一般条款来处理文化产品致害案件所难以避免的制度成本，同时也是受案法官个人所面临的裁判风险之所在。基于上述考虑，当立法层面无法直接显示出行为自由与权益保护之间的价值权衡方向时，为防止法官"迷失"在宽泛的过错责任一般条款之中，解释论上有必要为过错责任一般条款的解释适用提供必要的政策指引和裁量方向。

五、公私法接轨对过错责任一般条款的重塑

"喜羊羊案"还涉及一个重要的公法问题，即涉案动漫作品中频繁出现的"绑架烤羊"剧情，涉嫌违反我国《未成年人保护法》第50条所禁止的影视"暴力"。公法禁止影视"暴力"的规定是立法者在权衡各种社会价值后，基于倾斜保护未成年人的需要，而对文化产品生产者所施加的公法上的义务，违反该义务的行为自然要承担行政责任甚至刑事责任。例如《未成年人保护法》第121条规定，违反有关

禁止影视"暴力"规定者,由行政主管机关给予警告,没收违法所得,可并处罚款。但问题在于,违反公法义务的行为是否在私法上也会成立相应的侵权责任?这取决于如何看待公法与私法之间的关系。

1. 沟通公私法二元结构之原理与技术

公私法二元结构以及部门法分立格局在今天的中国依然稳固,但隐藏在公法中的政策判断和价值导向仍以各种润物细无声的方式影响着私法的裁量方向。尤其是进入现代工业化社会以来,环境、健康和安全领域的公共风险大量涌现,基于风险管控以及弱势群体保护的需要,现代各国纷纷涌现出一系列"拼盘式单行立法",例如劳动法、未成年人保护法、食品安全法、环境保护法等,各领域的单行立法往往都含有明确的政策目标,因而也被称为"政策性立法",其中含有大量以保护他人为目的的法律规范,民法学界称之为"保护他人之法律"[①]。侵权法与公法上的"保护他人之法律"虽然在法域归属上隶属于不同的体系,但二者的法益保护目标却存在重合的部分。在共同价值目标的指引下,侵权法与"保护他人之法律"在实施层面也存在交叉融合的可能。

在法政策层面,单行立法基本都是为了解决特定领域的具体问题而出台的应对之策。我们有理由相信,在单行法的拟定过程中,立法者已经就该领域的价值判断和政策权衡做出了安排,并通过具体法律制度表达出来。当法官在个案中遇到相关问题时,无须另起炉灶地重

[①] "保护他人之法律"泛指侵权法之外保护民事主体权益的各种规范,这里重点关注公法规范。关于"保护他人之法律"的范围,参见朱岩:《违反保护他人法律的过错责任》,《法学研究》2011年第2期。

新进行价值权衡，蕴涵立法者价值判断的"保护他人之法律"已经为法官的个案判断提供了基准。面对《民法典》第1165条第1款极为抽象的过错责任一般条款，当个案需要准确划定权益保护和行为自由之间的界限时，法官可以直接根据立法者预设在"保护他人之法律"中的裁量方向来做出判断。通过"保护他人之法律"提供的裁量平台，各领域单行立法中相对灵活的价值判断和政策权衡方案也开始渗透进入侵权法，并影响侵权责任的构成及其范围，这对于过错责任一般条款的规范化运作具有重要意义。在"保护他人之法律"的影响下，过错责任一般条款的解释思路也逐渐清晰，法官在个案中可以根据"保护他人之法律"提供的裁量方向，有针对性地进行个案判定，从而减少价值判断上的不协调，这也为文化产品致害案件的解决提供了宏观思路。

在法解释适用的技术层面，通过埋设在侵权法中的"外接管道"，"保护他人之法律"中的公法和私法规范均可被运送进入侵权法，从而为过错责任一般条款的具体化提供法律依据。这里的"外接管道"主要包括"转介条款"和"引致条款"。在比较法上，《德国民法典》第823条第2款和中国台湾地区"民法"第184条第2款属于典型的"转介条款"。通过这类转介条款的授权，法官可以在个案中自行决定"让公法规范以何种方式，以多大的流量，注入私法"[①]，并以涉案行为或产品是否违反"保护他人之法律"的事实来判断侵权责任是否成立。类似这样的转介条款就像"特洛伊木马"一样，能以极其简约的技术构造，为侵权法打开一扇"窗口"，使立法者预设在"保护他人之法律"中的价值判断源源不断

---

① 苏永钦：《走入新世纪的私法自治》，中国政法大学出版社2002年版，第331页。

地注入侵权法,从而为过错责任一般条款的具体化提供丰富的法律资源。

然而,令人遗憾的是,我国《民法典》侵权责任编并未规定一般性的转介条款(仅在特殊侵权领域有零星的规定),目前只能借助一般侵权责任各个构成要件的认定,将"保护他人之法律"中的价值判断运送进入侵权法。

2. 比较法上的"保护他人之法律"对过错责任的改造

通过政策层面和技术层面的双重构造,单行立法中的"保护他人之法律"能够与侵权法成功地实现接轨,进而形成独特的侵权责任类型——违反"保护他人之法律"的过错责任,这为解决文化产品致害案件提供了新的思路。

在审理文化产品致害案件时,法官面临的首要难题是可归责性之判断,这需要在权益保护和创意自由之间进行价值权衡。通过"保护他人之法律"提供的裁量平台,法官可将立法者预设在"保护他人之法律"中的价值权衡方案引入侵权法,并借此判断归责性之有无。结合"喜羊羊案"来看,该案的可归责性判断需要在未成年人保护和创意自由之间进行权衡,鉴于立法者已在《未成年人保护法》中就未成年人倾斜保护与创意自由之间的价值冲突做出了明确指引——适度限制创意自由,法官只需将立法者预设在《未成年人保护法》中的价值权衡结果落实到侵权责任的认定过程中即可。据此判断,以未成年人为受众的文化产品,显然要提高注意义务标准,不得向未成年人传播含有"暴力"情节的文化产品,违反该义务而导致的文化产品致害行为,显然具有可归责性。

接下来的问题是责任构成要件的认定。比较法上凡是规定了违反保护他人之法律的过错责任制度的国家或地区，往往也明确规定了责任构成要件。中国大陆尚无明确规定，但参照德国和我国台湾地区的立法例及学术研究成果，解释论上可将违反保护他人之法律的事实与过错责任构成要件中的过错、违法性、因果关系和损害要件相关联，通过改造抽象的过错责任一般条款来构建解释论上的"违反保护他人之法律的过错责任"，具体包括以下责任构成要件：

第一，客观化甚至可推定的过错及违法性要件。我国《民法典》侵权责任编回避了有关违法性要件的争论，但在"保护他人之法律"存在的情况下，违法性与过错要件共同系于违反"保护他人之法律"的事实之上，行为人违反"保护他人之法律"的事实将同时具备违法性和过错。这里的违法性要件，"显然采取了最为彻底的行为不法理论，与行为所造成的损害结果无涉"[1]。至于过错，通说认为，这是一种走向客观化的过错，行为人违反"保护他人之法律"所设定的法律义务本身即构成过错，这大大减轻了受害人的举证责任。我国台湾地区"民法"第184条第2款甚至直接规定了过错推定制度，但也有不同观点认为，"保护他人之法律"被违反的事实仅构成过错的"表见证明"。[2] 鉴于我国《民法典》第1165条第2款将过错推定的法律渊源限于"法律"，在现行"法律"尚无规定的情况下，解释论上可将"保护他人之法律"被违反的事实，视为过错的表见证明，接下来的举证责任将转由行为人进行反证。例如在"喜羊羊案"中，行为人违反《未成年人保护法》中禁止向未成年人传播影视"暴力"的规定，将被初步认定为过错和违法性要件的成立，若要推翻这一初步结论，行为人需反证其已尽到一般理性谨慎之人在相同情况下所应

---

[1] 朱岩：《违反保护他人法律的过错责任》，《法学研究》2011年第2期。
[2] 参见朱虎：《规制性规范违反与过错判定》，《中外法学》2011年第6期。

注意之义务。

第二，"保护他人之法律"所欲保护的对象遭受权益损害。违反"保护他人之法律"的过错责任，在保护范围上既包括权利损害也包括利益损害，这一看似宽泛的过错责任，实际上已经受到"保护他人之法律"的预先限定——仅限于"保护他人之法律"所欲保护的人和物的范围。法律适用上首先需要判断行为人所违反的是否属于"保护他人之法律"；其次要判断受害人所遭受的损害是否属于"保护他人之法律"所欲保护的"人"和"物"的范围。[①] 至于具体损害的认定，责任成立阶段只要求行为违反了"保护他人之法律"所设定的保护义务。在责任承担阶段，必须根据"保护他人之法律"所限定的保护范围来加以认定。例如在"喜羊羊案"中，作为"保护他人之法律"，《未成年人保护法》显然已经将权益保护的"人"的范围限定为未成年人及其人身权益，而"物"的范围也仅限于对未成年人的财产所造成的损害。若据此判断，"喜羊羊案"中的两名儿童被严重烧伤的后果显然属于"保护他人之法律"所欲保护的范围。

第三，宽松化甚至可初步推定的因果关系要件。较之于一般侵权责任，违反"保护他人之法律"的过错责任，只能在义务违反与损害后果之间进行因果关系判定，但违反法定义务的行为通常不是直接的加害行为，义务违反与损害后果之间往往还夹杂着其他行为或事实，这使得义务违反行为与损害后果之间的因果关系链条被拉长，从而给因果关系的认定带来困难。在立法史上，中国立法者最初确立此种侵权责任类型时，实际上是将违反"保护他人之法律"的行为视

[①] 参见王泽鉴：《侵权行为》，北京大学出版社2009年版，第288—294页。

为直接的加害行为,①在"视为"的法理背后,不可避免地要放松因果关系要件。比较法上也有类似做法,例如美国法院曾要求售酒人为酗酒者的加害行为承担侵权责任,虽然售酒与加害行为之间不存在直接的因果关系,但法院以售酒行为违反相关法令为由,放松了因果关系要件。②学术界也有观点认为:"从优先保护受害人的法律政策出发,可以推定在损害与违法行为之间具有因果关系,或者至少存在表面证据,从而减轻受害人的举证责任。"③结合"喜羊羊案"来看,真正实施加害行为的实际上另有其人,文化产品生产者只是违反了《未成年人保护法》所设定的法律义务,义务违反与损害后果之间固然没有直接因果关系,但因果关系要件的宽松化使得此种间接因果联系也构成法律上可归责的因果关系。因此,法院在"喜羊羊案"判决中所认定的"(涉案动画片)对未成年人的行为认知产生了不良影响,误导未成年人模仿其情节,导致二原告被烧伤的严重后果,该后果与被告原创公司的发行行为存在法律上的因果关系"的判断完全可以成立。

六、责任抗辩事由及其价值平衡功能

为创意自由之故,文化产品之内容不可能在任何情节中都千篇一

---

① 在中国法制史上,"大清民律第一次草案"首次出现了"违反保护他人之法律的侵权责任",其中第946条规定:"因故意或过失违反保护他人之法律者,视为前条之加害人。"该条的立法理由指出:"以保护他人利益为目的之法律(警察法规),意在使人类互尽保护之义务,若违反之,致害及他人之权利,是与亲自加害无异,故必赔偿被害人,此本条所由设立也。"参见王泽鉴:《违反保护他人法律之侵权责任》,载《民法学说与判例研究2》,中国政法大学出版社1998年版,第181页。

② 参见陈聪富:《侵权归责原则与损害赔偿》,北京大学出版社2005年版,第65页。

③ 朱岩:《违反保护他人法律的过错责任》,《法学研究》2011年第2期。

律地展示出绝对"正面"的内容；更何况，有时候"正面"思想的表达也需要"反面"人物的衬托。既然"反面"角色或情节不可避免，实践中难保某些受批判的影视角色或情节被别有用心甚至内心黑暗之人恶意利用，此时的侵权责任是否成立将成为问题，这涉及侵权责任的抗辩事由——那些因其存在而使侵权责任减免的法律事实。大陆法系侵权法上的责任抗辩事由主要有两类：一是责任构成要件未成就的抗辩；二是责任构成要件成就之后的独立抗辩，包括免责事由和减责事由。在文化产品致害案件中，常见的独立抗辩事由主要包括如下几类：

1. 受害人不当使用抗辩

文化产品致害案件最常见的抗辩事由是受害人不当使用抗辩，这里的"不当使用"也可称为"不合目的性适用"，是指受害人以超出文化产品预设用途之方法来加以利用，其中既包括对实用型文化产品的误用（例如将学术著作看作采食野菜的指南），也包括对其他类型文化产品之内容的不当或恶意模仿（例如将警匪片中的场景用于学习犯罪技巧）。受害人对于不当使用行为在主观上往往存在故意或过失，因而普通法上的被告往往通过证明"原告在依赖信息时犯有自身的过失"为由，[1] 将文化产品排除在严格责任之外，此即典型的不当使用抗辩。大陆法系是通过比较过错或过错相抵规则来减轻或免除加害人的侵权责任的。

在"喜羊羊案"中，动画片《喜羊羊与灰太狼》中的"绑架烤羊"剧情虽然涉嫌存在暴力倾向，但涉案文化产品显然不是游戏教程，更

---

[1] 参见[英]埃利斯代尔·克拉克:《产品责任》，黄列等译，社会科学文献出版社1992年版，第70页。

不是为了专门传授加害技巧,三个儿童模仿其剧情玩"绑架烤羊"游戏,显然已经超出了该作品的预设用途,属于对文化产品的"不当使用",受害人的监护人在此过程中显然存在过错,不当使用抗辩在该案中应当得到认可,这也许正是法院要求二受害人自行承担25%责任的理论基础之所在。至于责任分担比例是否妥当,主要取决于当事人的过错程度以及因果关系贡献度,这属于法官的自由裁量范畴。

2. 受害人同意抗辩

受害人同意又称"受害人允诺",是指受害人就他人特定行为的发生或对自己权益造成损害的后果表示同意,明示或默示同意均无不可。受害人同意在大陆法系的侵权法理论中属于阻却违法性之事由。我国2009年《侵权责任法》在起草阶段曾有学者建议将受害人同意规定为独立的免责事由,但立法者考虑到此种立法例并不多见(据说只有《葡萄牙民法典》有此规定),遂将该问题留待司法实践自行解决。[①]解释论上可通过对违法性要件的解释,将受害人同意视为违法性要件的阻却事由,但必须满足如下要件:受害人同意必须真实自愿,且有同意之能力,同意的内容明确具体并不违反法律的强制性规定和公序良俗,同时,加害人还需要尽到充分的告知义务。[②] 具体到"喜羊羊案"中,二受害人虽然自愿加入"绑架烤羊"游戏(似有默示同意),但二受害人同为不满8周岁的无民事行为能力人,没有同意之能力。故此,受害人同意抗辩在该案中难以成立。

---

① 参见王胜明主编:《中华人民共和国侵权责任法解读》,中国法制出版社2010年版,第120页。
② 参见张新宝:《侵权责任构成要件研究》,法律出版社2007年版,第68页。

3. 符合公法管制规范的"合规抗辩"

违反"保护他人之法律"的行为，通常构成侵权法上的过错或违法性；但进一步的问题是，遵守"保护他人之法律（这里特指保护他人的管制性规范）"的行为能否阻却侵权责任的成立？此即前文论及的"合规抗辩"。由于我国法律体系中的保护性法规类型繁多，某个违反"保护他人之法律"的行为，却可能符合另外一项管制性法规。例如《喜羊羊与灰太狼》的制作、发行虽涉嫌违反《未成年人保护法》，但却通过了新闻出版和文化主管部门的审查并获得发行许可，这能否阻却侵权责任的成立？对此，法院判决认为："虽然该片的制作、发行经过了行政许可，但实际造成了损害后果，……应当承担相应侵权责任。"在笔者看来，这样的判决结论固然没错，但其背后的理论基础却有探讨余地。基于公私法接轨和法体系的统一性要求，合规抗辩的效力取决于管制规范自身的性质，具体而言，如果管制规范所确立的行为谨慎标准与社会生活上最优的注意义务标准相吻合，则应承认合规抗辩之效力，反之，则应当否认合规抗辩之效力。[①] 结合"喜羊羊案"来看，法院首先需要对所合之"规"的性质做出判断。就此而言，我国新闻出版和文化主管部门的影视发行许可及其所依据的出版管制规范（如《出版管理条例》《音像制品管理条例》《电影管理条例》等），主要是关于意识形态和政治导向方面的规范要求，其中虽然也涉及未成年人的保护性规范，但具体内容极为抽象，这与合规抗辩所要求的"社会生活上最佳的注意义务"相去甚远，而且此类规范在实践中也频遭忽视，这才是法院否认合规抗辩的准确理由。

---

① 具体理由，参见本书第九章和第十章。

综上所述，侵权法的价值目标不仅是要提供权益保护，而且还要为行为自由预留必要的空间。面对《民法典》第1165条第1款极为抽象的过错责任一般条款，如果说各行业领域单行立法中的"保护他人之法律"倾向于从权益保护的视角，为过错责任一般条款的具体化以及多元价值权衡提供裁量方向；那么，责任抗辩制度则是从行为自由的视角，通过对权益保护进行必要的限制，并以此为过错责任一般条款的具体化以及多元价值权衡提供裁量工具。从这个意义上说，责任抗辩制度不仅是文化产品生产者捍卫创意自由的法律手段，而且也为立法者及法官的价值权衡提供了平衡工具。其中，(1)不当使用抗辩可以避免因"不合目的性使用"而导致的滥诉或恶意诉讼，从而使人们在文化领域自由挥洒，真正享受创意自由，同时还能够激励社会公众正确利用文化产品，以减少误用或不当模仿；(2)受害人同意抗辩通过加强文化产品生产者与社会公众之间的互动而扩大创意自由的空间，例如，达到一定风险级别的影视作品如果提供了必要的风险警示信息，若观众仍然选择接受该文化产品，由此可能成立受害人同意抗辩，这样的制度设计可以激励文化产品生产者积极披露潜在风险信息，从而在保护观众的同时，最大限度地扩展创意自由的空间；(3)合规抗辩规则在保护创意自由方面的功效更为显著，与侵权法上因案而异的行为谨慎标准相比，"保护他人之法律"中的管制性规范以及行为谨慎标准往往以成文法的形式公之于众，对于文化产品生产者而言，明确的行为谨慎标准将为他们提供准确的行为预期，只有预见到其行为的法律后果才能合理安排自己的行为，这是实现创意自由的前提条件，同时也是自由之本意。综上可以看出，正确运用责任抗辩制度能够避免权益保护过度压制创意自由的空间，从而在权益保护和创意自由之间维持基本平衡。

第十二章
医疗风险分担与公私法合作展望

现代工业化带来的环境、健康和安全风险施加于人体之后,往往又传递进入医院的诊疗过程,并与医疗行为本身的风险叠加后,进一步引发系统性效应与致害事故。从这个意义上看,医疗风险似乎是风险管控的"末端"问题,末端管控的成败对于人体健康和风险管控目标的实现具有决定性意义。故此,本书最后一章讨论医疗风险的分担难题以及由此决定的公私法合作前景。

由于受到环境、健康、安全等公共风险的影响,当下人类面临的疑难杂症日益增多,而医疗手段又受到科学技术发展水平的制约,这使得发生在诊疗过程中的风险无处不在。如何妥当分配并管控医疗风险由此成为各国立法者难以回避的课题。作为公私法协同共治的领域,公法上的医疗风险管控手段主要表现为立法者和执法者为医院、医生制定的各类行政管制规范和处罚措施;私法上的医疗风险管控手段主要表现为侵权法上的责任威慑机制。但这些措施只能防控一部分医疗风险,而大量的医疗风险和致害结果必然会发生,这只能通过风险分散机制加以缓解。本章将从私法的视角切入,系统梳理中国海峡两岸的侵权法为合理分配医疗风险所做的尝试与改革,其中每一次改革都是侵权法为合理分配医疗风险所做的自我修正,背后隐藏的是患者、医院和社会公众之间的风险分担难题。制度改革的经验表明，由于医疗风险自身的特殊性，侵权法在分配并防控医疗风险问题上存在难以逾越的结构性缺陷，它无法超越医患关系当事人的限制来分散风险，未来只能从公私法合作的视角构建社会化的风险分散机制。

一、医疗风险类型与风险分担难题

医患纠纷是我国当下社会风险和社会矛盾最突出的领域之一，实践中不断激化的医患矛盾很大程度上源于医患双方均难以承受的医疗风险以及法律上不恰当的风险分配方案。从私法的视角来看，如何通过恰当的侵权责任制度来合理分配并管控医疗风险，不仅是医患关系当事人的核心期待，同时也是法学研究、立法设计和司法实践所共同面临的棘手问题。根据风险规制法的基本原理，风险规制体制的设计必须与规制对象保持高度匹配。故此，若要妥善管控医疗风险，理论上首先要充分认识医疗风险自身的类型与特征。

1. 诊疗技术上的过失所蕴含之风险

诊疗决策和医疗行为具有极强的技术性，受制于专业技术壁垒，诊疗决策和治疗行为的实施大都是在医院和医师的主导下完成的。但因医疗机构管理水平、技术设备和医师专业能力以及个人谨慎程度等方面存在差异，医疗专业判断上的失误在所难免，由此给患者带来的致害风险是引发医患矛盾的重要原因。如何恰当分配因诊疗技术上的过失所引发的风险是各国侵权法关注的重点问题。我国《民法典》第1221条所规范的"未尽到与当时的医疗水平相应的诊疗义务"正是此类风险的集中体现。理论通说和我国现行法均认为，应当由医院和医生来承担此类风险，[1]但问题在于，患者与医院在专业判断领域存在严重的信息不对称，患者想要及时发现并证明医生在诊疗过程中存在专业判断上的过失往往极为困难，[2]举证责任的分配由此成为风险分担的核心难题。

2. 诊疗伦理上的过失所蕴含之风险

任何一个专业技术领域都存在各自的职业伦理和职业道德，这是一个职业共同体在长期互动中所形成的有助于实现职业共同体利益最大化的社会规范。法律不仅要尊重职业伦理，而且将会对违反职业伦理的行为进行负面评价，医疗伦理即属此类。由于医疗风险是一种典型的双边风险，患者自身的病情与医生的诊疗行为都是重要的风险要素，而后者是法律管控医疗风险的重中之重。在风险规制体制的设计上，违反医疗伦理的行为在法律上通常被纳入公法和私法的双重规制范畴，其中，公法主要通过为医院、医生"量身定制"行为管制规范来管控医疗伦理上的过失所蕴含之风险；而私法主要通过侵权责任的威慑效果来管控此类风险。这两种规制手段之间还存在交叉与互动，例如在侵权责任的构成上，理论和立法往往通过"过错"或"违法性"要件将公法管制规范转介进入侵权责任的认定过程，这是公私法合作的常规路径，这里不再赘述。在实践中，违反医疗伦理的行为表现极为多样，例如对患者进行选择性救治、过度检查、过度用药、嫌贫爱富以及不遵守医疗规程等等。作为沟通公私法二元结构的引致条款，我国《民法典》第1222条概

---

[1] 我国《民法典》第1221条规定："医务人员在诊疗活动中未尽到与当时的医疗水平相应的诊疗义务，造成患者损害的，医疗机构应当承担赔偿责任。"
[2] 参见黄丁全：《医事法》，中国政法大学出版社2003年版，第508页。

括引致的三项内容均属于违反医疗伦理的行为："(1)违反法律、行政法规、规章以及其他有关诊疗规范的规定；(2)隐匿或者拒绝提供与纠纷有关的病历资料；(3)遗失、伪造、篡改或者违法销毁病历资料。"违反这三项规定在侵权法上产生的效果是，直接推定医疗机构具有"过错"，在符合侵权责任的其他构成要件的情况下，由医院承担相应的事故风险。

3. 单纯治疗失败之风险

医患关系的特殊性在于，医疗过程与康复结果之间充满不确定性，且与患者所患疾病的类型、患者个人体质、当下医疗技术发展水平、现有医疗器械的先进程度均休戚相关。由于医疗专业水平所限或者病人特殊体质等客观原因所导致的无法达到治愈效果的风险，本书称之为"单纯治疗失败之风险"，这是任何诊疗行为都难以完全避免的内在风险。相较于前两种因人为原因所生之风险，单纯治疗失败之风险的分担，在理论和实践中存在较大争议。基于风险自负的原则以及风险防范的功利主义原理，理论界大多主张由患者自担此类风险。但随着弱势群体保护、福利国家政策以及社会稳定因素的影响，有些国家和地区也曾尝试由医院来承担单纯治疗失败之风险，但这直接诱发医院的对策行为和"防御性治疗"，由此带来一系列深远的负面影响，最终承担风险的仍然是患者群体。

更为复杂的问题在于，上述三类风险在实践中往往相互交织，患者所遭受的致害结果，往往是多种风险要素叠加的后果，具体案件中想要精确区分不同风险的致害原因力大小，在技术上困难重重。实践中往往通过第三方的专业技术鉴定来确定不同风险类型对致害结果的影响，这种鉴定大多由医师职业共同体做出。实践中如何确保鉴定结果的中立、客观并取得患者信任,也是当下不容忽视的问题。为合理分配医疗风险,大陆和台湾地区的侵权责任制度均经历了数次改革,其中既有成功的经验,也有失败的教训。以下将通过梳理海峡两岸的制度变迁历程总结侵权法在医疗风险分担问题上的功能、限度及其发展前景。

二、"过错推定"的风险分担效果

1. 2002年确立的"过错推定责任"

医院在我国改革开放初期被视为非盈利性事业单位,但随着市场经济体制改革的不断深入,医院作为经营者参与市场竞争的现象日益普遍,最高人民法院在反不正当竞争领域已承认医院的"经营者"身份,[①]并得到理论上的认可。[②]既然医院是法律意义上的"经营者",那么,接受医疗服务的患者是否为法律意义上的"消费者",这在医疗风险分配问题上意义重大。因为我国《消费者权益保护法》第40条规定了缺陷产品或服务致害的无过错责任制度,如果患者被认定为消费者,进而适用该法规定的无过错责任,那么,前述三类医疗风险都可能由医院承担。目前中国各省市地方立法部门颁布了数十部《消费者权益保护法》的"施行细则"或"实施办法",个别地方立

[①] 参见《宜昌市妇幼保健院不服宜昌市工商局行政处罚案》,《最高人民法院公报》2001年第4期。

[②] 参见李友根:《论经济法视野中的经营者》,《南京大学学报(哲学·人文科学·社会科学)》2007年第3期。

法明确规定医疗服务适用《消费者权益保护法》。[①] 然而，与之截然不同是，医疗行业领域的专门立法大多规定医疗侵权适用过错责任，例如 1987 年的《医疗事故处理办法》(已失效)第 2 条规定，医疗事故的成立应以"医务人员诊疗护理过失"为要件，2002 年的《医疗事故处理条例》也持同样的立场，1999 年《职业医师法》以及其他相关的医疗法规均规定，医疗事故的成立应以过错为要件，不少有关医疗事故处理的地方立法也持同样立场。[②] 全国各级法院在司法实践中也极少适用无过错责任制度来处理医疗侵权案件，[③] 最高人民法院的典型案例

[①] 例如 2000 年修订的《浙江省实施〈消费者权益保护法〉办法》(已失效)第 25、26、52 条规定了医疗服务适用《消费者权益保护法》，第 52 条甚至直接使用"医疗机构等经营者"这样概念。2017 年修订后的《浙江省实施〈中华人民共和国消费者权益保护法〉办法》删除了 2000 年版本中的普通医疗服务内容和"医疗机构等经营者"的概念，但仍保留了医疗美容服务适用《消费者权益保护法》的内容，例如第 17 条规定："美容医疗机构提供医疗美容服务的(因疾病治疗涉及的修复重建除外)，应当事先向消费者本人或者其监护人书面告知实施医疗美容项目的适应症、禁忌症、美容方式和效果、医疗风险、医用材料、负责实施医疗美容项目的主诊医师和注意事项等，并取得消费者本人或者其监护人的书面确认。对美容效果的约定应当以图片、音像等事后可以核对的方式保留。因美容医疗机构责任导致医疗美容达不到约定效果或者消费者容貌受损的，美容医疗机构应当根据消费者的要求退还费用或者重作，并依法赔偿损失。美容医疗机构明知其服务存在缺陷仍然向消费者提供服务，或者未取得资质的机构和个人实施医疗美容，造成消费者死亡或者健康损害的，受害人有权依照《中华人民共和国消费者权益保护法》第五十五条的规定向经营者要求赔偿。"再如，2012 年修订后的《广东省实施〈中华人民共和国消费者权益保护法〉办法》第 17、20 条也规定了"医疗卫生服务业的经营者"适用《消费者权益保护法》的相关内容。1996 年颁布的《江苏省实施〈中华人民共和国消费者权益保护法〉办法》(已失效)第 11 条也规定了"医疗卫生单位"适用《消费者权益保护法》的相关内容。

[②] 有代表性的地方立法可参见《上海市医疗事故处理办法实施细则》(已失效)，市府[1989]14 号，第 3 条；《北京市〈医疗事故处理办法〉实施细则》(已失效)，市府[1990]3 号，第 3 条；《江苏省〈医疗事故处理办法〉实施细则》，苏政发[1989]27 号，第 2 条。

[③] 以江苏省为例，江苏省高级人民法院随机抽取全省 100 件医疗侵权案件进行分析，发现"医疗侵权案件适用过错原则的 78 件，占 78%，适用过错推定原则的 15 件，占 15%，适用公平原则的 6 件，占 6%，仅有 1 件是按照违约之诉，适用无过错原则，没有适用消法关于服务无过错责任的规定。"参见江苏省高级人民法院：《关于医疗损害赔偿纠纷案件的调查报告》，《人民司法》2002 年第 10 期。

也明确指出医疗侵权不适用无过错责任。① 相较于此前的模糊态度，最高人民法院2002年颁布的《关于民事诉讼证据的若干规定》第4条第2款第8项规定："因医疗行为引起的侵权诉讼，由医疗机构就医疗行为与损害结果之间不存在因果关系及不存在医疗过错承担举证责任。"这属于典型的"过错推定责任"。

由于医疗行为包含诸多不确定因素，而且受到就诊时机、医疗设备、医药科技水平等技术性因素的影响，面对极高的专业技术壁垒和信息不对称问题，患者要证明医疗行为存在过错相当困难，若举证不能，则要自行承担因医疗过失所产生的致害风险。因此，从风险分担的角度来看，要求患者对医院的医疗过失承担举证责任，相当于将多数医疗技术过失和医疗伦理过失之风险分配给患者，这样的风险分配方案不仅有悖于弱者保护的价值取向，而且无助于激励医务人员积极采取措施防控风险，这显然不合理。毕竟，医院和医务人员更接近风险源，且有更强的专业技术能力来防控医疗风险。2002年的《关于民事诉讼证据的若干规定》扭转了这一局面，医疗侵权责任由此从过错责任转向过错推定责任。

在颁布《关于民事诉讼证据的若干规定》的同时，最高人民法院相关负责人以"答记者问"的方式解释了过错推定的正当性，其主要理由如下："首先，患者的医学知识非常有限，并且其在治疗过程也是处于被动服从的地位；医疗机构则通过检查、化验等诊疗手段掌

---

① 《最高人民法院公报》典型案例指出："法律只追究医务人员的过错责任，医疗是有一定风险的事业。对医生为患者利益考虑实施的风险医疗行为，法律持宽容的态度。有风险的医疗行为如果是在征得患者及其亲属同意后实施的，风险应由患者及其亲属承担。以这样的原则解决医患纠纷，有利于医务人员救死扶伤，有利于医务人员提高医疗技术，最终有利于患者的健康，有利于社会的进步。"参见《郑雪峰等诉江苏省人民医院医疗服务合同纠纷案》，《最高人民法院公报》2004年第8期。

握和了解患者的生理、病理状况,制定治疗方案、熟悉治疗过程。如患者因手术治疗过错造成损害的,其在手术过程中一直处于麻醉的状态,对医疗过程是不可能知道的。因此,依据公平和诚实信用原则,应当由医疗机构承担举证责任。其次,按照举证责任的实质分配标准,举证责任应当由距离证据最近,或者控制证据源的一方当事人负担。诊疗过程中的检查、化验、病程记录都由医疗机构方面实施或掌握,医疗机构是控制证据源、距离证据最近的一方,由其承担举证责任,符合举证责任分配的实质标准。"①

2. 2009 年以来对"过错推定"适用范围的限缩

过错推定责任虽有助于患者保护,但在风险分担问题上并非无懈可击。从逻辑上来讲,由于减轻了患者的举证责任,医疗致害的风险分担也开始从患者一方向医院转移,但这一问题毕竟不太严重,因为医疗行为的过错和因果关系判断通常都要依赖专业机构的技术鉴定。这意味着,实施过错推定的显著效果在于,迫使医院一方主动启动医疗事故鉴定。除此之外,过错推定引发的主要问题在于"滥诉"风险,由于大多数举证责任以及启动鉴定程序的压力转移到了医院,患者将会有更强大的动力将医疗纠纷诉至法院,由此可能产生"滥诉"问题。

面对医疗事故纠纷频发和法院"案多人少"的窘境,立法者 2009 年制定《侵权责任法》时,以法国法为模板,在"医疗损害责任"

---

① 参见《最高人民法院民一庭负责人就审理医疗纠纷案件的法律适用问题答记者问》,http://www.zclawyer.net/ShowArticle.shtml? ID = 2006622925038188.htm,最后访问日期:2018 年 12 月 20 日。

一章中明确区分医疗科学上的过错和医疗伦理上的过错,[1] 并对这两种不同类型的医疗风险重新分配了举证责任和风险分担方案。2021年生效的《民法典》侵权责任编整体吸收了《侵权责任法》有关医疗侵权的规定(仅做了细节性修改)。根据《民法典》的最新规定,(1)医疗伦理上的过错保留过错推定原则,具体适用于《民法典》第1222条规定的以下三种情形:"违反法律、行政法规、规章以及其他有关诊疗规范的规定;隐匿或者拒绝提供与纠纷有关的病历资料;遗失、伪造、篡改或者违法销毁病历资料。"(2)对于医疗科学上的过错,不再适用过错推定原则,而是直接适用《民法典》第1218条的过错责任原则,该法第1221条还专门确认了"未尽到与当时的医疗水平相应的诊疗义务"的侵权类型,这属于典型的医疗科学上的过错。根据举证责任的一般原理,在法律未做特别规定时,医疗科学上的过错应由患者承担举证责任并承受举证不能的败诉风险。此外,《民法典》还改变了《关于民事诉讼证据的若干规定》有关因果关系举证责任倒置的规定,要求患者对医疗致害的因果关系承担举证责任。上述"过错责任+过错推定责任"制度[2],在2017年颁布的司法解释中得到进一步的确认和细化。[3]

相较于2002年的《关于民事诉讼证据的若干规定》,2009年的《侵权责任法》和2021年的《民法典》限缩了过错推定的适用范围,仅

---

[1] 参见朱伯松等:《医疗过失举证责任之比较》,台湾元照出版社2008年版,第117页。
[2] 需要说明的是,《民法典》侵权责任编实际上规定了三种医疗侵权责任类型,即过错责任、过错推定责任和无过错责任。其中,无过错责任仅适用于药品、消毒药剂、医疗器械的缺陷或不合格血液致害行为。
[3] 参见《最高人民法院关于审理医疗损害责任纠纷案件适用法律若干问题的解释》,法释[2017]20号;该司法解释的修订版,参见《最高人民法院关于审理医疗损害责任纠纷案件适用法律若干问题的解释》,法释[2020]17号。

适用于违反医疗伦理上的过错，对于医疗科学上的过错则由患者承担举证责任。这有助于缓解举证责任倒置所引发的"滥诉"问题。从实践情况来看，不管是医疗科学上的过错还是医疗伦理上的过错，法院在具体认定时，基本都是审查涉案医院及医师在诊疗过程中有无"违反法律、行政法规、规章以及其他有关诊疗规范的规定"，由此呈现出过错认定的客观化倾向。由此带来的影响是，《民法典》第1222条虽然限制了过错推定的适用范围，但总体上涵盖了实践中最为常见的医疗侵权行为。

目前的遗留问题是，《医疗事故处理条例》与《民法典》及司法解释的规定存在明显冲突，其中《医疗事故处理条例》仅适用于构成"医疗事故"的医疗侵权行为，而且，在"医疗事故"的赔偿数额上，《医疗事故处理条例》的规定远低于《最高人民法院关于审理人身损害赔偿案件适用法律若干问题的解释》和《最高人民法院关于确定民事侵权精神损害赔偿责任若干问题的解释》所确立的赔偿标准。《医疗事故处理条例》还规定"医疗事故鉴定"只能由医学会做出。上述差别被学者总结为"三个双轨制构成的二元医疗损害责任体系"[①]。就损害赔偿额来看，若医疗侵权的程度足够严重，达到了《医疗事故处理条例》规定的"医疗事故"，则依据《医疗事故处理条例》赔偿；若损害程度较轻，尚未达到《医疗事故处理条例》规定的"医疗事故"，则应适用《民法典》及相关司法解释，患者因此可适用更高的赔偿标准。其结果是，损害越轻赔偿标准越高。这显然不符合损害赔偿的基本原理。从侵权责任的基本原理来看，医疗事故与医疗侵权并无区别的正当性和必要性。因此，未来应废除《医疗

---

① 杨立新：《中国医疗损害责任制度改革》，《法学研究》2009年第4期。

事故处理条例》，① 不再区分"医疗事故"与医疗侵权，所有患者提起的医疗侵权案件统一适用《民法典》中的"过错责任+过错推定责任"，在赔偿数额上适用《最高人民法院关于审理人身损害赔偿案件适用法律若干问题的解释》和《最高人民法院关于确定民事侵权精神损害赔偿责任若干问题的解释》所确立的统一赔偿标准。

三、"无过错责任"的风险分担效果

在中国台湾地区"消费者保护法"（以下简称"消保法"）颁布前，台湾地区的医疗侵权行为适用一般侵权责任的规定，责任构成上采用过错责任原则，但在1994年"消保法"颁布后，有关医疗侵权行为归责原则的争议开始出现。

1. 医疗行为是否适用台湾地区"消保法"第7条

台湾地区"消保法"第7条将服务参照商品适用无过错责任，若经营者能证明其无过错，仅得减轻赔偿责任。但在解释适用中，医疗行为是否属于"消保法"第7条意义上的"服务"存在争议。台湾地区"消保法"及其"施行细则"1994年颁布时，未就"服务"之范围加以限定，因为现实生活中的服务太过广泛，"立法时决议不对服务设定义性条文，委由学说及法院裁判因应嗣后社会、经济发展及保护消费者之需要，以个案认定之方式予以解决"②。因此，医疗

---

① 需要说明的是，最高人民法院2013年2月18日废止了《最高人民法院关于参照〈医疗事故处理条例〉审理医疗纠纷民事案件的通知》(法[2003]20号)，但国务院颁布的《医疗事故处理条例》仍然有效。

② 朱伯松：《消费者保护法论》，台湾翰芦图书出版有限公司1999年版，第195页。

服务是否适用台湾地区"消保法"自始存在争议。其中,医界坚持否认,主要理由如下:医院和医师并非企业经营者,医疗行为亦非消费行为,患者亦非消费者,自应排除"消保法"之适用。而且,医疗服务具有较强的不确定性,若将医疗服务纳入"消保法"的适用范围,医院和医师将承担过多的医疗风险,这将导致医院和医师在提供医疗服务时畏首畏尾,这不仅损害广大患者的整体利益,甚至可能阻碍医疗科技发展。① 法学界有持肯定见解者,亦有持否定见解者。② 台湾地区"消费者保护委员会"对此保持中立,并曾在相关文件中指出:"由于消费者保护法对于服务并未加以定义,因此,医师等专技人员对于消费者所提供之服务行为,是否属于消费关系问题,在本法施行细则研订过程中即有不同意见,仍有相当争议,目前尚无定论,宜由学说判例就个案认定方式予以解决。"③

2."马偕医院肩难产案"开启无过错责任之先河

台湾地区立法留下的争议在"马偕医院肩难产案"中得到集中展现。马偕医院先后为谭某进行了7次产前检查,产前两周的超音波扫描显示胎儿体重达3.5千克,谭某询问是否需剖腹产,医师认为不需要。但在生产过程中不幸发生肩部难产,医师以 Mac-Roberts 方式助产,但产下的李姓婴儿右上肢无法活动,经诊断为右臂神经丛损伤导致永久肢残。胎儿出生后实际体重为4.198千克,根据医学规范,超过4千克

---

① 参见侯英泠:《探讨医疗无过失责任的适宜性》,《月旦法学杂志》1999年第49期。

② 参见黄明阳:《消费关系与医疗行为之探讨》,《消费者保护研究》2005年第11辑。

③ 参见《"行政院"消费者保护委员会书函》1996年3月21日,台1996消保法字第00285号;《"行政院"消费者保护委员会书函》1995年4月6日,台1995消保法字第00351号。

的婴儿为"巨婴",建议剖腹产。婴儿父母遂将马偕医院诉至法院。争议焦点是医疗行为是否适用"消保法"第7条之无过错责任。

台北地方法院一审判决认为:"依据目前的医学技术,本案医师未推算出婴儿体重,以及选择自然生产方式,均属合理且无过失。但是,医疗服务固然与商品无关,且无营利性,但其与消费者之安全或卫生有莫大关系,而自接受医疗服务者观之,此属于人类基于求生存之生活目的,为满足人类欲望之行为,其为以消费为目的而接受服务之消费者甚明,因此,本案有消保法关于服务无过失责任之适用。尽管医疗行为具有高风险性与不确定性,但本于保护消费者利益,促进国民消费安全,应将其列入消保法调整范围,况每一行业均有其不确定性,医疗服务业难以此为由拒绝消保法之适用,正因为医疗行为具有不确定性及危险性,更需要提供服务者负有更高之注意义务。"据此,一审法院适用"消保法"之无过错责任原则判决马偕医院赔偿受害人损失。被告不服提起上诉,但遭到二审法院驳回。被告再次上诉至台湾地区"最高法院",但台湾地区"最高法院"并未对法律争议发表意见,而是以本案事实尚未查清为由发回下级法院"更审"。在更一审中,双方当事人达成和解并撤诉。①

该案历经三审,创设了医疗行为适用无过错责任之先例,引发台湾地区理论和实务界的激烈讨论。支持者认为:"持续性提供医疗服务,既然是一种'危险来源',而独立于自主从事提供服务之人,是'危险来源的制造者',且该独立自主提供服务之人,基于其对服务所拥有的指挥、管理和监督权限,处于比较有专业知识、信息、技术、能力或设备,以预防或控制危险发生之地位,为保护弱势地位的

———————

① 参见台北地方法院1996年诉字第5125号民事判决;台湾高等法院1998年上字第151号民事判决;台湾"最高法院"2001年台上字第709号判决。

'外行人'或'欠缺专业知识、信息、技术或经营之人',政策上有必要令以提供服务为营业的企业经营者,承担较多的风险或较严格的责任。"[1] 此后,有法院援引该判决适用无过错原则审理医疗侵权案件,也有法院持不同立场。为了解台湾地区法院的总体态度,笔者统计了"司法院"裁判文书数据库以及"行政院"消费者保护委员会出版的《消费者保护法判决函释汇编》,发现自1996年"马偕医院肩难产案件"一审判决生效后至2003年年底,共有如下判决涉及这一争议,具体见下表6:

表6 1996—2003年间台湾地区法院对医疗侵权案件的法律适用

类别	判决法院	数量	代表性判决书	适用或不适用"消保法"的理由
适用消保法	台湾高等法院	6件	高等法院1998上字151号	1. 以文义解释,医疗服务属"消保法"所称之"服务"。2. 以目的论解释,"消保法"以保护消费者为目的,医疗服务与人之生老病死息息相关,自当有"消保法"之适用。3. 比较法上,美国、欧盟和日本皆明文规定商品责任适用无过错归责。
	台北地方法院	7件	台北地院1996诉字5125号	
	台中地方法院	3件	台中地院2002重诉字936号	
	澎湖地方法院	1件	澎湖地院2001诉字4号	
	嘉义地方法院	1件	嘉义地院1999重上字463号	
	板桥地方法院	1件	板桥地院2002重诉字285号	
	台南地方法院	1件	台南地院2002重诉字474号	
	士林地方法院	2件	士林地院1998重诉字277号	

---

[1] 陈忠五:《医疗事故与消费者保护法服务责任之适用问题(上)》,《台湾本土法学杂志》2002年第36期。

续　表

类别	判决法院	数量	代表性判决书	适用或不适用"消保法"的理由
不适用消保法	台湾"最高法院"	2件	"最高法院"2003台上1746号	1. 文义解释失之过宽，"民法"以劳务为内容之契约制度将被"消保法"架空，应以目的限缩解释排除"消保法"之适用。2. 以经济分析角度，无过错责任将诱发防御性医疗，无法实现"消保法"之立法目的。3. 医药价格非由市场决定，医院无法转移风险，最终将阻碍医疗科技和社会进步。
	台湾高等法院	4件	高等法院2002上字215号	
	台中分院	1件	台中分院2005医上字1号	
	高雄分院	2件	高雄分院2000重上字5号	
	台北地方法院	5件	台北地院1999诉字4843号	
	台中地方法院	2件	台中地院2002诉字2210号	
	屏东地方法院	2件	屏东地院2000诉字673号	
	士林地方法院	1件	士林地院2000诉字519号	
	新竹地方法院	2件	新竹地院1999诉字836号	

通过梳理台湾地区1996—2003年的相关判决可以发现：（1）自"马偕医院肩难产案"判决作出后，医疗侵权如何适用法律在台湾地区出现了截然不同的立场。各地法院及法官根据个人见解，有适用"消保法"第7条无过错责任，也有适用过错责任，这两类判决在数量上不相上下。（2）关于双方的理由，适用无过错责任的判决主张以倾斜保护消费者为视角，通过对"消保法"进行文义解释和目的解释认定医疗行为应当适用无过错责任。反对适用无过错责任的主要理由为：以医疗行业发展为视角，考虑到医疗行为的高风险性和不确定

性之行业规律，认为应当排除无过错责任之适用。(3) 肩负统一法律解释适用职责的台湾地区"最高法院"于 2003 年在"最高法院" 2003 年台上字第 1746 号判决(以下简称"1746 号判决")中表态，以此宣告医疗侵权在台湾地区不适用无过错责任原则。

3. 台湾地区"最高法院"2003 年宣告无过错责任尝试失败

医疗行为是否适用无过错责任在台湾地区讨论了近十年之久，伴随着台湾"最高法院"1746 号判决的生效，实务部门在该问题上的分歧趋于统一。该判决是对"高等法院 2002 年上字第 215 号判决"的肯定，后者详细论证了医疗行为不适用"消保法"的理由，主要内容如下：医疗过程及其结果充满危险和不确定性，医师应以其专业知识，就患者之病情及身体状况进行综合考虑后选择最佳的医疗方式。然而，若将无过错责任适用于医疗行为，医师为降低医疗风险可能会以副作用多寡作为选择医疗手段的依据。面对重症患者，有时医师不得不选择危险性较高的手术和诊疗技术，若对医疗行为课以无过错责任，医院和医师为降低风险，将倾向于选择相对保守的药物和诊疗技术，而舍弃对患者较为适宜之手术，这显然有违"消保法"第 1 条之立法目的。相较于替代品较多的普通商品，现代医疗技术相对于各种疑难杂症而言，替代性选择之空间相当有限，如果可选的医疗方案存在较高风险，医师为免于诉讼之烦，将尽可能采取防御性医疗。医疗手段的选择不再是为了救死扶伤，而是为了保护医疗人员的安全。过度采取医疗措施还将剥夺其他真正需要医疗服务者的治疗机会和时机，进而浪费本已非常稀缺的医疗资源。因此，法院认为，医疗行为适用"消保法"之无过错责任，反而不能达成消费者保护之目的，因而应以目的性限缩解释方法，将医疗行为排除在"消保法"

适用范围之外。[1] 自"1746号判决"作出后,台湾地区各级法院在同类案件中大都直接引证该判决理由,拒绝适用无过错责任来处理医疗侵权案件。

四、"过错责任"的回归及其原理

1. "过错责任"在中国台湾地区的回归

自"1746号判决"生效后的第二年,台湾地区立法者对其"医疗法"第82条做出了修改:"医疗业务之施行,应善尽医疗上必要之注意。医疗机构及其医事人员因执行业务致生损害于病人,以故意或过失为限,负损害赔偿责任。"

至此,关于医疗服务在台湾地区是否适用其"消保法"之无过错责任的争议暂告结束。不过,台湾地区法学界仍有部分学者认为:"以故意或过失为限的文义,虽寓有排除医疗服务作为消保法适用对象的意涵,然医疗法是否为消保法的特别规定,不无疑问,关键仍在于消保法的解释适用。"[2] 于是问题转化为,"医疗法"与"消保法"何者为特别法而有优先适用之效力?

在解释论上,有学者认为:"医疗法第82条之修正,系因学说与实务对于医疗行为是否应适用消保法之服务无过错责任,在发生重大争论的过程中,立法者对于医疗事故责任采取之立法政策选择。若仍然解释消保法为保护消费者之特别法,优于医疗法适用,显然与医疗

---

[1] 参见台湾高等法院2002年上字第215号民事判决。
[2] 王泽鉴:《侵权行为法》(第2册),台北三民书局2006年版,第332页。

法修订之立法政策背道而驰。"① 基于这一理由，学界主流观点认为，"医疗法"第82条应优于"消保法"第7条适用。2004年后的判决几乎没有再出现适用"消保法"无过错责任的案例。② 至此，医疗侵权责任在台湾地区重新回归过错责任原则，但这里并非民法上纯粹的过错责任，而是配套以举证责任倒置规则。③ 因为"医疗法"在性质上属于"保护他人之法律"，根据台湾地区"民法"第184条第2项之规定："违反保护他人之法律，致生损害于他人者，负赔偿责任。但能证明其行为无过失者，不在此限。"由此产生过错推定之效果。此后的医疗侵权案件，基本都以过错推定原则进行裁判。④

2. 回归过错责任和过错推定的正当性原理

医疗侵权适用无过错责任将导致医疗风险分配机制失衡，医院因此承担了畸高的风险。例如，依据我国台湾地区"消保法"第7条，只要患者能够证明医疗契约和损害的存在，并对医疗行为与损害之间的因果关系进行盖然性举证，医院或医师的损害赔偿责任即告成立。至于医院或医师有无过错，则并非责任构成要件，无过错仅得减轻责任。除非医院或医师能够证明其医疗服务完全符合"当时科技或专业水平可合理期待之安全性"方可免责。在此情况下，医院和医师将承担畸高的风险。由于医疗行为本身的高风险性和技术性，以及现

---

① 陈聪富：《医疗侵权之归责原则(上)》，《月旦法学教室》2009年第75期。
② 参见曾品杰：《论消费者保护法上之服务责任》，《财经法暨经济法》2007年第12期。
③ 台湾地区法学理论上曾探讨过医疗行为是否适用"民法"第191条之三的问题（危险责任），讨论结果倾向于不适用该条，而适用第184条第2项之过错推定责任。参见黄立：《"消保法"第七条与"民法"第一九一条之三对医疗行为适用之研析》，《政大法学评论》2003年第75期。
④ 参见台北地方法院2006年医字第19号判决。

代医疗行为对医疗设备的依赖性，再加上各地医疗设备、医师技术和经验水平参差不齐，致使此类医疗风险在实践中广泛存在。无论医院或医师是否有过错，只要其医疗服务达不到"当时科技或专业水平可合理期待之安全性"，即将面临损害赔偿责任。

更为严重的问题是，让医院和医师承担畸高的医疗风险，最终受害的仍然是患者群体。根据理性人的决策逻辑，若对医师课以无过错责任，基于人性的自保心理，医师倾向于采取消极的、安全的医疗措施，以争取百分百的安全，从而尽其所能采取"防御性医疗"。对于任何患者而言，治疗过程与康复结果之间均充满不确定性，且与患者个人体质、医疗器械的先进程度密切相关。根据医疗执业伦理，医师本应当以其专业知识和经验，就患者之病情及身体状况进行综合考虑而选择最适宜之医疗方式进行医疗，对于疑难杂症仍不得不选择具有较高风险之医疗方案。况且，由于医疗技术本身的有限性，对于特种病症，临床可以选择的医疗方案往往相当有限，为了保护患者，大多数情况下还必须选择有风险的医疗方案。如果对医疗机构施以无过错责任，势必激发医院及医师的对策行为。尤其对于一些重症患者，如果医疗机构没有万全的医疗方案，医师为规避风险，可能拒绝为其提供治疗服务，从而导致社会上最需要医疗服务的弱者难以获得医疗资源，反而是那些不太具有风险的普通病症占用了大多数医疗资源。此举不仅严重浪费稀缺的医疗资源，而且最终损害的仍然是患者群体的整体利益。

五、医疗风险分担规则变迁之反思

1. 无过错责任原则的失败教训

随着现代工业事故、环境污染、产品缺陷等问题的频发，传统侵权法的过错责任原则受到冲击，基于社会公平和风险管控的需要，无过错责任应运而生。[1] 在学者看来，无过错责任的正当性基础包括：肇致损害之人的行为、管领之物、设施或活动具有危险性；肇致损害之人有避免或管控损害之能力；被害人存在举证困难且制度上有对其加强保护的必要；从事危险事务者可借价格机制以及投保责任保险来分散损害和转移风险。[2] 但在医疗领域，这些条件难以满足。

第一，医疗风险从根本上源于病人自身的疾病和个人特殊体质，医疗技术的局限性和医师的不当操作只是加剧了这一固有风险。医疗风险相对于医院之治疗行为而言是一种外在风险，而非内生风险，只要医院无医疗技术上的过失或医疗伦理上的过失，就不应当代替患者承担治疗失败的风险。

第二，在商品消费领域实施无过错责任，可借助价格机制将缺陷商品驱逐出市场，但医疗服务却不同，面对各种疑难杂症，临床可选的治疗方案有限，新型医疗技术的出现亦非一蹴而就，因而无法通过市场机制将高风险的治疗手段排挤出市场。在无替代性方案分散医疗风险的情况下，无过错责任难以适用。

第三，无过错责任固然可督促医院加强管理，激励医师提高谨慎程度，但由于医疗技术条件的制约，医疗行为本身始终伴随着各种风险，即便投入成本进行优化管理，仍无法完全避免医疗行为的潜在风险，此时对医疗行为适用无过错责任不仅无法管控原有风险，而且还可能增加新的风险，例如防御性治疗问题。

第四，在医疗服务的价格受到政府管制的情况下，试图通过价

---

[1] 参见王卫国：《过错责任原则：第三次勃兴》，中国法制出版社2000年版，第79—95页。

[2] 参见王泽鉴：《侵权行为法》（第2册），台北三民书局2006年版，第285页。

机制将医疗风险导入医疗服务的做法障碍重重,在此情况下适用无过错责任原则,将迫使医院实施防御性治疗,因此受到伤害的仍然是患者群体。

第五,在没有完善的医疗责任保险或医疗事故补偿基金之前,推行无过错责任将迫使医院承担过高的风险,医院为降低风险,主要的应对之策便是采取防御性医疗措施,甚至拒绝为重症患者提供医疗服务;同时还将阻碍医疗技术进步。

2. 过错责任和过错推定的遗留课题

相较之下,过错责任和过错推定在医疗侵权领域具有显著的功能优势,但这并不意味着过错责任和过错推定就能彻底解决医疗风险的分担与管控问题。

第一,过错认定的客观化扩大了单纯治疗失败的范围。过错的判断存在主观过错和客观过错之分。在医疗侵权领域,由于医疗技术本身的不确定性和高风险性,再加上患者个人的免疫力、抗药性和特殊体质进一步增加了行为结果的不确定性,因而在医疗侵权领域,过错归责标准的客观化是一个必然趋势。[1] 客观化的过错判定不以行为人的预见能力或识别能力为标准,而是以某种客观标准来衡量行为人的行为是否有过错。这个客观标准主要是医疗卫生管理法规和诊疗护理规范,若医师违反这些规范,即构成过错。[2] 法院在司法实践中已广泛采用客观标准来认定医疗侵权的过错要件。《医疗事故处理条例》第 31 条明确要求"医疗事故技术鉴定书应当包括下列主要内

---

[1] 参见朱伯松等:《医疗过失举证责任之比较》,台湾元照出版社 2008 年版,第 81 页。

[2] 参见杨立新:《医疗侵权法律与适用》,法律出版社 2008 年版,第 63 页。

容：……(4)医疗行为是否违反医疗卫生管理法律、行政法规、部门规章和诊疗护理规范、常规"。在司法实践中，法院往往直接以医疗事故鉴定结论作为判断涉案医院是否存在"过错"的依据。这虽然为医疗行为的过错认定提供了便利，但却扩大了单纯治疗失败的范围。因为随着过错要件的客观化，只要医院和医师的行为符合"医疗卫生管理法律、行政法规、部门规章和诊疗护理规范、常规"，即被视为不存在过错。但"诊疗护理规范"只是医师作为善良管理人需遵循的最基本的注意义务，良好的治疗效果除了要求医师遵循基本诊疗护理规范外，还需要其他许多主观因素的共同作用，如告知病情的时机、治疗环境选择、患者情绪调控、护理人员选任等。客观化的过错将把这些主观因素排除在过错的范畴之外（除非这些主观因素也被客观化并写入相应的"诊疗护理规范"），这可能降低医师的注意义务，使原本可能认定医师存在过错的情况也被纳入单纯治疗失败的范围。再加上病人的免疫力、抗药性、特殊体质的影响，单纯治疗失败的范围在实践中可能被放大。

　　第二，过错责任原则无法有效分散单纯治疗失败的风险。医疗侵权不管采用过错责任（含过错推定）还是无过错责任都存在一个固有缺陷，即单纯治疗失败的风险无法有效转移和分散，只是在过错和无过错责任原则下，单纯治疗失败的范围不同而已。适用过错责任意味着，只要医师的行为符合诊疗护理规范，即不存在过错，相应的风险将完全留给患者。在无过错责任原则下，医院承担侵权责任不以过错为要件，但医院若能够证明其所提供的医疗服务符合"当时科技或专业水准可合理期待之安全性者"，即可获得免责。在此情况下，单纯治疗失败的风险同样由患者负担。由此，不管采用无过错责任还是过错责任，单纯治疗失败的风险始终由患者自行承担，只是过错责任原则留给患者的风险相对较少而已。随着现代社会各种疑难杂症的增多,而医疗科技水平又难以及时跟进,单纯治疗失败的风险无疑大量存在,这已成为患者及其家庭难以承受的巨大风险。正是从这个意义上说,"现代侵权行为法所关心的基本问题,不是加害人之行为在道德上应否非难,其所重视的是,加害人是否具有较佳之能力,分散风险"①。但令人遗憾的是,侵权法在分担医疗风险问题上存在结构性缺陷,它无法超越医患关系当事人的限制在全社会范围内分散风险。作为必要补充,以社会化的思路来分担个体无法独立承受的重大事故风险,唯有期待公法的社会保险制度发挥作用。

六、医疗风险分担的公私法合作前景

海峡两岸的医疗侵权责任制度变迁的经验表明,单纯的过错责任原则给患者留下了极高的医疗风险;作为制度改进方案,我国台湾地区曾经尝试的无过错责任原则反而引发了更为严重的系统性风险,最终承受风险的仍然是患者自己。因此,在医疗风险分担问题上,单纯的过错责任和无过错责任均不可取。作为折中方案,我国《民法典》侵权责任编区分不同情况设计的"过错责任+过错推定责任"属于一种约束条件下的"次优方案",一定程度上兼顾了患者与医院之间的利益平衡,有助于妥当分配进而管控医疗风险。

称之为"次优方案",是因为在医疗服务价格受管制和市场优胜劣汰机制失灵的情况下,在私法层面不管选取何种归责原则,都只能在医患关系当事人内部进行风险的转移或内化,无法突破双方主体限

---

① 王泽鉴:《民法学说与判例研究2》,中国政法大学出版社1998年版,第142页。

制，将剩余风险分散给当事人之外的社会共同体。这意味着，在医疗风险分担和风险管控问题上，仅有私法是远远不够的。这也暗示了未来的制度发展前景。考虑到私法的内在局限性，未来需要超越私法体系本身，从社会整体利益出发，以公法与私法协调配合之理念探索医疗风险分担的社会化路径，同时还要通过多种手段鼓励诊疗技术的研发，进而从源头降低医疗风险。由此看来，医疗风险在私法上的合理分担固然重要，这有助于激励医生和患者双方共同发挥各自的潜能来防控风险，但从整体上防控并降低医疗风险，无疑是整个法律体系面临的系统性工程。

结合域外经验来看，西方不少国家和地区从公私法协调配合的角度，尝试探索出两种典型的社会化风险分担方案[①]：第一，成立医疗损害赔偿基金，由全体医院和医师共同分担风险。典型立法例如美国弗吉尼亚州的"新生儿脑部伤害补偿基金"制度，探索由医院或医师出资成立一个赔偿基金，对新生儿的脑部伤害案件采取无过失补偿制度，从而将个别医师承担的风险转移由所有参保医师集体分担，以此达到分散风险之目的。[②] 第二，通过强制性的社会保险，由民众共同分担医疗风险。例如瑞典的"病人补偿责任保险制度"和新西兰的"全民意外保险制度"，探索由全民缴纳费用，共同分担医疗风险。但两国在赔偿条件上稍有不同，瑞典实施的是无过失补偿制度，新西兰早期也采用无过失补偿，但由于资金问题，于1992年开始区

[①] 相关国家和地区的经验介绍，可参见陈聪富：《医疗侵权之归责原则（下）》，《月旦法学教室》2009年第76期；杨秀仪：《瑞典"病人赔偿保险"制度之研究》，《台湾大学法学论丛》2001年第6期；杨秀仪：《医疗纠纷与医疗无过失制度——美国经验四十年来之探讨》，《政大法学评论》2001年第68期；杨秀仪：《从无过失重回过失》，《政大法学评论》2000年第64期。

[②] 参见杨秀仪：《医疗纠纷与医疗无过失制度——美国经验四十年来之探讨》，《政大法学评论》2001年第68期。

分"医疗过失"和"单纯治疗失败"两种类型,对于单纯治疗失败的风险继续采用无过失补偿制度,其他则以过失为补偿要件。①

　　以上两种域外经验都是建立在公私合作的理念下,以社会化的思路,通过私法和公法的协调配合来分担并管控个体难以承受的重大医疗风险。对于中国而言,未来不管采取何种立法模式来分担并管控单纯治疗失败的风险,都应当认识到医疗风险自身的特殊性以及由此决定的公法与私法体系的协同配合作用。这对于中国正在进行的医疗体制改革也具有启示意义,政府、医院、患者、社会公众等利益相关者在诊疗服务中的权责配置是现代公法与私法体系共同面临的系统性工程,各部门法只有以协调配合的方式才能实现预期目标。

---

① 参见杨秀仪:《从无过失重回过失》,《政大法学评论》2000年第64期。

结　语
学术展望

以法律演化的大历史视角观之，大陆法系的公私法二分根本上是社会结构分化的结果，当下及未来的公私法合作，当然也与现代社会子系统的再分化与体系融合趋势密不可分。毕竟，社会乃法律扎根之土壤，现代社会结构的功能分化所形成的一个个相对独立且自成体系的社会子系统，对法律体系的构建提出了新的要求，立法上除了要区别对待那些相对独立的社会子系统外，还要充分尊重各个社会子系统内部自成体系的理性法则。唯此，才可促进法律与社会的良性互动。

我们强调社会结构对法律结构的塑造作用，并不意味着人类的纯粹理性与逻辑推演无关紧要；相反，人类的理性与法学家的逻辑，乃是构建良好法律体系的技术前提。这正是自古罗马时代以来，一代代法学家们倾其毕生精力奉献于法学研究的意义和价值所在，当然也是"法学"能与"医学"并列走向职业化和专业化道路的原因所在。正是由于认识到法学家的逻辑推演和理性构建对于成文法体系的重要意义，大陆法系的法才被称为"法学家法"。

法的社会性与技术性的双重面向，为"中国特色社会主义法律体系"的设计与完善提供了深刻的启示意义。未来中国法律体系的优化升级，不仅不能忽视中国社会的独特现实，更不能忽视法学家的逻辑推演和理性构建。尤其是，若认识到法律对社会文明的促进作用，则更不应忽视法学家的理性构建价值，这是欠发达国家和地区加快社会文明转型的重要动力之一。正是在这个意义上，本书的研究兼具学理与实践的双重意义。当然，本书立足风险领域对公私法合作理论的研究只是一个开端和尝试，成熟的研究需要多学科知识体系的积淀，而这绝非一日之功。由此也决定了，本书不管是对公私法合作原理的提炼，还是将合作规制原理应用于具体风险领域，都难免显得粗糙，未来还有较大的发展空间。

第一，公私法合作之理论基础的论证。本书前七章致力于论证公私法合作的理论基础，分别从公共风险的特性、风险规制的内在原理、法律经济学和法律社会学的视角，多角度论证了在风险领域加强公私法合作的必要性和正当性。这是笔者在有限知识和能力约束条件下的初步尝试。若转换研究视角，也许将会呈现出不同的景象，甚至在法律经济学或法律社会学的视角内部，运用不同的理论分析工具也可能得出不同的结论。因此，本书对公私法合作之理论基础的论证远未结束，未来随着研究视角的转换、分析工具的丰富、文献资料的挖掘，公私法合作的理论基础也将不断丰富与发展，这有待学术共同体的进一步努力。

第二，公私法合作之技术方案的设计。本书第八章之后的内容分别结合食品风险、环境风险、文化产品致害风险、医疗风险等领域，逐个探讨了公私法合作的可能空间与技术方案，甚至只是预测了未来的合作前景。结合具体领域的研究发现，由于不同行业或领域的规制需求不同，相应的公私法合作方案及合作深度也各具特色，一切都取决于规制对象自身的需求及其内在行业规律。本书仅选取了个人较为熟悉的几个风险领域进行讨论，对于风险领域之外的社会子系统，如教育、交通、传媒、文化、互联网等更广泛的领域，是否需要以及如何加强公私法之间的协调与合作,仍需要有针对性的研究。

第三,公私法合作理论的未来发展空间。准确理解公私法合作这一概念,必须区分两个不同层次的合作:一是公法与私法分工配合意义上的合作;二是公法与私法体系接轨意义上的合作。前者是一种广义上的"合作"。若以宏观法律体系的视角来看,大陆法系区分公法与私法以及民法、刑法、行政法、诉讼法等部门法,各自截取人类社会关系网络的不同片段或环节进行调整,并通过部门法体系的发展完善来确保整个社会关系网络都被纳入法律调整范围,这样的角色分工何尝不是一种"合作",其总体合作方案表现为公私法二分框架下的部门法分立格局。不过,本书所言之"合作",主要是指后一种公私法接轨意义上的合作,即在部门法分工基础上,在必要时打通部门法边界,实现不同部门法在运行层面的互联互通和体系接轨。以上两种不同层次的"合作",实际上代表了大陆法系法学研究的两种不同范式,甚至可能代表两个不同的发展时代。前者使法学研究向着专业化、精细化的纵深方向发展,而纵深发展无疑会形成"专业槽"和技术壁垒;后者旨在打通专业技术壁垒,使精细化的法学研究再次回到宏观上的体系性视角,进而使法学研究更加接近真实世界之"法"。毕竟,在现实生活中,私法与公法所调整的行为与社会关系往往作为一个整体而存在,分割只是人为区分甚至主观构建的产物,这种区分显然不能割裂事物本身的运行逻辑,否则便是本末倒置。从这个意义上看,公私法的合作具有广阔的学术发展空间,这也许会成为法学研究的一个新范式甚至新时代的开端,让我们拭目以待。

参考文献

一、著作

陈朝璧：《罗马法原理》，法律出版社 2006 年版。

董茂云：《比较法律文化：法典法与判例法》，中国人民公安大学出版社 2000 年版。

黄宗智：《经验与理论：中国社会、经济与法律的实践历史研究》，中国人民大学出版社 2007 年版。

金自宁：《风险中的行政法》，法律出版社 2014 年版。

梁漱溟：《中国文化要义》，学林出版社 1987 年版。

梁治平编：《国家、市场、社会：当代中国的法律与发展》，中国政法大学出版社 2006 年版。

刘刚编译：《风险规制：德国的理论与实践》，法律出版社 2012 年版。

宋亚辉：《社会性规制的路径选择》，法律出版社 2017 年版。

苏永钦：《跨越自治与管制》，台湾五南图书出版有限公司 1999 年版。

苏永钦：《走入新世纪的私法自治》，中国政法大学出版社 2002 年版。

苏永钦：《私法自治中的国家强制》，中国法制出版社 2005 年版。

苏永钦：《私法自治中的经济理性》，中国人民大学出版社 2004 年版。

苏永钦：《民事立法与公私法的接轨》，北京大学出版社 2005 年版。

苏永钦：《寻找新民法》，北京大学出版社 2012 年版。

王卫国：《过错责任原则：第三次勃兴》，中国法制出版社 2000 年版。

徐国栋主编：《罗马法与现代民法》（第 4 卷），中国人民大学出版社 2004

年版。
叶秋华、王云霞主编：《大陆法系研究》，中国人民大学出版社 2008 年版。
张晋藩：《中国法律的传统与近代转型》，法律出版社 2009 年版。
周枏：《罗马法原论》，商务印书馆 1994 年版。

二、译著

[美]艾伦·沃森：《民法法系的演变及形成》，李静冰、姚新华译，中国法制出版社 2005 年版。

[意]彼德罗·彭梵得：《罗马法教科书》，黄风译，中国政法大学出版社 1992 年版。

[美]伯纳德·施瓦茨：《美国法律史》，王军等译，法律出版社 2007 年版。

[美]丹尼尔·史普博：《管制与市场》，余晖等译，上海三联书店 1999 年版。

[美]道格拉斯·诺斯：《制度、制度变迁与经济绩效》，杭行译，格致出版社 2008 年版。

[美]德克·布迪、克拉伦斯·莫里斯：《中华帝国的法律》，朱勇译，江苏人民出版社 2008 年版。

[英]弗里德里希·哈耶克：《法律、立法与自由》，邓正来译，中国大百科全书出版社 2000 年版。

[德]弗里德里希·卡尔·冯·萨维尼：《论立法与法学的当代使命》，许章润译，中国法制出版社 2001 年版。

[美]盖多·卡拉布雷西：《事故的成本》，毕竞悦等译，北京大学出版社 2008 年版。

[德]哈贝马斯：《公共领域的结构转型》，曹卫东等译，学林出版社 1999 年版。

[德]汉斯·J. 沃尔夫等：《行政法》（第 2 卷），高家伟译，商务印书馆 2002 年版。

［比利时］亨利·皮雷纳：《中世纪的城市》，陈国樑译，商务印书馆1985年版。

［英］亨利·萨姆奈·梅因：《古代法》，高敏、瞿慧虹译，中国社会科学出版社2009年版。

［美］吉普·维斯库斯等：《反垄断与管制经济学》，陈甬军等译，中国人民大学出版社2010年版。

［德］卡尔·拉伦茨：《德国民法通论》（上册），王晓晔等译，法律出版社2003年版。

［美］凯斯·桑斯坦：《自由市场与社会正义》，金朝武等译，中国政法大学出版社2002年版。

［美］凯斯·桑斯坦：《风险与理性》，师帅译，中国政法大学出版社2005年版。

［美］凯斯·桑斯坦：《权利革命之后》，钟瑞华译，中国人民大学出版社2008年版。

［法］莱昂·狄骥：《公法的变迁》，郑戈、冷静译，辽海出版社、春风文艺出版社1999年版。

［美］理查德·波斯纳：《法律的经济分析》，蒋兆康译，法律出版社2012年版。

［美］理查德·斯图尔特：《美国行政法的重构》，沈岿译，商务印书馆2002年版。

［美］罗伯特·考特、托马斯·尤伦：《法和经济学》，史晋川等译，格致出版社2010年版。

［美］罗伯特·C.埃里克森：《无需法律的秩序》，苏力译，中国政法大学出版社2003年版。

［美］曼昆：《经济学原理》，梁小民译，机械工业出版社2006年版。

［日］美浓部达吉：《公法与私法》，黄冯明译，中国政法大学出版社2003年版。

［德］尼克拉斯·卢曼：《法社会学》，宾凯、赵春燕译，上海人民出版社

2013年版。

［美］塞缪尔·弗莱施哈克尔：《分配正义简史》，吴万伟译，译林出版社2010年版。

［美］史蒂芬·布雷耶：《规制及其改革》，李洪雷等译，北京大学出版社2008年版。

［美］史蒂芬·布雷耶：《打破恶性循环：政府如何有效规制风险》，宋华琳译，法律出版社2009年版。

［美］史蒂文·苏本等：《美国民事诉讼的真谛》，蔡彦敏、徐卉译，法律出版社2002年版。

［美］王国斌：《转变的中国：历史变迁与欧洲经验的局限》，李伯重、连玲玲译，江苏人民出版社2008年版。

［德］乌尔里希·贝克：《风险社会》，何博闻译，译林出版社2004年版。

［德］乌尔里希·贝克：《世界风险社会》，吴英姿等译，南京大学出版社2004年版。

［美］约翰·亨利·梅利曼：《大陆法系》，顾培东、禄正平译，法律出版社2004年版。

三、论文

陈信安：《基因科技风险之立法与基本权利之保障——以德国联邦宪法法院判决为中心》，《东吴法律学报》2014年第1期。

陈兴良：《"风险刑法"与刑法风险：双重视角的考察》，《法商研究》2011年第4期。

程金华、李学尧：《法律变迁的结构性制约》，《中国社会科学》2012年第7期。

戴昕：《威慑补充与"赔偿减刑"》，《中国社会科学》2010年第3期。

冯亚东：《罪刑关系的反思与重构》，《中国社会科学》2006年第5期。

劳东燕：《公共政策与风险社会的刑法》，《中国社会科学》2007年第3期。

李友根：《惩罚性赔偿制度的中国模式研究》，《法制与社会发展》2015年第6期。
刘剑文：《论领域法学：一种立足新兴交叉领域的法学研究范式》，《政法论丛》2016年第5期。
刘亚平：《中国式"监管国家"的问题与反思：以食品安全为例》，《政治学研究》2011年第2期。
沈宗灵：《再论当代中国的法律体系》，《法学研究》1994年第1期。
史际春：《经济法的地位问题与传统法律部门划分理论批判（续）》，《当代法学》1992年第4期。
宋华琳：《论行政规则对司法的规范效应》，《中国法学》2006年第6期。
宋华琳：《论政府规制与侵权法的交错》，《比较法研究》2008年第2期。
孙笑侠：《论行业法》，《中国法学》2013年第1期。
王世洲：《罪与非罪之间的理论与实践——关于德国违反秩序法的几点考察》，《比较法研究》2000年第2期。
吴元元：《信息基础、声誉机制与执法优化——食品安全治理的新视野》，《中国社会科学》2012年第6期。
解亘：《论管制规范在侵权行为法上的意义》，《中国法学》2009年第2期。
谢海定：《中国法治经济建设的逻辑》，《法学研究》2017年第6期。
谢鸿飞：《民法典与特别民法关系的构建》，《中国社会科学》2013年第2期。
薛晓源、刘国良：《法治时代的危险、风险与和谐——德国著名法学家、波恩大学法学院院长乌·金德霍伊泽尔教授访谈录》，《马克思主义与现实》2005年第3期。
杨忠民：《刑事责任与民事责任不可转换》，《法学研究》2002年第4期。
叶金强：《风险领域理论与侵权法二元归责体系》，《法学研究》2009年第2期。
应飞虎：《制度变迁中的法律人视野》，《法学》2004年第8期。
应飞虎、涂永前：《公共规制中的信息工具》，《中国社会科学》2010年第

4期。

余凌云:《部门行政法的发展与建构》,《法学家》2006年第5期。

张明楷:《"风险社会"若干刑法理论问题反思》,《法商研究》2011年第5期。

张铁薇:《侵权责任法与社会法关系研究》,《中国法学》2011年第2期。

张志铭:《转型中国的法律体系建构》,《中国法学》2009年第2期。

章剑生:《违反行政法义务的责任:在行政处罚与刑罚之间》,《行政法学研究》2011年第2期。

朱广新:《惩罚性赔偿制度的演进与适用》,《中国社会科学》2014年第3期。

朱虎:《规制性规范违反与过错判定》,《中外法学》2011年第6期。

朱景文:《中国特色社会主义法律体系:结构、特色和趋势》,《中国社会科学》2011年第3期。

朱岩:《风险社会与现代侵权责任法体系》,《法学研究》2009年第5期。

朱岩:《社会基础变迁与民法双重体系建构》,《中国社会科学》2010年第6期。

四、译文

[日]北川善太郎:《不久未来的法律模型》,华夏、吴晓燕译,《比较法研究》2006年第1期。

[德]贡塔·托依布纳、顾祝轩:《私法的社会学启蒙》,高薇译,《交大法学》2013年第1期。

[德]贡塔·托依布纳:《多元现代性:从系统理论角度解读中国私法面临的挑战》,祁春轶译,《中外法学》2013年第2期。

[德]乌尔斯·金德霍伊泽尔:《安全刑法:风险社会的刑法危险》,刘国良译,《马克思主义与现实》2005年第3期。

五、外文著作

Christopher Hood, Henry Rothstein and Robert Baldwin, *The Government of Risk: Understanding Risk Regulation Regimes*, Oxford University Press, 2001.

Guanqi Zhou, *The Regulatory Regime of Food Safety in China: Governance and Segmentation*, Springer Nature, 2017.

Jale Tosun, *Risk Regulation in Europe: Assessing the Application of the Precautionary Principle*, Springer, 2013.

Jeremy Bentham, *The Rationale of Punishment*, Nabu Press, 2010.

Jingwen Zhu (ed.), *China's Rule of Law Index: Report on Chinese Legal Development*, William S. Hein. & Wells Information Services Inc., 2018.

Rene David & John E. C. Brierley, *Major Legal Systems in the World Today* (3rd ed.), Stevens & Sons Ltd., London, 1985.

Robert Baldwin, Martin Cave and Martin Lodge (eds.), *The Oxford Handbook of Regulation*, Oxford University Press, 2010.

Robert Baldwin, Martin Cave and Martin Lodge, *Understanding Regulation: Theory, Strategy and Practice*, second edition, Oxford University Press, 2012.

Willem H. van Boom, Meinhard Lukas, Christa Kissling (eds.), *Tort and Regulatory Law*, Springer, 2007.

W. Kip Viscusi, *Regulation Through Litigation*, Brookings Institution Press, 2002.

六、外文论文

Albert H. Y. Chen, "Toward a Legal Enlightenment: Discussions in Contemporary China on the Rule of Law", 17 *UCLA Pac. Basin L. J.* 125 (1999).

Brian Z. Tamanaha, "The Primacy of Society and the Failures of Law and Development", 44 *Cornell Int'l L. J.* 209 (2011).

Carl A. Auerbach, "The Relation of Legal Systems to Social Change", 1980 *Wis. L. Rev.* 1227 (1980).

Cass R. Sunstein, "Beyond the Precautionary Principle", 151 *U. Pa. L. Rev.* 1003 (2003).

Charles D. Kolstad, Thomas S. Ulen and Gary V. Johnson, "Ex Post Liability for Harm vs. Ex Ante Safety Regulation: Substitutes or Complements?", 80 *The American Economic Review* 888 (1990).

Daniel Kessler & Steven D. Levitt, "Using Sentence Enhancements to Distinguish between Deterrence and Incapacitation", 42 *Journal of Law & Economics* 343 (1999).

David M. Trubek & Marc Galanter, "Scholars in Self-Estrangement: Some Reflections on the Crisis in Law and Development Studies in the United States", 4 *Wis. L. Rev.* 1062 (1974).

David Rosenberg, "The Causal Connection in Mass Exposure Cases: A 'Public Law' Vision of the Tort System", 97 *Harv. L. Rev.* 849 (1984).

Edward L. Glaeser & Andrei Shleifer, "The Rise of Regulatory State", 41 *Journal of Economic Literature* 401 (2003).

Frank H. Easterbrook, "Cyberspace and the Law of the Horse", 1996 *U. Chi. Legal F.* 207 (1996).

G. T. Schwartz, "Does Tort Law Deter?", 42 *UCLA Law Review* 377 (1994).

Gary S. Becker, "Crime and Punishment: An Economic Approach", 76 *J. Pol. Econ.* 169 (1968).

Gerrit De Geest & Giuseppe Dari-Mattiacci, "Soft Regulators, Tough Judges", 15 *Sup. Ct. Econ. Rev.* 119 (2007).

Gunther Teubner, "Substantive and Reflexive Elements in Modern Law", 17 *Law*

& Soc'y Rev. 239 (1983).

Gunther Teubner, "State Policies in Private Law? A Comment on Hanoch Dagan", 56 The American Journal of Comparative Law 835 (2008).

Harold J. Berman, "The Origins of Western Legal Science", 90 Harv. L. Rev. 894 (1977).

Inger-Johanne Sand, "Interaction of Society, Politics and Law: The Legal and Communicative Theories of Habermas, Luhmann and Teubner", 53 Scandinavian Stud. L. 45 (2008).

Jason M. Solomon, "Law and Governance in the 21st Century Regulatory State", 86 Tex. L. Rev. 819 (2008).

Jianfu Chen, "The Transformation of Chinese Law: From Formal to Substantial", 37 Hong Kong L. J. 689 (2007).

Jody Freeman, "Collaborative Governance in the Administrative State", 45 UCLA L. Rev. 1 (1997).

John Henry Merryman, "Comparative Law and Social Change: On the Origins, Style, Decline and Revival of the Law and Development Movement", 25 Am. J. Comp. L. 457 (1977).

Joshua Newman & Michael Howlett, "Regulation and Time: Temporal Patterns in Regulatory Development", 80 International Review of Administrative Sciences 493 (2014).

Karol Boudreaux & Bruce Yandle, "Public Bads and Public Nuisance: Common Law Remedies for Environmental Decline", 14 Fordham Envtl. L. J. 55 (2002).

Katharina Pistor & Chenggang Xu, "Incomplete Law", 35 N. Y. U. J. Int'l L. & Pol. 931 (2003).

Kennth Wolpin, "An Economic Analysis of Crime and Punishment in England and Wales 1894 – 1967", 86 Journal of Political Economy 815 (1978).

Kyle D. Logue, "Coordinating Sanctions in Tort", 31 Cardozo L. Rev. 2313

(2010).

Lars Noah, "Rewarding Regulatory Compliance: The Pursuit of Symmetry in Products Liability", 88 *Geo. L. J.* 2147 (2000).

Lawrence Lessig, "The Law of the Horse: What Cyberspace Might Teach", 113 *Harv. L. Rev.* 501 (1999).

Lawrence M. Friedman, "Legal Culture and Social Development", 4 *Law & Soc'y Rev.* 29 (1969).

Mathew D. McCubbins & Thomas Schwartz, "Congressional Oversight Overlooked: Police Patrols versus Fire Alarms", 28 *American Journal of Political Science* 165 (1984).

Matthew C. Stephenson, "Legislative Allocation of Delegated Power: Uncertainty, Risk, and the Choice between Agencies and Courts", 119 *Harv. L. Rev.* 1035 (2006).

Matthew D. Zinn, "Policing Environmental Regulatory Enforcement: Cooperation, Capture, and Citizen Suits", 21 *Stan. Envtl. L. J.* 81 (2002).

Mauro Zamboni, "From Evolutionary Theory and Law to a Legal Evolutionary Theory", 9 *German L. J.* 515 (2008).

Michael C. Dorf & Charles F. Sabel, "A Constitution of Democratic Experimentalism", 98 *Colum. L. Rev.* 267 (1998).

Michael C. Dorf, "After Bureaucracy", 71 *U. Chi. L. Rev.* 1245 (2004).

Michael P. Vandenbergh, "The Private Life of Public Law", 105 *Colum. L. Rev.* 2029 (2005).

Mitchell Polinsky & Steven Shavell, "The Economic Theory of Public Enforcement of Law", 38 *J. Econ. Literature* 45 (2000).

Morton J. Horwitz, "History of the Public/Private Distinction", 130 *U. Pa. L. Rev.* 1423 (1982).

Orly Lobel, "The Renew Deal: The Fall of Regulation and the Rise of Governance in Contemporary Legal Thought", 89 *Minn. L. Rev.* 342 (2004).

Otto von Gierke, "The Social Role of Private Law, Translated by Ewan McGaughey", 19 *German Law Journal* 1018 (2018).

Peter Huber, "Safety and the Second Best: The Hazards of Public Risk Management in the Courts", 85 *Colum. L. Rev.* 277 (1985).

R. Barry Ruback et al., "Perception and Payment of Economic Sanctions: A Survey of Offenders", 70 *Fed. Probation* 26 (2006).

Richard B. Stewart, "Administrative Law in the Twenty-First Century", 78 *N.Y.U. L. Rev.* 437 (2003).

Robert L. Rabin, "Reassessing Regulatory Compliance", 88 *Geo. L.J.* 2049 (2000).

Ronald H. Coase, "The Problem of Social Cost", 3 *Journal of Law and Economics* 1 (1960).

Steven P. Croley, "Theories of Regulation: Incorporating the Administrative Process", 98 *Colum. L. Rev.* 1 (1998).

Steven Shavell, "The Judgment Proof Problem", 6 *International Review of Law and Economics* 45 (1986).

Timothy D. Batdorf, "Beyond Rationality: Using Integral Theory to Understand the Evolution of Law and Legal Systems", 32 *T. M. Cooley L. Rev.* 293 (2015).

William H. Simon, "Solving Problems vs. Claiming Rights: The Pragmatist Challenge to Legal Liberalism", 46 *Wm. & Mary L. Rev.* 127 (2004).

后　记

　　本书是笔者研究"公私法合作理论"的进阶之作，称之为"进阶"，主要是基于笔者在该领域的首部专著《社会性规制的路径选择——行政规制、司法控制抑或合作规制》而言的，后者主要从宏观上论证了行政与司法在风险规制领域的作用原理、优劣对比及合作空间。由于是宏观的理论构架，笔者的首部专著并未区分公私法合作的实体法与程序法视角。作为进一步细化和深耕之作，本书主要立足于实体法的视角，在继承前期成果的基础上，将风险领域的公私法合作从宏观推进到微观层面，分别运用法律经济学和法律社会学上的分析工具和体系解释技术，打破了大陆法系公私法二分框架下的部门法壁垒，将民法、刑法、行政法上的风险控制工具整体性地纳入统一的分析框架，在此基础上构建了不同部门法在风险领域的合作方案。这正是本书标题所言之"公私法合作理论"。

　　作为体制内的高校教师，学术研究不能只是"快乐而无用"的个人兴趣，从笔端服务国家法治建设也是法学学者理应承担且必须承担的使命。本书的篇章文字正是在这两个"车轮"的交互驱动下渐次铺开，绵延至此。若无个人兴趣的驱使，或者没有科研任务的压力，本书能否以及何时面世，将是个未知数。于我个人而言，日复一日、循环往复的教学科研生活中，最激动人心的完全不是外界羡慕但实则不存在的寒暑假，而是在讲台上见证一届届学生成长的成就感，当然还有一篇论文或者一本专著定稿时难以名状的喜悦。尤其是一本专著完成后自动生成目录的那一刻，眼看着一排排错落有致的文字自上而下依次铺开，迅速形成一个整洁有序的目录，片刻之间，恍惚觉得生命的意义莫过于此！这个短暂的瞬间是如此激动人心，以至于我在校对书稿过程中，动辄"更新目录"，完全不由自主。也只有在这一刻，我才会祈祷电脑最好运转得慢一点。当然，那一刻之所以激动人心，似乎也隐含着个人的功利主义想法——终于可以交稿了。至于所畅想之理论能否成立且有价值，只能留待读者评说。

虽然本书缘起于2015年立项的国家社科基金项目，但我对公私法合作理论的研究，自2012年完成以"合作规制"为主题的博士学位论文后，便成为个人学术生涯的"主业"。经历了无数个晨钟暮鼓与寒来暑往，我已记不清本书十二个篇章中的27万余字，究竟哪部分写就于那个因没有窗户而冬寒夏凉的915工作室，哪部分完成于易北河畔野鹿成群的世外桃源，或者我钟爱的玄武湖畔，抑或人声鼎沸的鱼缸咖啡馆与候机大厅。但这些已经不重要了！一切五味杂陈的往事，终究会随着时间的流逝而日益模糊，直至被遗忘。唯有那一滴滴汗水浇灌而成的文字，还有提前斑驳的两鬓，诉说着永不消失的回忆。

我不敢奢求这些记忆与文字会对中国未来的法律结构演化产生影响，但我始终坚信，学者的理论探索乃是制度变迁的"催化剂"，不管是否会被用于"试验"，唯"有备"方能"无患"。也正是从这个意义上说，包括学者在内的一切社会活动的参与者，都是制度变迁的"行动者"。在同一片天空之下，只要共同朝着"理性"的方向，演好各自的角色，看似"自私"的个体理性也会结伴走向共同之善。若民众的个体理性可以自然达致集体理性，那么，是否意味着公共管制已丧失必要性？这再次回到了本书的主题。在"交易成本"高昂的世界里，我的结论是，以尊重私人自治为基础的"公私合作"才是通往未来之坦途。任何无视个体理性的思维，终究会被实践所证伪，被历史所淘汰。

上述结论的得出，浸润着众多人的智慧和汗水。本书多数章节的主要观点曾在《中国社会科学》《法学研究》《清华法学》《法学家》《法商研究》《法律科学》《学术研究》等学术刊物上先行发表，每篇文章都是在责任编辑、匿名评审专家和作者本人的共同努力下才得以完稿。尤其是前四章的内容，总体是在原题为《风险控制的部门法思路及其超越》一文的基础上扩展而成的，① 这也构成了本书所构筑的理论框架之内核。曾记得，这篇文章构思于一个失眠的夜晚，初稿形成于2012年的秋天，从投稿到见刊历经五载，修订版本不计其数。脑海中至今还记得2017年夏天在《威斯特伐利亚和约》诞生的那座古城收到用稿通知时的欣喜若狂。五年的沉淀得益于责编与评审专家的鞭策，他们不厌其烦的评阅和指导是我持续耕耘的动力，也是奠定本书研究框架的基石，对我更是一次"板凳十年冷"的考验和历练，心中的那股暖流至今还萦绕在心头，一直激励我在学术的道路上前行。当然，还有刊载于其他几本刊物上的文章，均以一砖一瓦的方式，丰富着本书不同章节的内容，生动展示了"公私法合作理论"的形成过程与推进步骤。众多志同道合之士都曾以不同的方式奉献于这些先行发表的片砖片瓦，你们的芳名始终铭记在我心底，在此一并致以崇高的敬意和由衷的感谢！

一个有趣的现象是，从字面逻辑来看，本书似乎先有前六章的

---

① 参见宋亚辉：《风险控制的部门法思路及其超越》，《中国社会科学》2017年第10期。

"公私法合作理论",然后才有该理论在环境风险、食品风险等领域的运用。但实则不然,曾发表于《法学研究》杂志的第十章内容才是开篇之作[①],而后才逐渐超越环境领域,整体上构建了风险领域的公私法合作理论与合作框架。这才是本书形成的真实过程。很多时候,相较于我们的想象,真相往往反其道而行之。只因任何事物都有其独特的运行规律和自成体系的理性法则,非人为操控所能决定。这也再次提醒我们,学术研究切不可"想当然",一切假设都须小心求证。

功在平时。构成本书的十二章陆续完成于2012年以来的不同时期。每一章的写作时间长短不一,短则一个月,长则数年。任何系统性的学术研究都需要长期积累,不可能一蹴而就。在方法论上,将宏大理论问题分解成一个个小的专题,采取各个击破的策略进行深度挖掘,然后再统合形成体系化的专著,这似乎是一个值得推广的学术"套路"。在前期积累的基础上,本书的最后统稿工作看似容易,但却是在一个极端艰难的环境下完成的。谈及"艰难的环境",主要不是因为那个因没有窗户而冬寒夏热的工作室。对于人文社科学者而言,物质条件并不具有决定性意义,吃苦耐劳精神乃是"青椒"的必备品质。唯独个体所处的人文环境和学术生态难以自我调适,一旦学术生态偏离良性轨道,学术研究中的互动相长将难以为继,出现逆向淘汰的结果更是不足为奇。好在"兴趣永远是最好的老师",当学术研究转化成生活的"乐趣"之后,似乎很多难题都迎刃而解,这也使本书的统稿工作能在不佳的"心境"中相对高效率地完成。多么希望,工作与生活的轮番轰炸,能够磨炼出铜墙铁壁般的免疫力。

[①] 参见宋亚辉:《环境管制标准在侵权法上的效力解释》,《法学研究》2013年第3期。

我自己当然也意识到，以散文体呈现的"后记"，常常会演变成情感宣泄的场域，因而难免显得笔端狼藉。但作为一个读者，每当我翻开一本书，最先看完的往往是后记，如果作者提供的话。也许正是基于"价值交换"之理，我宁愿拖着连续数周校稿的疲惫，也要坚持再续一篇"后记"。经验告诉我，不管出自何人之口，也不管采用何种文体表达，多数著作的后记，字里行间都传递着一本书从酝酿到成形的心路历程，甚至是艰苦卓绝的过程。君不见，那些寒门贵子的博士学位论文后记，常常令人潸然泪下，个中求学乃至人生感悟，更是弥足珍贵。但凡事过犹不及，任何文章一旦成为个人情感的宣泄口，多半会有"刹不住车"的感觉。当我意识到此，便不得不忍痛割爱，提醒自己，尽快收尾。

最后，但最重要的是，诚挚感谢学界前辈和师友长久以来对我的支持、鼓励和批评。学术上的成长不仅需要同行的支持和鼓励，更需要真诚而有见地的学术批评，唯有批评与自我批评方能不断精进，这是学术共同体之间"合作"的独特方式，也是我的导师李友根教授引领下的团队致力于营造的学术氛围。因此，期待学界同仁继续给予批评指正。当然，更要感谢我的家人无微不至的关怀，在很多时候，处于写作状态中的我，经常以一种不太靠谱的面貌出现在你们面前，感谢你们在任何时候都给予包容、理解和支持，正是平凡日子里一个个感人肺腑的瞬间给了我不懈奋斗的勇气和力量。一路陪伴的，还有儿子天真无邪的眼神和出其不意的提问所打开的想象空间。作为上班路上的同伴，目送你蹦蹦跳跳跑进大槐树拥抱下的幼儿园，已成为我每天最期盼的幸福片段。一千多个日日夜夜，谢谢你每天分享大槐树下发生的美妙故事，我已默默记下你们"苹果组"所有小朋友的乳名和神奇恐龙们的通天本领，当然还有你和她约定的毕业旅行。每天都祈祷时间过得慢一点，再慢一点，让时光的列车永不停站，一路倾听你天真烂漫的童年。所有陪我前行的人啊，你们是否知道，笔端的每一个篇章，记录下法律人的理性，但字里行间流淌不息的，还有你们最长情的告白。

2019 年 7 月 20 日　初稿
2021 年 4 月 25 日　定稿

图书在版编目（CIP）数据

超越公私二分：风险领域的公私法合作理论／宋亚辉著．—北京：商务印书馆，2022
ISBN 978-7-100-21211-3

Ⅰ．①超… Ⅱ．①宋… Ⅲ．①公法—研究②私法—研究 Ⅳ．① D90

中国版本图书馆 CIP 数据核字（2022）第 087705 号

权利保留，侵权必究。

超越公私二分
风险领域的公私法合作理论
宋亚辉　著

商务印书馆出版
（北京王府井大街36号　邮政编码100710）
商务印书馆发行
南京新洲印刷有限公司印刷
ISBN 978-7-100-21211-3

2022年8月第1版	开本 880×1240　1/32
2022年8月第1次印刷	印张 12

定价：60.00元